Kindesunterhalt für Dummies

Michelle Kluge und Tobias Böing

Kindesunterhalt

für dummies®

WILEY-VCH GmbH

Kindesunterhalt für Dummies

Bibliografische Information der Deutschen Nationalbibliothek

Die Deutsche Nationalbibliothek verzeichnet diese Publikation in der Deutschen Nationalbibliografie; detaillierte bibliografische Daten sind im Internet über `http://dnb.d-nb.de` abrufbar.

1. Auflage 2025

Bevollmächtigte des Herstellers gemäß EU-Produktsicherheitsverordnung ist die Wiley-VCH GmbH, Boschstr. 12, 69469 Weinheim, Deutschland, E-Mail: Product_Safety@wiley.com.

Dieses Buch dient ausschließlich der allgemeinen Information und stellt keine rechtliche Beratung dar. Die Inhalte wurden mit größter Sorgfalt recherchiert und zusammengestellt, dennoch können sich Gesetze und Rechtsprechung ändern. Die Autoren übernehmen keine Haftung für die Richtigkeit, Vollständigkeit oder Aktualität der bereitgestellten Informationen.

Bei konkreten Fragen oder individuellen Anliegen im Zusammenhang mit dem Kindesunterhalt wird dringend empfohlen, eine qualifizierte Rechtsberatung durch einen Fachanwalt für Familienrecht in Anspruch zu nehmen.

Die Nutzung der Inhalte dieses Buches erfolgt auf eigene Verantwortung. Jegliche Haftung für Schäden oder Nachteile, die direkt oder indirekt aus der Anwendung der enthaltenen Informationen resultieren, ist ausgeschlossen.

Coverillustration: © Stockfotos-MG – `stock.adobe.com`
Korrektur: Frauke Wilkens, München
Satz: Straive, Chennai, India
Druck und Bindung:

Print ISBN: 978-3-527-72255-6
ePub ISBN: 978-3-527-85010-5

Kindesunterhalt für Dummies

Schummelseite

DAS A UND O BEIM KINDESUNTERHALT

- **Verwandtschaftsverhältnis:** Erst das Bestehen eines rechtlichen Verwandtschaftsverhältnisses begründet den potenziellen Unterhaltsanspruch. Während die Mutter automatisch mit dem Kind verwandt ist, muss die Vaterschaft in den Fällen, in denen die Eltern nicht miteinander verheiratet sind, in Deutschland erst rechtlich festgestellt werden. Dies geschieht durch eine freiwillige Beurkundung oder auf Antrag im Wege eines gerichtlichen Verfahrens.
- **Unterhaltsbedarf:** »Unterhaltsberechtigt ist nur, wer außerstande ist, sich selbst zu unterhalten.« Hat ein Kind keinen Bedarf (mehr), weil es über ausreichend Einkommen oder Vermögen verfügt, um für sich selbst aufkommen zu können, sind die Eltern »aus dem Schneider«, ganz nach dem Motto: Kein Bedarf, kein Anspruch.
- **Betreuungsunterhalt versus Barunterhalt:** Ein Kind braucht auf der einen Seite finanzielle Mittel, um überleben zu können, und auf der anderen Seite jemanden, der es betreut und erzieht. Es geht weder ohne das eine noch ohne das andere. Die Leistung von finanzieller Unterstützung bezeichnet man im Unterhaltsrecht als »Barunterhalt«, während die Betreuung, Erziehung und Fürsorge den sogenannten »Betreuungsunterhalt« darstellen. Welcher Elternteil was zu leisten hat, hängt von der Gestaltung der Betreuung im Einzelfall ab.
- **Betreuungsmodell:** Wer betreut das Kind? Und in welchem Umfang? Diese Fragen haben einen unmittelbaren Einfluss auf die Unterhaltsansprüche des Kindes. Die Berechnung des zu zahlenden Unterhalts hängt davon ab, ob ein Residenzmodell, Wechselmodell oder Nestmodell praktiziert wird.
- **Einkommensermittlung:** Die Höhe des zu zahlenden Unterhalts richtet sich nach den persönlichen und wirtschaftlichen Verhältnissen des barunterhaltspflichtigen Elternteils. Die Formel lautet:

  unterhaltsrelevante Einnahmen – unterhaltsrelevante Ausgaben = unterhaltsrelevantes Einkommen

Kindesunterhalt für Dummies

Schummelseite

- **Auskunftsanspruch und Auskunftspflicht:** Die zwei Seiten der Medaille. Damit das Kind die wirtschaftlichen Verhältnisse des barunterhaltspflichtigen Elternteils in Erfahrung bringen kann, räumt ihm der Gesetzgeber einen Auskunftsanspruch ein. Der auskunftspflichtige Elternteil wiederum hat ebenfalls Anspruch auf Auskunft. So muss das volljährige Kind beispielsweise darlegen, dass es weiterhin unterhaltsberechtigt ist und wie sein beruflicher oder schulischer Werdegang aussehen wird.
- **Mehr- und Sonderbedarf:** Neben dem Barunterhalt, welcher monatlich zu zahlen ist, kann das Kind in Einzelfällen zusätzliche Unterhaltsansprüche geltend machen. Diese Ansprüche bezeichnet man als »Mehrbedarf« und »Sonderbedarf« und die Höhe hängt davon ab, zu welchem Anteil die Elternteile jeweils haften müssen.
- **Unterhaltstitel:** Neben dem Anspruch auf Zahlung des Unterhalts besteht auch ein Anspruch auf Titulierung des Anspruchs. Dies kann im Wege einer freiwilligen Beurkundung beim Notar oder Jugendamt oder durch einen Gerichtsbeschluss geschehen. Zahlt der Pflichtige nicht, kann mit diesem Titel zwangsvollstreckt werden.

Über die Autoren

Michelle Kluge hat den Bachelor of Laws absolviert und ist seit Jahren als Beistand beim Jugendamt tätig.

Tobias Böing ist Fachanwalt für Familienrecht und beschäftigt sich seit vielen Jahren beruflich mit dem Thema Kindesunterhalt. Neben seiner anwaltlichen Tätigkeit ist er als Fachautor aktiv und veröffentlicht regelmäßig Beiträge und Fachbücher zu verschiedenen familienrechtlichen Themen.

Beide Autoren verfügen über langjährige Praxiserfahrung, kennen die Fragen und Herausforderungen des Familienrechts gut und sind Spezialisten, wenn es um den Kindesunterhalt geht.

Auf einen Blick

Inhaltsverzeichnis

Einführung

Über Geld spricht man nicht – oder doch?

Kindesunterhalt ist eines der wichtigsten unterschwelligen Themen unserer Gesellschaft. Es betrifft so viel mehr Menschen, als man vermuten würde. Und doch wird es selten offen thematisiert und zur Sprache gebracht.

Ohne konkreten Anlass würden Sie auch eher nicht auf die Idee kommen, sich über genau dieses Thema auszutauschen, oder? Und das, obwohl es so unverzichtbar ist. Denn wie Sie wissen, kann kein Kind von Luft und Liebe allein leben.

Aber wie viel Unterhalt steht einem Kind eigentlich zu? Oder, auf der anderen Seite: Wie viel muss ein unterhaltspflichtiger Elternteil zahlen? Wann besteht überhaupt ein Anspruch auf Unterhaltszahlungen? Und gegen wen?

Dieses Buch hilft Ihnen, Antworten auf all diese Fragen zu bekommen.

Und weil es beim Unterhaltsrecht immer zwei Seiten gibt, und zwar eine, die Unterhalt einfordern möchte, und eine, die Unterhalt leisten muss, ist auch dieses Buch für beide Seiten gleichermaßen bestimmt.

Über dieses Buch

Warum gibt es dieses Buch?

Ganz einfach, weil wir glauben, dass es gebraucht wird.

Kindesunterhaltsrecht zählt nicht zum Allgemeinwissen und wird meistens ganz plötzlich in einer ohnehin schon herausfordernden Situation relevant.

Wenn Geld und Emotionen im Spiel sind, lassen sich auch Konfliktpotenziale kaum vermeiden. Weitverbreitete, widersprüchliche Informationen aus der Suchmaschine und den sozialen Medien sind hierbei nicht besonders förderlich.

Damit ein dicker Wälzer voller Juristendeutsch nicht die einzige Lösung bleibt, um Licht ins Dunkel zu bringen, haben wir dieses Buch geschrieben. Es bietet Ihnen die Möglichkeit, sich in einer häufig ohnehin schon belastenden Situation auf unkomplizierte und effiziente Weise eine sichere Wissensgrundlage anzueignen.

Und langweilig wird es auch nicht, versprochen.

Konventionen in diesem Buch

Wir haben dieses Buch geschrieben, um Ihnen das doch recht komplexe Thema Kindesunterhalt auf verständliche, zielorientierte und praktische Weise näherzubringen. Auch wenn wir, soweit möglich, auf umständliches Juristendeutsch und Fachchinesisch verzichten, dürfen ein paar notwendige Fachbegriffe und einige Must-haves aus den Gesetzestexten einfach nicht fehlen.

Das bedeutet selbstverständlich nicht, dass es sich um eine hochwissenschaftliche Arbeit handelt, die wir Ihnen hier zu lesen geben. Vielmehr ist dieses Buch von Anfang bis Ende unmittelbar am echten Leben orientiert und enthält daher viele Beispiele aus der Praxis. Die dabei verwendeten Zahlen entsprechen übrigens dem Rechtsstand des Jahres 2025.

Was Sie nicht lesen müssen

In diesem Buch werden, behaupten wir jedenfalls, ausschließlich lesenswerte und wichtige Inhalte vermittelt. Allerdings wird es für den jungen Volljährigen womöglich weniger interessant sein zu erfahren, in welchem Umfang sich die Eltern an den Kindergartenbeiträgen beteiligen müssen. Andersrum ist es für Eltern mit einem sehr jungen Kind vielleicht noch nicht so relevant zu wissen, worauf sie achten müssen, wenn das Kind sich in einer Ausbildung befindet.

Immer dann, wenn Sachverhalte und Besonderheiten vertieft werden, die für Sie (noch) nicht von Relevanz sind, können Sie diese selbstverständlich einfach überspringen.

Törichte Annahmen über den Leser

Es wäre unerhört töricht von uns anzunehmen, dass Sie sich für *Kindesunterhalt für Dummies* entschieden haben, weil Sie mit dem rechtswissenschaftlichen Fachjargon der übrigen Expertenwerke nicht zurechtkämen. Noch viel törichter wäre die Unterstellung, Sie seien ungebildet. Deshalb kommen wir auf solche Ideen gar nicht erst und unterstellen Ihnen stattdessen, dass Sie ziemlich schlau sind. Denn:

Wie schlau ist es, sich mit den Grundlagen eines hochkomplexen, völlig neuen Themas vertraut zu machen, indem man ein verständliches, informierendes und unterhaltsames Buch einem umständlichen, dicken Wälzer vorzieht? Ziemlich schlau.

Und schließlich darf es doch auch Spaß machen und unkompliziert sein, sich in ein neues Thema einzulesen, oder?

Außerdem unterstellen wir Ihnen, dass Sie möglicherweise Kinder haben und von dem Thema Kindesunterhalt unmittelbar berührt sind. Vielleicht sind Sie aber auch ein Kind, das sich selbst über seine Ansprüche informieren möchte. Möglicherweise sind Sie auch angehender Rechtsanwalt für Familienrecht – oder Beistand oder Richterin oder aber ganz einfach wissensdurstig und bereit für ein völlig neues Wissensgebiet.

Was wir in jedem Fall wissen, ist: Dieses Buch ist für Sie.

Wie dieses Buch aufgebaut ist

Auch wenn Sie den Inhalt eines jeden Kapitels im Kern verstehen könnten, wenn Sie das Vorherige nicht gelesen haben, empfehlen wir, das Buch von Anfang an zu lesen. So wird einfach eine runde Sache daraus, und Sie können sicher sein, keine wichtigen Details zu verpassen. Insbesondere der Grundlagenteil (Teil I) erleichtert Ihnen das Verständnis aller darauffolgenden Inhalte.

Das Buch ist in insgesamt sechs Teile gegliedert, die wir Ihnen jetzt in aller Kürze vorstellen:

Teil I: First things first: Grundlagenwissen zum Kindesunterhalt

Dieser Teil bildet das Fundament des Buches. Und Sie wissen ja, dass man auf einem festen Fundament nun mal am besten stehen kann. Sie lernen daher die Grundgedanken des Kindesunterhalts kennen, erfahren, was Unterhalt eigentlich ist, aber auch warum und wie sich verschiedene Bedürfnisse, das Alter und mögliche Betreuungsmodelle auswirken. Auch die wichtigsten Instrumente wie die Düsseldorfer Tabelle, die Leitlinien der Oberlandesgerichte und der Unterhaltstitel werden hier erklärt. Ein Rundumpaket und Must-have für jeden Einstieg in das Thema Kindesunterhalt.

Teil II: Jetzt wird genau hingeschaut: Das Einkommen ermitteln

Aufbauend auf dem Grundlagenwissen des ersten Teils erfahren Sie in Teil II alles über das Thema Einkommensermittlung beim Kindesunterhalt. Denn: Die Höhe des Unterhalts ist abhängig vom Einkommen der Eltern. Zu wissen, welche Einnahmen und welche Ausgaben in welchem Umfang von Relevanz für den Kindesunterhalt sind, ist das A und O.

Teil III: Ansprüche des minderjährigen Kindes

Nach der Lektüre dieses Teils des Buches sind Sie Kenner, wenn es um die Berechnung von Kindesunterhaltsansprüchen minderjähriger Kinder geht. Nachdem Sie in Teil II gelernt haben, wie die Höhe des Einkommens des unterhaltspflichtigen Elternteils ermittelt wird, geht es nun um die Berechnung der Höhe des Unterhaltsanspruchs. Außerdem lernen Sie alles Wichtige über Mehr- und Sonderbedarfe und die Auswirkungen von eigenem Einkommen und Vermögen des minderjährigen Kindes.

Teil IV: Endlich 18 – und jetzt? Ansprüche des volljährigen Kindes

»The title says it all« – in diesem Teil geht es um die Unterhaltsansprüche volljähriger Kinder. Was ändert sich mit Vollendung des 18. Lebensjahrs? Welche Rechte und Pflichten hat das Kind und welche haben, auf der anderen Seite, die Eltern? Thematisiert werden insbesondere die Besonderheiten bei der Berechnung der Haftungsanteile der Eltern und eigene Einkünfte sowie der berufliche Werdegang des Kindes und dessen Auswirkungen auf den Unterhaltsanspruch. Dieser Teil ist insbesondere für volljährige Kinder oder Eltern bereits oder fast volljähriger Kinder unverzichtbar.

Teil V: Wie es weitergeht, wenn nichts weitergeht

Nachdem Sie in den vorausgegangenen Teilen erfahren haben, welche Rechte und Pflichten das Thema Kindesunterhalt für die Beteiligten mit sich bringt, beschäftigt sich dieser Teil mit der Frage: Was geschieht, wenn Uneinigkeiten entstehen oder eine Partei ihren Pflichten nicht nachkommt?

Sie bekommen einen Einblick in die Möglichkeit der gerichtlichen Festsetzung von Unterhaltsansprüchen und der Zwangsvollstreckung. Außerdem zeigen wir Ihnen die Unterstützungsangebote des Staates auf und erklären, wann welche Maßnahme empfehlenswert ist.

Teil VI: Der Top-Ten-Teil

Den krönenden Abschluss bildet Teil VI mit den zehn größten Irrtümern, die allgemein verbreitet zum Thema Kindesunterhalt kursieren. Zudem können Sie Ihr bereits gelerntes Wissen testen, indem Sie, wenn Sie mögen, überlegen, wie Sie die zehn konzipierten Beispielsfälle lösen würden.

Symbole, die in diesem Buch verwendet werden

Über das gesamte Buch hinweg werden Ihnen verschiedene Symbole begegnen, mit denen Sie sich am besten schon einmal ein wenig vertraut machen. Sie werden schnell feststellen, dass Ihnen die Symbole beim Verständnis der einzelnen Themen eine große Hilfe sein können.

Hinter diesem Symbol verstecken sich Tipps und Tricks für die Praxis.

Dieses Symbol fasst wichtige Informationen aus einem vorherigen Teil des Buches zur kurzen Auffrischung zusammen.

Bei diesem Symbol sollten Sie aufmerksam sein, denn hier weisen wir Sie auf Risiken, mögliche Irrtümer und bedeutsame Details hin.

Hinter diesem Symbol finden Sie Praxisbeispiele.

Unter diesem Symbol finden Sie unterhaltsame oder informative Hintergrunddetails.

Wie es weitergeht

So, nun haben wir Sie genug auf die Folter gespannt. Jetzt geht's ans Eingemachte!

Wir wünschen Ihnen viel Spaß bei Ihrer Reise durch die Welt des Kindesunterhaltsrechts.

Teil I
First things first: Grundlagenwissen zum Kindesunterhalt

IN DIESEM TEIL …

In diesem Teil erfahren Sie alles über die grundlegenden Regelungen zum Kindesunterhalt. Wir beginnen mit den rechtlichen Grundlagen und klären, was Unterhalt genau bedeutet, wer unterhaltspflichtig ist und wann Kinder Anspruch auf Unterhalt haben.

Sie lernen die unterschiedlichen Betreuungsmodelle kennen und wie diese die Unterhaltsverpflichtungen beeinflussen. Außerdem erklären wir, welche Rolle das Kindergeld spielt und wie Unterhaltsansprüche über Tabellen und Leitlinien berechnet werden. Sie erhalten Einblicke in wichtige Instrumente wie den Unterhaltstitel und erfahren, wie sich der Unterhalt mit dem Alter des Kindes ändert.

Nach der Lektüre dieses Teils haben Sie ein solides Verständnis von den Grundlagen des Kindesunterhaltsrechts – von den ersten Begriffen bis hin zur praktischen Umsetzung. Egal ob Sie sich auf eine Berechnung vorbereiten oder einfach nur einen Überblick gewinnen möchten:
Mit diesem Wissen sind Sie bestens gerüstet und können hinter den Punkt »Basiswissen« gedanklich einen großen schwarzen Haken setzen. Natürlich darf der auch rot oder grün sein, wenn Ihnen die Farbe besser gefällt. Schließlich ist auch das Unterhaltsrecht nicht immer nur schwarz oder weiß. Das werden Sie schnell feststellen.

Sind Sie bereit, sich in die Welt des Kindesunterhalts mitnehmen zu lassen?

IN DIESEM KAPITEL

Kindesunterhalt rechtlich und praktisch

Grundbegriffe und rechtliche Grundlagen

Wie Ansprüche entstehen und wer unterhaltspflichtig ist

Der Unterschied zwischen rechtlicher und biologischer Verwandtschaft

Kapitel 1
Unterhalten wir uns über Unterhalt

In diesem Buch dreht sich alles um das Thema Unterhalt. Aber was genau heißt das eigentlich?

Unterhalt bedeutet, dass eine Person das Notwendige bereitstellt, um den Lebensbedarf einer anderen Person zu decken – in diesem Fall den Lebensbedarf des Kindes. Ganz einfach gesagt: Eine Seite braucht etwas zum Leben, und die andere Seite sorgt dafür.

Was genau erfüllt sein muss, damit der Anspruch auf Unterhalt entsteht, wer überhaupt Unterhalt zahlen muss und was eigentlich unter »Lebensbedarf« verstanden wird, das erfahren Sie hier Schritt für Schritt.

Vom Berechtigten zum Pflichtigen und zurück

Gute Nachrichten gleich zu Beginn: Die gesetzlichen Regeln zum Kindesunterhalt sind in nur wenigen Paragrafen zusammengefasst. Eigentlich ist nur das Allernötigste im Gesetz festgelegt. Klingt vielversprechend, oder? Wenn Sie allerdings Gesetzestexte lieben, müssen wir Sie an dieser Stelle ein wenig enttäuschen.

Die wichtigsten Grundlagen zum Kindesunterhalt stehen im Bürgerlichen Gesetzbuch (BGB), denn es geht hier um privatrechtliche Ansprüche. Für den Kindesunterhalt sind die §§ 1601 bis 1612 BGB entscheidend. Es lohnt sich, diese mal kurz durchzulesen – doch versprochen: Sie kommen mit dem Inhalt dieses Buches auch klar, ohne direkt ins Gesetz zu schauen.

Das Schöne an den wenigen Regelungen ist: Sie müssen sich nicht durch den ganzen Dschungel des BGB kämpfen! Wenige Paragrafen bedeuten aber auch, dass vieles im Gesetz offenbleibt und viel Spielraum für Auslegungen übrig bleibt. Ob Sie diese Flexibilität als Vorteil oder Nachteil sehen, bleibt Ihnen überlassen.

Die grundlegenden Regelungen zum Kindesunterhalt finden Sie in den §§ 1601 bis 1612 BGB.

Aber wann genau wird es nötig, sich mit diesen Paragrafen zu befassen? Wann braucht ein Kind eine Unterhaltsregelung? Oder, anders gefragt: Wann hat ein Kind einen Anspruch auf Unterhalt? Und gegen wen?

Der § 1601 BGB bildet zunächst die Grundlage für den Kindesunterhalt als Teil des Verwandtenunterhalts. Die Vorschrift besagt, dass Verwandte in gerader Linie einander zur Unterhaltsleistung verpflichtet sind. Aber was genau bedeutet das eigentlich?

Verwandtschaft in gerader Linie

Damit ein Kind Unterhalt von jemandem verlangen kann, muss es mit dieser Person verwandt sein. Klingt logisch, oder? Aber halt – nicht jede Verwandtschaft reicht aus! Nach § 1601 BGB muss die Verwandtschaft in gerader Linie bestehen. Das bedeutet, dass ein Kind Unterhalt von seinen Eltern oder sogar von seinen Großeltern fordern kann. Aber bei Geschwistern, Onkeln oder Tanten sieht das anders aus – gegen sie gibt es keinen Unterhaltsanspruch. Die gerade Linie läuft also immer direkt rauf und runter im Stammbaum, aber nicht quer zur Seite.

Die gesetzliche Unterhaltsverpflichtung in »gerader Linie« gilt in beide Richtungen. Daher müssen auch Kinder im Ernstfall für ihre Eltern Unterhalt zahlen. Das kann dann passieren, wenn Eltern im Alter auf Unterstützung angewiesen sind und ihre eigenen Mittel, wie die Rente, nicht ausreichen, um ihren Lebensunterhalt oder Pflegekosten zu decken. In diesem Buch soll es aber um den Kindesunterhalt und nicht um den Elternunterhalt gehen.

Wichtig ist allein die rechtliche Verwandtschaft: Der Unterhaltsanspruch des Kindes richtet sich gegen denjenigen, von dem es rechtlich abstammt. Es spielt also erst einmal keine Rolle, ob das Kind auch leiblich von der unterhaltspflichtigen Person abstammt. Was heißt das? Nehmen wir mal ein einfaches Beispiel:

Wenn ein verheiratetes Paar ein Kind bekommt, dann ist der Ehemann automatisch rechtlich der Vater des Kindes – egal ob er das Kind gezeugt hat oder nicht. Laut § 1592 Satz 1 BGB gilt der Ehemann nämlich automatisch als Vater, wenn er bei der Geburt des Kindes mit der Mutter verheiratet war.

Dominik und Jacqueline erwarten ein Kind. Im Winterurlaub wird das Kind gezeugt, an Silvester macht Dominik den Antrag, und im April heiraten die beiden. Ende August wird dann das Baby Ben geboren. Dominik ist damit sowohl biologischer als auch rechtlicher Vater von Ben. Die Vaterschaft ist von vornherein festgelegt, weil die beiden zum Zeitpunkt von Bens Geburt verheiratet sind.

Wenn ein Paar nicht verheiratet ist, reicht die biologische Vaterschaft allein noch nicht aus, um eine Unterhaltspflicht des Vaters zu begründen. Bevor der Vater offizielle Rechte und Pflichten hat, muss die rechtliche Vaterschaft hergestellt werden. Das geht auf zwei Wegen:

- **Anerkennung der Vaterschaft:** Der Vater erklärt freiwillig, dass er der rechtliche Vater des Kindes ist.
- **Gerichtliche Feststellung der Vaterschaft:** Wenn der Vater die Vaterschaft nicht anerkennt, kann ein Gericht sie feststellen.

Erst mit der rechtlichen Vaterschaft beginnt die Unterhaltspflicht!

Die Anerkennung und Feststellung der Vaterschaft

Unverheiratete Eltern können die rechtliche Verbindung zwischen Vater und Kind durch eine Vaterschaftsanerkennung herstellen. Dafür gibt der Vater eine offizielle Erklärung ab, die beim Standesamt, Jugendamt oder einem Notar beurkundet wird. Mit dieser Erklärung erkennt er das Kind als sein eigenes an. Damit die Anerkennung gültig ist, muss auch die Mutter zustimmen – und zwar ebenfalls in einer förmlichen Erklärung.

Wenn beide Elternteile gleichzeitig vor Ort sind, kann die Anerkennung direkt gemeinsam beurkundet werden. Durch diesen Schritt entsteht eine rechtliche

Verwandtschaft, und das Kind kann ab diesem Zeitpunkt Unterhalt oder andere Rechte geltend machen.

Ehepaare haben es hier tatsächlich einfacher – sie müssen keine formellen Erklärungen abgeben, um die rechtliche Verbindung zwischen Vater und Kind herzustellen. Aber warum ist das bei unverheirateten Paaren so kompliziert? Ganz einfach: Stellen Sie sich vor, eine Mutter könnte einfach behaupten: »Das ist das Kind von George Clooney!« Ohne irgendeinen Nachweis oder Zustimmung des Mannes wäre George Clooney dann plötzlich als Vater eingetragen.

Umgekehrt wäre es genauso chaotisch, wenn jeder Mann einfach sagen könnte: »Das ist mein Kind!« und er direkt als Vater in die Geburtsurkunde eingetragen würde – ohne dass die Mutter überhaupt gefragt wird. Solche Szenarien würden zu einem völligen Durcheinander führen.

Die Regelungen zur Vaterschaftsanerkennung sorgen dafür, dass das Recht des Kindes auf eine ordnungsgemäße und korrekte Feststellung der Elternschaft gewahrt bleibt. So wird sichergestellt, dass sowohl die rechtlichen als auch die emotionalen und finanziellen Beziehungen auf einer stabilen Grundlage beruhen.

Die Beurkundung der Vaterschaftsanerkennung und der Zustimmung zur Vaterschaftsanerkennung können sowohl vor als auch nach der Geburt des Kindes vorgenommen werden. Im Gegensatz zu einem Notar verlangen das Standesamt und das Jugendamt übrigens keine Gebühren.

Wenn ein Elternteil nicht bereit ist, die Vaterschaft freiwillig anzuerkennen oder der Anerkennung zuzustimmen, bleibt nur der Weg über ein gerichtliches Verfahren. Diese Option kann allerdings nicht nur zeitaufwendig, sondern auch kostenintensiv sein.

Im Rahmen eines solchen Verfahrens wird die Vaterschaft durch das Familiengericht geklärt. Dafür reicht es nicht aus, lediglich zu behaupten, wer der Vater ist – es müssen stichhaltige Beweise erbracht werden. Ein zentrales Element ist hier oft ein genetisches Abstammungsgutachten, also ein DNA-Test, der die biologische Vaterschaft mit hoher Wahrscheinlichkeit bestätigen oder ausschließen kann. Dieser Test wird in der Regel in einem Vaterschaftsfeststellungsverfahren vom Gericht angeordnet und von spezialisierten Laboren durchgeführt.

Ein solches gerichtliches Verfahren ist nicht nur mit finanziellen, sondern auch mit emotionalen Belastungen verbunden. Daher sollte es stets als letzter Ausweg betrachtet werden, wenn eine einvernehmliche Klärung der Vaterschaft nicht möglich ist.

Andersherum kann es auch vorkommen, dass ein Ehemann zwar rechtlich, aber nicht biologisch der Vater eines Kindes ist. Denn wie Sie bereits erfahren haben: Nach § 1592 Satz 1 BGB gilt der Ehemann automatisch als Vater, wenn er bei der Geburt des Kindes mit der Mutter verheiratet war.

Für den Ehemann ist es in solchen Fällen in der Regel wenig erstrebenswert, langfristig Unterhalt für ein Kind zu zahlen, mit dem er biologisch nicht verwandt ist. Der tatsächliche biologische Vater hingegen hat oft den Wunsch, rechtlich als Vater anerkannt zu werden, um eine rechtliche und emotionale Bindung zum Kind aufzubauen.

In solchen Situationen gibt es zwei Wege, um die biologische und rechtliche Vaterschaft zu vereinen:

§ 1599 Absatz 2 BGB bietet eine Möglichkeit, die rechtliche Vaterschaft eines Kindes ohne gerichtliches Verfahren zu ändern, wenn ein anderer Mann die Vaterschaft anerkennt und Mutter sowie bisheriger rechtlicher Vater zustimmen. Allerdings ist das nur möglich, wenn das Kind während des laufenden Scheidungsverfahrens der Kindesmutter geboren wird.

Der zweite Weg führt über ein gerichtliches Vaterschaftsanfechtungsverfahren und daran anschließende Anerkennung oder gerichtliche Feststellung der Vaterschaft.

Vorrang Kindesunterhalt

Nicht selten kommt es vor, dass jemand mehreren Personen gleichzeitig Unterhalt schuldet. Stellen Sie sich ein Ehepaar vor, das sich trennt und mehrere Kinder hat – hier können sowohl der Ehegatte als auch die Kinder Ansprüche geltend machen. Aber was passiert, wenn nicht genug Geld für alle da ist? In solchen Fällen regelt das Gesetz ganz klar, wer zuerst Unterhalt erhält. In § 1609 BGB steht:

> *»Sind mehrere Unterhaltsberechtigte vorhanden und ist der Unterhaltspflichtige außerstande, allen Unterhalt zu gewähren, gilt folgende Rangfolge:*
>
> *1. minderjährige Kinder und Kinder im Sinne des § 1603 Abs. 2 Satz 2,*

2. *Elternteile, die wegen der Betreuung eines Kindes unterhaltsberechtigt sind oder im Fall einer Scheidung wären, sowie Ehegatten und geschiedene Ehegatten bei einer Ehe von langer Dauer; bei der Feststellung einer Ehe von langer Dauer sind auch Nachteile im Sinne des § 1578b Abs. 1 Satz 2 und 3 zu berücksichtigen,*
3. *Ehegatten und geschiedene Ehegatten, die nicht unter Nummer 2 fallen,*
4. *Kinder, die nicht unter Nummer 1 fallen,*
5. *Enkelkinder und weitere Abkömmlinge,*
6. *Eltern,*
7. *weitere Verwandte der aufsteigenden Linie; unter ihnen gehen die Näheren den Entfernteren vor.«*

Diese Regelung kommt zum Tragen, wenn ein Unterhaltspflichtiger mehrere Berechtigte unterstützen muss, aber nicht genug Geld hat, um alle Ansprüche zu erfüllen, ohne sich selbst in Schwierigkeiten zu bringen. Dabei steht der Kindesunterhalt an oberster Stelle. Minderjährige Kinder und bestimmte volljährige Kinder, die in einer besonderen Lage sind, haben den ersten Rang. Auf diese besondere Lage gehen wir weiter unten in diesem Kapitel genauer ein. Diese Regelung gilt für leibliche sowie adoptierte Kinder, egal ob sie innerhalb oder außerhalb einer Ehe geboren wurden oder aus verschiedenen Ehen des Unterhaltspflichtigen stammen.

Der Grund für diesen Vorrang ist, dass Kinder in der Regel die wirtschaftlich schwächsten Mitglieder der Gesellschaft sind. Im Gegensatz zu Erwachsenen können sie sich nicht selbst um ihren Lebensunterhalt kümmern. Erst wenn die Ansprüche der erstrangigen Kinder vollständig erfüllt sind, können finanzielle Mittel für andere Unterhaltsansprüche zur Verfügung stehen.

Tom lebt getrennt von seiner Frau Jenny, mit der er das neunjährige Kind Karl hat. Tom hat ein eher geringes Einkommen, während Jenny gar nichts verdient. Eigentlich müsste Tom sowohl für Karl als auch für Jenny Unterhalt zahlen. Doch da sein Einkommen nicht ausreicht, um beiden gerecht zu werden, geht der Kindesunterhalt für Karl vor. Das bedeutet, dass Jenny keinen Unterhalt erhält und möglicherweise auf Sozialleistungen angewiesen ist, um ihren eigenen Lebensunterhalt zu sichern.

Erstrangig im Unterhaltsrecht sind Kinder, wenn sie entweder

- minderjährig sind oder

- ✔ es sich um Kinder im Sinne des § 1603 Absatz 2 Satz 2 BGB handelt. Dies sind sogenannte *privilegierte volljährige Kinder.*

Wann Kinder minderjährig sind, ist Ihnen sicherlich klar. Doch was in aller Welt sind privilegierte volljährige Kinder? Im Unterhaltsrecht wird dieser Begriff für volljährige Kinder verwendet, die noch wie minderjährige Kinder behandelt werden. Voraussetzung hierfür ist, dass das volljährige Kind

- ✔ das 21. Lebensjahr noch nicht vollendet hat,
- ✔ nicht verheiratet ist,
- ✔ sich noch in der allgemeinen Schulausbildung befindet und
- ✔ im Haushalt der Eltern oder eines Elternteils lebt.

Grundbegriffe und Grundgedanken

In diesem Abschnitt geben wir Ihnen einen schnellen Überblick über die wichtigsten Grundbegriffe, die Sie im Zusammenhang mit dem Thema Kindesunterhalt kennen sollten. Diese Begriffe werden Ihnen im weiteren Verlauf des Buches immer wieder begegnen, deshalb erklären wir Ihnen hier schon einmal die wichtigsten Details.

Bedarf

Bedarf bezeichnet allgemein das, was man zum Leben braucht. Das sind beispielsweise Dinge wie Essen, Wohnen, Kleidung, Körperpflege, Schule, Lernmaterialien, Freizeit, Hobbys wie Musik und Sport und auch das Taschengeld. Der Unterhalt, den Kinder bekommen, richtet sich danach, was sie für ein angemessenes Leben brauchen, also nach ihrem Bedarf.

Solange Kinder noch keine eigene Lebensstellung, also keine eigene wirtschaftliche und persönliche Stellung in der Gesellschaft, erreicht haben – was bei minderjährigen Kindern in der Regel der Fall ist –, bestimmt sich ihre Lebensstellung und damit ihr Unterhaltsbedarf nach der Stellung der unterhaltspflichtigen Eltern. Vom Grundsatz her lautet daher die Devise: Je mehr den Eltern finanziell zur Verfügung steht, desto höher ist auch der Unterhaltsbedarf der Kinder.

Einzelheiten zum Bedarf minderjähriger Kinder erfahren Sie in Kapitel 8. Wenn Sie mehr über den Bedarf volljähriger Kinder wissen wollen, schauen Sie in Teil IV nach.

Der Mindestunterhalt

Mindestunterhalt ist – wie das Wort schon vermuten lässt – der Geldbetrag, den ein Kind mindestens zum Leben braucht. Der Mindestunterhalt basiert auf dem Existenzminimum des Kindes und umfasst grundlegende Kosten wie Nahrung, Kleidung, Unterkunft, Bildung und Freizeitaktivitäten. Er stellt sicher, dass das Kind zumindest die grundlegenden Mittel für ein angemessenes Leben erhält, unabhängig von den finanziellen Verhältnissen des unterhaltspflichtigen Elternteils.

Die Höhe des Mindestunterhalts wird durch eine Verordnung, die sogenannte Mindestunterhaltsverordnung (kurz: MindestUnterhaltsVO) festgelegt. Dies wiederum ist in § 1612a BGB geregelt, der den Mindestunterhalt minderjähriger Kinder definiert.

Die Mindestunterhaltsverordnung wird alle zwei Jahre angepasst, um den gestiegenen Lebenshaltungskosten gerecht zu werden. Die Verordnung stützt sich auf den sogenannten Existenzminimumbericht der Bundesregierung. Dieser Bericht ermittelt, wie viel Geld ein Kind mindestens benötigt, um seinen grundlegenden Bedarf zu decken.

Der Mindestunterhalt ist nach dem Alter des Kindes gestaffelt. In seiner aktuellen Fassung lautet § 1 der Mindestunterhaltsverordnung:

> *»§ 1 Festlegung des Mindestunterhalts*
>
> *Der monatliche Mindestunterhalt minderjähriger Kinder gemäß § 1612a Absatz 1 des Bürgerlichen Gesetzbuchs beträgt*
>
> 1. *in der ersten Altersstufe (§ 1612a Absatz 1 Satz 3 Nummer 1 des Bürgerlichen Gesetzbuchs) 482 Euro ab dem 1. Januar 2025 und 486 Euro ab dem 1. Januar 2026,*
> 2. *in der zweiten Altersstufe (§ 1612a Absatz 1 Satz 3 Nummer 2 des Bürgerlichen Gesetzbuchs) 554 Euro ab dem 1. Januar 2025 und 558 Euro ab dem 1. Januar 2026,*
> 3. *in der dritten Altersstufe (§ 1612a Absatz 1 Satz 3 Nummer 3 des Bürgerlichen Gesetzbuchs) 649 Euro ab dem 1. Januar 2025 und 653 Euro ab dem 1. Januar 2026.«*

In Kapitel 2 werden Sie die Düsseldorfer Tabelle näher kennenlernen. Basis der Düsseldorfer Tabelle sind die Beträge der jeweils geltenden Mindestunterhaltsverordnung.

Mangelfall

Im Unterhaltsrecht spricht man von einem *Mangelfall*, wenn das Einkommen des unterhaltspflichtigen Elternteils nicht ausreicht, um alle Unterhaltsansprüche zu erfüllen. Dies tritt insbesondere dann auf, wenn

- ✔ der Unterhaltspflichtige nur über geringe Einkünfte verfügt oder hohe Verbindlichkeiten vorhanden sind,
- ✔ mehrere Unterhaltsberechtigte vorhanden sind.

Wenn das Einkommen nicht ausreicht, um alle Unterhaltsansprüche zu bedienen, greift die unterhaltsrechtliche Rangfolge, welche Sie bereits im Abschnitt »Vorrang Kindesunterhalt« kennengelernt haben.

Liegt ein Mangelfall vor, wird der Unterhalt entsprechend den vorhandenen Mitteln verteilt.

Bedürftigkeit

Unterhaltsberechtigt ist nur, wer außerstande ist, sich selbst zu unterhalten. Andersherum: Wer seinen Lebensunterhalt selbst besorgen kann, ist nicht *unterhaltsbedürftig*.

Beim Verwandtenunterhalt gilt das Prinzip der Eigenverantwortung. Jeder muss im Rahmen seiner Möglichkeiten und mit zumutbaren Anstrengungen versuchen, für seinen eigenen Lebensunterhalt zu sorgen. Erst wenn das nicht gelingt, kann man von Verwandten Unterhaltszahlungen verlangen. Nur wer weder durch eigenes Einkommen noch durch eigenes Vermögen angemessen für sich selbst sorgen kann, gilt als bedürftig.

Es liegt auf der Hand, dass Kinder während ihrer Schulausbildung in aller Regel über keine eigenen finanziellen Mittel verfügen, um Miete, Nahrung, Kleidung oder sonstige Dinge des alltäglichen Lebens zu bezahlen. Sie sind daher unterhaltsbedürftig. Das kann sich natürlich ändern, wenn Kinder eine Ausbildung absolvieren und dabei selbst Geld verdienen. Inwieweit sich eigene Einkünfte oder auch eigenes Vermögen auf die Bedürftigkeit bei minderjährigen oder volljährigen Kindern auswirken, erfahren Sie ausführlich in den Kapiteln 8 und 13.

Leistungsfähigkeit und Selbstbehalt

Die *Leistungsfähigkeit* ist ein zentraler Begriff im Unterhaltsrecht und beschreibt die finanzielle Möglichkeit einer Person, überhaupt Unterhalt zahlen zu können. Mit anderen Worten: Es geht bei der Leistungsfähigkeit darum, ob der unterhaltspflichtige Elternteil genug wirtschaftliche Mittel hat, um seinen Unterhaltsverpflichtungen nachzukommen, ohne dabei selbst in finanzielle Not zu geraten.

§ 1603 des Bürgerlichen Gesetzbuches legt fest, dass eine Person nur dann zum Unterhalt verpflichtet ist, wenn sie finanziell dazu in der Lage ist. Der Gesetzestext besagt dazu in § 1603 Absatz 1:

> *»Unterhaltspflichtig ist nicht, wer bei Berücksichtigung seiner sonstigen Verpflichtungen außerstande ist, ohne Gefährdung seines angemessenen Unterhalts den Unterhalt zu gewähren.«*

Das Prinzip der Leistungsfähigkeit stellt also sicher, dass der Unterhaltspflichtige nicht über seine finanziellen Grenzen hinaus belastet wird. Es schafft eine Balance zwischen den Bedürfnissen des Unterhaltsberechtigten und den Möglichkeiten des Unterhaltspflichtigen.

Dabei spielt der sogenannte *Selbstbehalt* eine wichtige Rolle. Der Selbstbehalt ist der Betrag, den der Unterhaltspflichtige behalten darf, um seine grundlegenden Lebenshaltungskosten zu decken. Nur das Einkommen, das über den Selbstbehalt hinausgeht, kann in aller Regel für die Zahlung des Unterhalts herangezogen werden. Im Unterhaltsrecht gibt es nicht nur einen, sondern gleich mehrere Selbstbehalte, sodass schon einmal Verwirrung entstehen kann. Doch keine Angst: Alles, was in Bezug auf Kindesunterhalt und Selbstbehalt wichtig ist, erfahren Sie ausführlich in den Kapiteln 9 und 11.

Barunterhalt und Betreuungsunterhalt

Beim Kindesunterhalt unterscheidet man zwei Formen, wie Eltern ihre Unterhaltspflichten erfüllen: den *Barunterhalt* und den *Betreuungsunterhalt.*

Beide Unterhaltsformen ergänzen sich gegenseitig und sollen im Zusammenspiel sicherstellen, dass das Kind einerseits finanziell abgesichert ist und andererseits die notwendige Betreuung erhält.

Barunterhalt ist dabei der Geldbetrag, den der Elternteil zahlen muss, bei dem das Kind nicht überwiegend lebt. Dieser Elternteil wird auch als barunterhaltspflichtiger Elternteil bezeichnet. In diesem Buch geht es maßgeblich darum, wann und in welcher Höhe der Barunterhalt für ein Kind oder mehrere Kinder gezahlt werden muss.

Der Betreuungsunterhalt wird von dem Elternteil geleistet, bei dem das Kind seinen Lebensmittelpunkt hat. Dieser Elternteil sorgt für die alltägliche Betreuung,

Versorgung und Erziehung des Kindes. Der Betreuungsunterhalt wird also nicht in Geld gezahlt, sondern in Form von Zeit und Fürsorge geleistet.

Auf das Modell kommt es an

Bei einer Trennung muss entschieden werden, wie die Betreuung und der Lebensmittelpunkt der Kinder geregelt werden. Die gängigsten Betreuungsmodelle sind das Residenzmodell, das Wechselmodell und das Nestmodell. Jedes Modell hat unterschiedliche Auswirkungen auf den Kindesunterhalt.

Das Sorgerecht regelt, wer Entscheidungen über wichtige Angelegenheiten im Leben eines Kindes treffen darf. Es steht rechtlich gesehen unabhängig von den Betreuungsmodellen, kann aber dennoch deren Umsetzung beeinflussen. Denn grundsätzlich müssen Eltern, die für die Kinder gemeinsam sorgeberechtigt sind, auch gemeinsam entscheiden, in welcher Form die Betreuung nach der Trennung erfolgt.

Residenzmodell

Das *Residenzmodell* war und ist das traditionellste Betreuungsmodell nach einer Trennung oder Scheidung. Aus diesem Grund ist das gesetzliche Kindesunterhaltsrecht auf das Residenzmodell ausgerichtet.

Beim Residenzmodell lebt das Kind überwiegend bei einem Elternteil, der auch den Alltag des Kindes organisiert und betreut. Dieser Elternteil wird als betreuender Elternteil bezeichnet.

Der andere Elternteil verbringt eine begrenzte Zeit mit dem Kind, typischerweise alle zwei Wochen an den Wochenenden und in der Hälfte der Ferienzeit. Wie genau der Umgang des nicht betreuenden Elternteils geregelt wird, bestimmen die Eltern dabei individuell.

Beim Residenzmodell greift die bereits dargestellte Unterteilung in Barunterhalt und Betreuungsunterhalt.

Dieses Modell hat sowohl Vorteile als auch Nachteile, die stark von der individuellen Familiensituation abhängen.

Vorteile des Residenzmodells:

- ✔ **Stabilität und feste Strukturen für das Kind:** Das Kind hat einen festen Lebensmittelpunkt und muss sich nicht ständig zwischen zwei Haushalten bewegen. Besonders für kleinere Kinder kann diese Konstanz wichtig sein, da sie Stabilität und Sicherheit bietet.

- ✔ **Klare Verantwortlichkeiten:** Der betreuende Elternteil organisiert den Alltag und übernimmt die Erziehung des Kindes. Der andere Elternteil leistet seinen Beitrag durch regelmäßige Unterhaltszahlungen und festgelegte Umgangszeiten. Diese Trennung der Aufgaben kann Konflikte zwischen den Eltern minimieren, da weniger Abstimmung im Alltag nötig ist.
- ✔ **Praktische Umsetzung bei großer räumlicher Distanz:** Wenn die Eltern weit voneinander entfernt wohnen, ist das Residenzmodell oft die einzige praktikable Lösung. Ein Wechselmodell wäre in solchen Fällen schwierig durchzuführen.
- ✔ **Berücksichtigung der Lebensumstände der Eltern:** Wenn ein Elternteil beruflich oder gesundheitlich nicht in der Lage ist, eine umfangreiche Betreuung zu leisten, kann das Residenzmodell eine sinnvolle Lösung sein.

Nachteile des Residenzmodells:

- ✔ **Eingeschränkte Beziehung zum Umgangselternteil:** Der nicht betreuende Elternteil verbringt deutlich weniger Zeit mit dem Kind. Dies kann die Bindung beeinträchtigen, besonders wenn das Umgangsrecht aus verschiedenen Gründen (Arbeitszeiten oder räumliche Distanz) nicht regelmäßig wahrgenommen wird. Für das Kind kann es schwer sein, eine enge Beziehung zu beiden Eltern aufzubauen.
- ✔ **Gefahr der Entfremdung:** Wenn der Kontakt zum Umgangselternteil gering oder konfliktbelastet ist, kann dies zu einer emotionalen Distanz führen. In extremen Fällen kann das Kind einen Elternteil als »abwesend« wahrnehmen.
- ✔ **Belastung des betreuenden Elternteils:** Der betreuende Elternteil trägt die Hauptlast der Betreuung und Erziehung. Dies kann zu Überforderung führen, insbesondere wenn der andere Elternteil wenig Unterstützung bietet. Beruf und Alltag müssen häufig an die Bedürfnisse des Kindes angepasst werden, was den betreuenden Elternteil stark einschränken kann.
- ✔ **Finanzielle Abhängigkeit:** Der betreuende Elternteil ist häufig auf den Barunterhalt des anderen Elternteils angewiesen. Verzögerte oder unzuverlässige Unterhaltszahlungen können finanzielle Probleme verursachen. Der nicht betreuende Elternteil könnte dagegen unter dem Gefühl leiden, nur eine »zahlende« Rolle zu haben, ohne aktiv am Alltag des Kindes teilzunehmen.

- **Konflikte über Umgang und Erziehung:** Wenn sich die Eltern nicht einig sind, wie der Umgang geregelt werden soll, oder wenn der Umgangselternteil Entscheidungen des betreuenden Elternteils kritisiert, kann dies zu Streitigkeiten führen, die das Kind belasten.
- **Praktische Herausforderungen des Residenzmodells:** Beim Residenzmodell wird der nicht betreuende Elternteil manchmal auf die Rolle des »Wochenend-Elternteils« reduziert. Dies kann zu Entfremdung führen und das Gefühl verstärken, weniger Einfluss auf das Leben des Kindes zu haben.

Die Entscheidung für oder gegen das Residenzmodell sollte immer im Interesse des Kindeswohls getroffen werden. Eine gute Kommunikation und Zusammenarbeit der Eltern können viele der Nachteile abmildern, sodass das Kind von der Betreuung bestmöglich profitiert.

Wechselmodell

Beim *Wechselmodell* betreuen beide Elternteile das Kind in gleichem Umfang – zum Beispiel im wöchentlichen Wechsel oder durch andere gleichmäßige Aufteilung. Beide Elternteile teilen sich die Verantwortung für Alltag und Betreuung.

In den letzten Jahren hat sich das Wechselmodell als Alternative zum Residenzmodell etabliert und wird häufiger praktiziert. Gründe dafür sind:

- **Gleichberechtigung der Eltern:** Mit dem gesellschaftlichen Wandel hin zu mehr Gleichberechtigung übernehmen immer mehr Väter eine aktive Rolle in der Kinderbetreuung. Nach einer Trennung wollen sie diese Rolle oft beibehalten.
- **Psychologische Erkenntnisse:** Studien zeigen, dass Kinder von der regelmäßigen und gleichwertigen Betreuung durch beide Eltern profitieren können. Das Wechselmodell ermöglicht es dem Kind, eine enge Bindung zu beiden Elternteilen aufrechtzuerhalten.
- **Rechtliche Entwicklungen:** In einigen Ländern wird das Wechselmodell mittlerweile als Standardmodell betrachtet, sofern beide Eltern dazu in der Lage sind. Auch in Deutschland wird seit einiger Zeit darüber diskutiert, das Wechselmodell stärker gesetzlich zu fördern.

Aber auch der Kindesunterhalt kann ein Grund dafür sein, dass das Wechselmodell immer stärker an Bedeutung gewinnt, da ein Wechselmodell Auswirkungen auf den Kindesunterhalt hat. Da beide Elternteile das Kind in gleichem Umfang betreuen, wird der Betreuungsunterhalt von beiden gleichermaßen erbracht. Der Barunterhalt richtet sich nach den Einkommensverhältnissen beider Eltern. Hat ein Elternteil ein höheres Einkommen, muss er dem anderen Elternteil einen finanziellen Ausgleich zahlen, damit die Bedürfnisse des Kindes gedeckt sind.

In die Überlegung, ob ein Wechselmodell in Betracht kommt, sollten die Risiken und Herausforderungen immer mitbedacht werden.

Nachteile des Wechselmodells:

- ✔ **Mangelnde Stabilität:** Das Kind muss sich nicht nur regelmäßig auf den Wechsel seiner Umgebung, sondern auch auf den Wechsel der Hauptbezugsperson einstellen. Insbesondere dann, wenn im Leben des Kindes Herausforderungen oder Probleme auftreten, kann dies zu einem zusätzlichen Stressfaktor werden.

- ✔ **Kommunikationsbedarf:** Zur Vermeidung eines unterschiedlichen Erziehungsstils und um das Kind in seiner Entwicklung bestmöglich unterstützen zu können, ist ein kontinuierlicher und offener Austausch zwischen den Eltern unverzichtbar.

- ✔ **Kosten:** Je nach Alter benötigt das Kind ein eigenes Kinderzimmer in beiden Haushalten. Die Wohnkosten und räumlichen Gegebenheiten sollten nicht außer Acht gelassen werden.

- ✔ **Logistik:** Damit nicht plötzlich Schulsachen, die Winterjacke oder die Fußballschuhe fehlen, müssen die Eltern organisiert sein und vor den Betreuungszeiträumen sicherstellen, dass alles am richtigen Ort ist.

Das Wechselmodell ist im Wesentlichen besonders dann zu empfehlen, wenn beide Elternteile organisiert und lösungsorientiert in gemeinsamer Absprache und ständigem Austausch auf die Bedürfnisse des Kindes eingehen.

Weitere Einzelheiten und wie genau der Kindesunterhalt im Fall des Wechselmodells berechnet wird, erfahren Sie in Kapitel 10.

Nestmodell

Eine eher untergeordnete Rolle in der Praxis spielt das *Nestmodell.* Hier bleibt das Kind in der vormals gemeinsamen Wohnung der Eltern (dem »Nest«) und muss sich nicht an wechselnde Haushalte anpassen. Die Eltern leben abwechselnd im »Nest«. Sie wechseln sich in der Betreuung ab, beispielsweise wöchentlich, im 3- oder 4-Tage-Rhythmus oder nach anderen individuell vereinbarten Zeitmodellen. In der übrigen Zeit wohnen die Eltern jeweils in ihren eigenen Wohnungen.

Das Nestmodell ist nur unter bestimmten Voraussetzungen realistisch, vor allem finanziell und organisatorisch. Für Eltern, die kooperativ sind und die notwendigen Ressourcen haben, kann das Nestmodell eine gute (Übergangs-)Lösung sein. Gleichzeitig ist es anspruchsvoll und erfordert viel Kommunikation, Organisation und Kompromissbereitschaft.

Beim Nestmodell gestalten sich die Auswirkungen auf den Kindesunterhalt ähnlich wie beim Wechselmodell.

Zwischen Residenz- und Wechselmodell

Das Unterhaltsrecht orientiert sich stark am Residenzmodell. In der Praxis zeigt sich jedoch, dass immer mehr getrennt lebende Eltern an der Betreuung ihrer Kinder stärker teilhaben möchten – ohne ein klassisches 50:50-Wechselmodell umzusetzen.

Das Problem dabei ist: Das aktuelle Unterhaltsrecht bietet keine zufriedenstellende Lösung für die Fälle an, in denen die Betreuung des Kindes weder im klassischen Residenzmodell noch in Form eines Wechselmodells erfolgt. Dies betrifft die Konstellation, dass der Betreuungsanteil des nicht betreuenden Elternteils zwischen 30 Prozent und 49 Prozent liegt.

Aus diesem Grund soll das Kindesunterhaltsrecht reformiert werden. Ziel dieser Reform ist es, die finanzielle Belastung fairer zu verteilen, wenn die Betreuungszeit über das übliche Umgangsmaß hinausgeht. Diese geplante Weiterentwicklung des Kindesunterhaltsrechts läuft unter dem Stichwort *asymmetrisches Wechselmodell*. Einzelheiten dazu und wie die Berechnung des Kindesunterhalts im asymmetrischen Wechselmodell erfolgen soll, erfahren Sie in Kapitel 10.

Und bis zu einer tatsächlichen Umsetzung dieser Reform? Bis dahin bleibt dem unterhaltspflichtigen Elternteil nur die Möglichkeit, sich um eine Herabstufung der Unterhaltsverpflichtung gemäß Düsseldorfer Tabelle zu bemühen, welche Sie in Kapitel 2 kennenlernen werden.

Ab wann und wie lange Kindesunterhalt zu zahlen ist

Die Verpflichtung zur Zahlung von Kindesunterhalt beginnt mit der Geburt des Kindes. Daher ist der Kindesunterhalt im Geburtsmonat taggenau zu berechnen. Das ist logisch und einfach.

Etwas schwieriger dagegen ist die Antwort auf die Frage, wie lange Kindesunterhalt zu zahlen ist. Ganz generell kann hierzu gesagt werden: Ein Kind hat Anspruch auf Unterhalt, solange es auf die Unterstützung angewiesen ist. Das bedeutet, dass der Anspruch nicht automatisch nach einer bestimmten Zeit endet, etwa wenn das Kind volljährig geworden ist. Der Unterhaltsanspruch bleibt so lange bestehen, bis das Kind in der Lage ist, selbst für seinen Lebensunterhalt zu sorgen. In der Regel ist das der Fall, wenn das Kind seine erste Berufsausbildung abgeschlossen hat und damit einen angemessenen Beruf ausüben kann. Das steht so auch im Gesetz (§ 1610 Absatz 2 BGB).

Zur Dauer des Kindesunterhalts lassen sich folgende Grundsätze festhalten:

- ✔ **Unterhaltsanspruch während der Minderjährigkeit:** Minderjährige Kinder haben in aller Regel einen Anspruch auf Unterhalt, da sie noch nicht eigenständig wirtschaften können. Der unterhaltspflichtige Elternteil muss entweder Barunterhalt leisten oder, wenn das Kind bei ihm lebt, Betreuungsunterhalt erbringen.

- ✔ **Unterhaltsanspruch für die Dauer der Erstausbildung:** Der Anspruch endet nicht automatisch mit der Volljährigkeit. Solange das Kind sich in seiner ersten beruflichen Ausbildung befindet, besteht der Unterhaltsanspruch weiter. Eine angemessene Ausbildung, etwa eine Lehre oder ein Studium, wird als Grundlage für die eigenständige Lebensführung betrachtet. Während dieser Zeit muss der unterhaltspflichtige Elternteil das Kind finanziell unterstützen (§ 1610 Absatz 2 BGB).

- ✔ **Ende der Unterhaltsverpflichtung:** Der Anspruch auf Kindesunterhalt endet, wenn das Kind nach Abschluss der ersten Ausbildung in der Lage ist, seinen Lebensunterhalt aus eigenen Einkünften zu bestreiten. Dies ist regelmäßig der Fall, wenn es eine Berufsausbildung abgeschlossen hat und in einem angemessenen Beruf tätig ist.

- ✔ **Wiederaufleben des Unterhaltsanspruchs:** In besonderen Fällen kann der Anspruch auf Unterhalt erneut entstehen, auch nachdem er zunächst geendet hat. Dies kann beispielsweise passieren, wenn das Kind durch Krankheit oder andere schwerwiegende Umstände erwerbsunfähig wird und seinen Lebensunterhalt nicht mehr selbst bestreiten kann.

Die Frage, wie lange Kindesunterhalt gezahlt werden muss, ist manchmal – insbesondere bei volljährigen Kindern – nicht einfach zu beantworten und von vielen Faktoren abhängig. Diese Faktoren reichen von der Lebenssituation des Kindes bis hin zu individuellen rechtlichen Aspekten. Denken Sie beispielsweise an die Frage, was genau unter einer Erstausbildung zu verstehen ist.

Die Dauer der Kindesunterhaltszahlungen ist also ein Thema, das nicht pauschal beantwortet werden kann, sondern je nach Einzelfall differenziert betrachtet werden muss. Deshalb finden Sie in diesem Buch in den Kapiteln 11, 12 und 13 weiterführende Informationen und tiefere Einblicke, um zu verstehen, unter welchen Bedingungen und für welchen Zeitraum Unterhalt zu leisten ist.

Wem das Kindergeld zusteht

Man könnte fast meinen, das Kindergeld sei ein kleines Geschenk des Staates – doch es kommt aus einer Ecke, die viele nicht unbedingt mit Geschenken verbinden würden: dem Steuerrecht. Ja, richtig gehört! Das Kindergeld ist grundsätzlich im Einkommensteuergesetz geregelt.

Wenn Sie die gesetzlichen Regelungen zum Kindergeld durchlesen wollen, schauen Sie in die §§ 62 bis 78 des Einkommensteuergesetzes.

Das Kindergeld wird grundsätzlich an die Eltern ausgezahlt, die zusammen für das Kindergeld bezugsberechtigt sind. Nach § 64 Absatz 1 Einkommensteuergesetz kann das Kindergeld allerdings nur an einen der Berechtigten ausgezahlt werden – eine Aufteilung auf mehrere Personen ist nicht möglich.

Leben die Eltern im gleichen Haushalt, gibt es dabei in aller Regel keine Probleme. Die Eltern müssen dann gegenüber der Familienkasse, die für die Auszahlung des Kindergeldes zuständig ist, nur festlegen, wer von ihnen das Kindergeld beziehen soll. Meistens erfolgt diese Festlegung bereits im Antragsformular auf Kindergeld, das von beiden Elternteilen unterschrieben wird.

Kindergeldbezug bei Trennung

Wenn die Eltern getrennt leben, gilt das sogenannte Obhutsprinzip (§ 64 Absatz 2 Satz 1 Einkommensteuergesetz). Dieses besagt, dass das Kindergeld dem Elternteil ausgezahlt wird, bei dem das Kind im Haushalt lebt. Der Begriff »Haushaltszugehörigkeit« ist dann gegeben, wenn das Kind tatsächlich in die Familiengemeinschaft aufgenommen wurde, sprich, es dort wohnt, versorgt und betreut wird.

Nach der höchstrichterlichen Rechtsprechung setzt sich der Begriff der Haushaltszugehörigkeit aus drei Merkmalen zusammen:

- ✔ dem örtlichen Aspekt (Aufnahme in die Familiengemeinschaft),
- ✔ dem materiellen Aspekt (Versorgung und Unterhalt) und
- ✔ dem immateriellen Aspekt (Fürsorge und Betreuung).

Diese Merkmale müssen je nach Einzelfall gegeben sein. Formale Regelungen, wie etwa Sorgerechtsvereinbarungen oder eine Eintragung im Melderegister, dienen eher als Indizien. Entscheidend sind die tatsächlichen Verhältnisse.

Bei einer Trennung ist es besonders wichtig, dass unmittelbar nach der Trennung geregelt wird, dass der betreuende Elternteil auch tatsächlich das Kindergeld ausgezahlt bekommt. Wird das Kindergeld fälschlicherweise an den nicht betreuenden Elternteil ausgezahlt, kann dies später zu Rückforderungen durch die Familienkasse führen, da die Auszahlung nicht der tatsächlichen Betreuungssituation entspricht.

Die Familienkasse überprüft regelmäßig, ob der Kindergeldbezug korrekt gehandhabt wurde. Wenn sie feststellen sollte, dass das Kindergeld an den falschen Elternteil gezahlt wurde – also an den Elternteil, bei dem das Kind nicht lebt –, kann dies dazu führen, dass der nicht betreuende Elternteil das Kindergeld zurückzahlen muss. In manchen Fällen kann es auch zu Streitigkeiten zwischen den Eltern kommen, wenn nicht eindeutig geregelt wurde, wer das Kindergeld bezieht.

Damit solche Rückforderungen und Streitigkeiten vermieden werden, sollten sich Eltern im Trennungsfall rechtzeitig mit der Familienkasse in Verbindung setzen und den Kindergeldanspruch korrekt regeln.

Sonderfall: Wechselmodell

Bei einem Wechselmodell gibt es keine einseitige Haushaltszugehörigkeit, denn das Kind gehört beiden Haushalten in gleichem Maße an. In diesem Fall haben die Eltern die Möglichkeit, zu bestimmen, wer das Kindergeld erhalten soll. Die Eltern müssen sich dabei einig sein und den Berechtigten durch eine einseitige Erklärung gegenüber der Familienkasse bestimmen.

Wenn sich die Eltern nicht einigen können, wer das Kindergeld erhalten soll, kommt das Familiengericht ins Spiel. Die Eltern haben die Möglichkeit, beim Familiengericht einen Antrag zu stellen, um festzulegen, dass ihnen das Kindergeld ausgezahlt wird. Das Gesetz enthält dabei keine Vorgaben, nach welchen Kriterien das Familiengericht die Bezugsberechtigung für das Kindergeld festlegen soll. Es ist jedoch anerkannt, dass sich die Bezugsberechtigung – falls die Eltern keine eigene Bestimmung getroffen haben – am Kindeswohl orientiert. Wenn beide Elternteile im Rahmen einer gemeinsamen elterlichen Sorge und Betreuung im paritätischen Wechselmodell gleichermaßen die Gewähr dafür bieten, dass das Kindergeld zum Wohl des Kindes verwendet wird, besteht in der Regel kein Grund, die Bezugsberechtigung zu ändern. Hat also bis zur Ausübung des Wechselmodells beispielsweise die Mutter das Kindergeld bezogen, wird es in aller Regel auch dabei verbleiben.

Sonderfall: Kind lebt nicht bei den Eltern

In Fällen, in denen das Kind nicht bei einem der Elternteile lebt, etwa weil es bei den Großeltern oder in einem eigenen Haushalt lebt, wird das Kindergeld dem Elternteil zugewiesen, der den höheren Unterhalt zahlt. Dass etwa die Großeltern in diesem Fall das Kindergeld erhalten, ist möglich, wenn die Eltern zustimmen oder ein Abzweigungsantrag gestellt wird. Sollte der Unterhalt von beiden Elternteilen gleich hoch sein, entscheiden die Eltern untereinander, wer das Kindergeld erhält. Wenn auch hier keine Einigung zustande kommt, wird ebenfalls das Familiengericht auf Antrag aktiv, um zu bestimmen, wer das Kindergeld bekommt.

IN DIESEM KAPITEL

Warum die Düsseldorfer Tabelle so wichtig ist

Die Berechnung des Kindesunterhalts

Welche Faktoren die Höhe des Unterhalts beeinflussen

Besonderheiten bei der Berechnung des Unterhalts

Die verschiedenen Arten von Unterhaltstiteln

Kapitel 2
Festgesetzte Beträge?

In diesem Kapitel stellen wir Ihnen einige der wichtigsten Werkzeuge vor, die Sie für die Berechnung des Kindesunterhalts benötigen. Aber keine Sorge, es geht nicht um höhere Mathematik. Der Fokus liegt auf der Düsseldorfer Tabelle und den Leitlinien der Oberlandesgerichte – und wie Sie diese korrekt anwenden. Sie lernen, wie die Düsseldorfer Tabelle aufgebaut ist und welche Informationen Sie daraus entnehmen können. Außerdem geben wir Ihnen hilfreiche Orientierung und praktische Tipps, die die Unterhaltsberechnung einfacher und klarer machen. Schon bald verfügen Sie über die wesentlichen Grundlagen, mit denen auch die Familiengerichte arbeiten. Sind Sie bereit, einzutauchen?

Düsseldorf und seine Tabelle

Was fällt Ihnen ein, wenn Sie an das Wort »Düsseldorf« denken? Vielleicht die schicke Königsallee oder der Rhein? Oder, falls Sie ein Fußballfan sind, Fortuna Düsseldorf? Aber was hat das alles mit Kindesunterhalt zu tun? Gute Frage!

Ab sofort werden Sie »Düsseldorf« auch mit etwas anderem verbinden – nämlich mit der Düsseldorfer Tabelle. Diese Tabelle enthält keine Daten zu Karneval oder Fußball, sondern viel Wichtigeres: die Unterhaltsbeträge, die in Deutschland für Kinder gezahlt werden müssen. Zugegeben, die Düsseldorfer Tabelle ist kein Gesetz im klassischen Sinne, sondern eher eine Richtlinie – eine Art Empfehlung, die als Orientierung dient. Dennoch wird sie in der Praxis nahezu wie ein Gesetz behandelt, da sie für Klarheit und Einheitlichkeit bei der Festlegung von Unterhaltsbeträgen sorgt.

Stellen Sie sich vor, Sie hätten alle Teile für ein Möbelstück, aber keine Anleitung, um es zusammenzubauen. Mit etwas Mühe und Interpretationen könnten Sie es vielleicht hinbekommen, aber der Prozess wäre umständlich. So ähnlich wäre es ohne die Düsseldorfer Tabelle, die als »Montageanleitung« für die Festsetzung des Kindesunterhalts dient. Ohne sie hätten es Familiengerichte und alle anderen, die mit Unterhalt zu tun haben, schwer, eine einheitliche Regelung zu finden.

Der Düsseldorfer Tabelle können Sie ganz konkret entnehmen, wie hoch der Unterhaltsbedarf eines Kindes veranschlagt ist. Sie ist dabei in Einkommensgruppen und Altersstufen unterteilt und wird ergänzt durch nützliche Anmerkungen zur Anwendung. So hilft sie allen Beteiligten, von Anwälten und der Richterschaft bis zu den unterhaltspflichtigen Eltern, eine gerechte und nachvollziehbare Unterhaltsregelung zu finden.

Die erste Version der Düsseldorfer Tabelle wurde 1962 vom Landgericht Düsseldorf entwickelt und war zunächst für die interne Nutzung des Gerichts bestimmt. Nachdem das Oberlandesgericht Düsseldorf 1977 für Berufungen in Unterhaltssachen zuständig wurde, übernahm es die Verantwortung für die Düsseldorfer Tabelle und führt diese seitdem fort. In regelmäßigen Abständen wird die Tabelle aktualisiert – und zwar in enger Zusammenarbeit mit der Unterhaltskommission des Deutschen Familiengerichtstags sowie Richtern aller Oberlandesgerichte.

Hier der Link zum Deutschen Familiengerichtstag: `https://www.dfgt.de/index.php?tid=66`

Abdeckung des Grundbedarfs

Die Düsseldorfer Tabelle regelt den Grundbedarf eines Kindes – auch Elementarbedarf genannt. Dieser Bedarf umfasst alles, was das Kind im Alltag braucht, um gut versorgt zu sein. Darunter fallen insbesondere:

- ✔ **Essen und Trinken:** Das Kind muss natürlich gut ernährt werden. Der Grundbedarf deckt die Kosten für Lebensmittel ab, sei es das Frühstück zu Hause, das Pausenbrot in der Schule oder das Abendessen.
- ✔ **Kleidung:** Kinder wachsen schnell, und neue Kleidung wird regelmäßig gebraucht. Die stets passende Kleidung ist im Grundbedarf enthalten, sei es für den Alltag oder den Sport.

- **Wohnen:** Das Kind braucht ein Dach über dem Kopf. Circa 20 Prozent der Tabellenbeträge entfallen nur auf die Wohnkosten des Kindes.

- **Hygiene:** Dinge wie Zahnpasta, Shampoo, Seife oder auch Windeln bei Babys gehören ebenfalls zum Grundbedarf.

- **Spiel- und Schulmaterialien:** Neben der Ausstattung für die Schule deckt der Grundbedarf auch Kosten für Spielsachen und die übliche Freizeitgestaltung ab.

Der Grundbedarf deckt also die Kosten ab, die regelmäßig anfallen und die laufenden Bedürfnisse des Kindes betreffen.

Es kann jedoch auch Fälle geben, in denen das Kind einen zusätzlichen Bedarf hat, der über diesen Grundbedarf hinausgeht. Dies ist besonders dann der Fall, wenn es sich um Sonderbedarf oder Mehrbedarf handelt – zum Beispiel bei den Kosten für die Kinderbetreuung oder wenn eine medizinische Behandlung nötig ist. Manchmal ist es nicht ganz einfach, den Grundbedarf von einem Sonder- oder Mehrbedarf abzugrenzen. Einzelheiten dazu erfahren Sie in Kapitel 8.

Vier Altersstufen

Die Düsseldorfer Tabelle teilt Kinder in vier Altersstufen ein, weil klar ist, dass der Unterhaltsbedarf mit dem Alter steigt. Ein kleineres Kind braucht eben nicht so viel wie ein Teenager – das weiß jeder, der Kinder hat.

- **Altersstufe 0 bis 5 Jahre:** Ein Baby, Kleinkind oder auch Kindergartenkind braucht in der Regel noch nicht so viel zum Leben. In finanzieller Hinsicht versteht sich. Natürlich, Windeln und Babynahrung kosten Geld und kleine Kinder wachsen schnell aus ihren Anziehsachen heraus. Aber ansonsten ist ihr finanzieller Grundbedarf bis zum sechsten Lebensjahr am geringsten, sagt zumindest der Gesetzgeber.

- **Altersstufe 6 bis 11 Jahre:** Im Alter von sechs Jahren beginnt die Schulzeit. Schulmaterial, eine Schultasche, Schulbücher, Ausflüge oder auch mehrere paar Schuhe, all das kann ordentlich ins Geld gehen. In diesem Alter steigt der Unterhaltsbedarf, weil das Kind einfach mehr Dinge braucht, die oft nicht gerade günstig sind.

- **Altersstufe 12 bis 17 Jahre:** Willkommen in der Pubertät! Jetzt geht es nicht mehr nur um die Grundausstattung. Markenklamotten, Smartphones, größere Klassenfahrten – all das gehört zum Leben eines Teenagers dazu und erhöht den Bedarf noch einmal ordentlich.

- **Altersstufe ab 18 Jahren:** Volljährige Kinder haben weiterhin Anspruch auf Unterhalt, wenn sie noch in der Ausbildung oder im Studium sind. Hier ändert sich einiges. Deshalb finden Sie im vierten Teil dieses Buches alles über den Unterhalt für volljährige Kinder.

Der höhere Anspruch aus der nächsten Altersstufe steht dem minderjährigen Kind ab dem Ersten des Monats zu, in dem das jeweilige Lebensjahr vollendet wird. Wenn Ihr Kind am 13. April Geburtstag hat und zwölf Jahre alt wird, ist für den gesamten Monat April der Unterhalt aus der dritten Altersstufe geschuldet.

15 Einkommensgruppen

Soeben haben Sie die erste Regel erfahren: Je älter das Kind, desto höher der Unterhaltsbedarf. Hier nun die zweite Regel: Wer mehr verdient, muss auch mehr Kindesunterhalt zahlen.

Keine Sorge, ein fünffach höheres Einkommen bringt keine fünffach so hohe Unterhaltsverpflichtung hervor. Verfolgt wird vielmehr der Grundsatz: Hat der unterhaltspflichtige Elternteil ein sehr hohes Einkommen, steht dem Kind ein entsprechend höherer Unterhalt zu. Ist das Einkommen niedriger, fällt der Unterhaltsanspruch des Kindes geringer aus.

Mit Einkommen ist nicht das monatliche Nettoeinkommen, sondern immer das sogenannte unterhaltsrelevante monatliche Einkommen gemeint. Das ist wichtig. In den Kapiteln 3 bis 7 des Buches erfahren Sie ganz genau, wie Sie das unterhaltsrelevante Einkommen ermitteln können.

Die Düsseldorfer Tabelle ist in 15 Einkommensgruppen unterteilt. Diese beginnen bei einem Einkommen von bis zu 2.100 Euro monatlich. Verdienen Sie mehr, rutschen Sie in die entsprechend höhere Gruppe. Das macht Sinn, denn ein höheres Einkommen sollte auch einen höheren Beitrag für das Kind ermöglichen. Die 15 Einkommensgruppen staffeln sich so:

1. bis 2.100 Euro
2. 2.101 Euro bis 2.500 Euro
3. 2.501 Euro bis 2.900 Euro
4. 2.901 Euro bis 3.300 Euro
5. 3.301 Euro bis 3.700 Euro

6. 3.701 Euro bis 4.100 Euro
7. 4.101 Euro bis 4.500 Euro
8. 4.501 Euro bis 4.900 Euro
9. 4.901 Euro bis 5.300 Euro
10. 5.301 Euro bis 5.700 Euro
11. 5.701 Euro bis 6.400 Euro
12. 6.401 Euro bis 7.200 Euro
13. 7.201 Euro bis 8.200 Euro
14. 8.201 Euro bis 9.700 Euro
15. 9.701 Euro bis 11.200 Euro

Sollte das Einkommen des unterhaltspflichtigen Elternteils über 11.200 Euro hinausgehen und möchte das Kind einen Unterhalt haben, der über die Tabellenbeträge der 15. Einkommensgruppe hinausgeht, muss eine sogenannte konkrete Bedarfsberechnung gemacht werden. In diesem Fall muss das unterhaltsberechtigte Kind genau darlegen, welchen Bedarf es hat und das eventuell auch beweisen. Es empfiehlt sich dann die Heranziehung eines Anwalts oder, noch besser, das Gespräch mit dem anderen Elternteil zur Einigung. Jedenfalls kann die Tabelle in diesem Fall keine Zahlen mehr liefern.

Die Tabellensätze sind darauf ausgelegt, dass der unterhaltspflichtige Elternteil zwei Personen Unterhalt zahlt. Wenn es mehr Unterhaltsberechtigte gibt, können Abschläge durch Abstufung in eine niedrigere Gruppe angemessen sein. Ist nur ein unterhaltsberechtigtes Kind vorhanden, ist in der Regel ein Zuschlag durch eine Aufstufung in die nächsthöhere Gruppe möglich.

Ben hat ein Einkommen von 2.700 Euro und ist seinen Kindern Charlotte und Daniel zur Unterhaltszahlung verpflichtet. Weil Ben zwei Unterhaltspflichten zu bedienen hat, ist der Unterhaltsbetrag von Charlotte und Daniel der dritten Einkommensgruppe der Düsseldorfer Tabelle zu entnehmen. Eine Höherstufung ist hier nicht vorzunehmen.

Fällt Daniels Anspruch zukünftig weg, weil er beispielsweise eine Ausbildung beginnt und seinen Bedarf durch seine Ausbildungsvergütung eigenständig sicherstellen kann, ist der Unterhaltsbetrag für

Charlotte der nächsthöheren, also der vierten Einkommensgruppe, zu entnehmen.

Bis hierhin ist es erst mal ganz einfach, oder? Vermutlich haben Sie jetzt bereits ein Bild von der Düsseldorfer Tabelle im Kopf. Schauen Sie in Tabelle 2.1 selbst, ob Ihr Bild passt.

Nettoeinkommen des/der Barunterhaltspflichtigen		Altersstufen in Jahren (§ 1612a Abs. 1BGB)				Prozentsatz	Bedarfskontrollbetrag (Anm. A. III)
		0 – 5	6 – 11	12 – 17	ab 18		
		Alle Beträge in Euro					
1.	bis 2.100	482	554	649	693	100	1.200 / 1.450
2.	2.101–2.500	507	582	682	728	105	1.750
3.	2.501–2.900	531	610	714	763	110	1.850
4.	2.901–3.300	555	638	747	797	115	1.950
5.	3.301–3.700	579	665	779	832	120	2.050
6.	3.701–4.100	617	710	831	888	128	2.150
7.	4.101–4.500	656	754	883	943	136	2.250
8.	4.501–4.900	695	798	935	998	144	2.350
9.	4.901–5.300	733	843	987	1.054	152	2.450
10.	5.301–5.700	772	887	1.039	1.109	160	2.550
11.	5.701–6.400	810	931	1.091	1.165	168	2.850
12.	6.401–7.200	849	976	1.143	1.220	176	3.250
13.	7.201–8.200	887	1.020	1.195	1.276	184	3.750
14.	8.201–9.700	926	1.064	1.247	1.331	192	4.350
15.	9.701–11.200	964	1.108	1.298	1.386	200	5.050

Tabelle 2.1: Düsseldorfer Tabelle Stand 1. Januar 2025

Die Tabelle mit den Zahlbeträgen

Am Ende des ersten Kapitels haben Sie bereits erfahren, welchem Elternteil das Kindergeld ausgezahlt wird. Das Kindergeld kommt aber nicht nur dem betreuenden Elternteil zugute. Es dient dazu, insgesamt den finanziellen Bedarf des Kindes zu decken. Nach der Trennung wird das Kindergeld daher zwischen beiden Elternteilen aufgeteilt. Diese Aufteilung erfolgt in der Form, dass die Hälfte des Kindergeldes auf den Unterhaltsbedarf des Kindes angerechnet wird. Dadurch wird der Betrag, der tatsächlich an das Kind zu zahlen ist, um das halbe Kindergeld verringert.

Für die achtjährige Ella ergibt sich aus der Düsseldorfer Tabelle entsprechend der fünften Einkommensgruppe ein Unterhaltsbedarf von 665 Euro. Hiervon ist das halbe Kindergeld von 127,50 Euro abzuziehen. Der Zahlbetrag beträgt also 537,50 Euro.

Wenn Sie die Berechnungen mit dem hälftigen Kindergeldabzug nicht selbst durchführen möchten, bietet die letzte Seite der Düsseldorfer Tabelle eine einfache Lösung. Dort finden Sie eine Übersicht mit den konkreten Zahlbeträgen, die Sie direkt verwenden können (siehe Tabelle 2.2). Das Kindergeld beläuft sich auf monatlich einheitlich 255 Euro pro Kind. Für minderjährige Kinder wird die Hälfte des Kindergeldes abgezogen, während bei volljährigen Kindern der volle Betrag berücksichtigt wird.

Kindergeld: 255 EUR		0 – 5	6 – 11	12 – 17	ab 18	%
1.	bis 2.100	354,50	426,50	521,50	438,00	100
2.	2.101–2.500	379,50	454,50	554,50	473,00	105
3.	2.501–2.900	403,50	482,50	586,50	508,00	110
4.	2.901–3.300	427,50	510,50	619,50	542,00	115
5.	3.301–3.700	451,50	537,50	651,50	577,00	120
6.	3.701–4.100	489,50	582,50	703,50	633,00	128
7.	4.101–4.500	528,50	626,50	755,50	688,00	136
8.	4.501–4.900	567,50	670,50	807,50	743,00	144
9.	4.901–5.300	605,50	715,50	859,50	799,00	152
10.	5.301–5.700	644,50	759,50	911,50	854,00	160
11.	5.701–6.400	682,50	803,50	963,50	910,00	168
12.	6.401–7.200	721,50	848,50	1.015,50	965,00	176
13.	7.201–8.200	759,50	892,50	1.067,50	1.021,00	184
14.	8.201–9.700	798,50	936,50	1.119,50	1.076,00	192
15.	9.701–11.200	836,50	980,50	1.170,50	1.131,00	200

Tabelle 2.2: Düsseldorfer Tabelle Zahlbeträge: Stand 1. Januar 2025

Die hälftige Anrechnung des Kindergeldes gilt nur, wenn ein Elternteil die Unterhaltspflicht durch die Betreuung des minderjährigen Kindes erfüllt. Sollte das Kind jedoch bei Dritten leben, zum Beispiel in einer Pflegefamilie oder einer anderen Betreuungseinrichtung, so mindert das Kindergeld den Bedarf des Kindes in voller Höhe. Das heißt, dass der barunterhaltspflichtige Elternteil dann das gesamte Kindergeld abziehen kann.

Der Prozentsatz – mehr als nur eine Zahl

Der Prozentsatz in der Düsseldorfer Tabelle zeigt an, wie viel der Unterhaltspflichtige im Vergleich zum Mindestunterhalt zahlen muss. Das Wort »Mindestunterhalt« ist Ihnen bereits in Kapitel 1 begegnet.

Der Mindestunterhalt ist der Betrag, der Kindern mindestens zusteht, und wird vom Gesetzgeber im Rahmen der Mindestunterhaltsverordnung festgelegt.

In der Düsseldorfer Tabelle wird der Mindestunterhalt mit 100 Prozent angegeben. Steht also in der Tabelle ein Wert von 100 Prozent, bedeutet das: Der Unterhaltspflichtige zahlt genau den gesetzlich festgelegten Mindestunterhalt. Wenn in einer höheren Einkommensgruppe also 110 Prozent oder 120 Prozent steht, heißt das, der Unterhaltspflichtige zahlt mehr als den Mindestunterhalt, eben 10 Prozent oder 20 Prozent mehr. Der Prozentsatz steigt mit den Einkommensgruppen. In der höchsten Einkommensgruppe beläuft er sich auf 200 Prozent, also auf das Doppelte des Mindestunterhalts.

Der Bedarfskontrollbetrag

Sicher ist Ihnen aufgefallen, dass in Tabelle 2.1 ganz rechts ein weiterer Betrag ausgewiesen ist: der Bedarfskontrollbetrag. Dieser Betrag ist im Prinzip eine Art Sicherheitsnetz für den unterhaltspflichtigen Elternteil. Er stellt sicher, dass demjenigen, der Unterhalt zahlt, selbst noch ein angemessener Betrag zum Leben verbleibt. Ohne diesen Betrag könnte es passieren, dass dem Unterhaltspflichtigen nach der Zahlung des Kindesunterhalts selbst nicht mehr genug Geld für sein Leben verbleibt. Das wäre unfair. Deshalb sorgt der Bedarfskontrollbetrag für ein finanzielles Gleichgewicht zwischen der Unterhaltsverpflichtung und den eigenen Lebenshaltungskosten.

Das funktioniert so: Je nachdem, wie viel Sie verdienen und in welcher Einkommensgruppe Sie in der Düsseldorfer Tabelle eingeordnet sind, wird überprüft, ob Ihnen nach Abzug sämtlicher Unterhaltsverpflichtungen – hierzu zählt neben dem Kindesunterhalt (Achtung, hier gilt der Zahlbetrag) auch ein gegebenenfalls geschuldeter Ehegattenunterhalt – noch genug Geld bleibt. Dieser »genügende Betrag« ist der Bedarfskontrollbetrag. Wenn dieser Betrag unterschritten wird, dann werden Sie in eine niedrigere Einkommensgruppe eingeordnet, deren Bedarfskontrollbetrag gewahrt wird. Dadurch fällt Ihre Unterhaltsverpflichtung geringer aus.

Auf die Besonderheit, dass in der ersten Einkommensgruppe zwei Werte ausgewiesen sind, gehen wir in Kapitel 9 noch ausführlicher ein; das Stichwort hierbei lautet »Selbstbehalt«.

Tom hat ein Einkommen von 2.950 Euro. Eigentlich schuldet er seinen beiden Kindern im Alter von sechs und acht Jahren entsprechend der vierten Einkommensgruppe und zweiten Altersstufe der Düsseldorfer Tabelle einen Unterhalt (Zahlbetrag) von jeweils 510,50 Euro. Bei Abzug dieser Beträge würde Tom nur ein Betrag von 1.924 Euro bleiben. Der Bedarfskontrollbetrag der vierten Einkommensgruppe liegt bei 1.950 Euro und wäre unterschritten. Daher ist der Unterhalt der dritten Einkommensgruppe zu entnehmen. Er liegt bei 482,50 Euro pro Kind. Damit bleiben Tom noch 1.985 Euro übrig und der Bedarfskontrollbetrag, der sich in der dritten Einkommensgruppe auf 1.850 Euro beläuft, ist gewahrt.

Geleitet ableiten – die Leitlinien der Oberlandesgerichte

Vielleicht haben Sie sich schon gefragt, wie das Kindesunterhaltsrecht in ganz Deutschland einheitlich durchgesetzt werden kann, wenn es nur wenige Paragrafen zum Kindesunterhalt gibt.

Zum Glück gibt es zusätzlich zur Düsseldorfer Tabelle noch ein weiteres hilfreiches Instrument: die sogenannten *unterhaltsrechtlichen Leitlinien*. Diese werden von den Oberlandesgerichten veröffentlicht und bieten eine wertvolle Orientierungshilfe bei der Berechnung von Unterhalt. Die Leitlinien sind vor allem für die »typischen« Unterhaltsfälle gedacht und behandeln allgemeine Regelungen. Spezielle, fallspezifische Fragen zu besonderen Einzelfällen werden darin jedoch meist nicht behandelt. Sie bieten aber eine solide Grundlage für die meisten allgemeinen Unterhaltsfragen.

Ähnlich wie die Düsseldorfer Tabelle werden auch die Leitlinien regelmäßig in einer neuen Fassung veröffentlicht, um sicherzustellen, dass die Unterhaltsberechnung aktuell bleibt.

In Deutschland gibt es 24 Oberlandesgerichte, und nahezu jedes dieser Gerichte hat seine eigenen Leitlinien, die innerhalb ihres Zuständigkeitsbereichs verwendet werden. Einige Oberlandesgerichte haben die Leitlinien auch zusammen erarbeitet. So haben die Familiensenate der Oberlandesgerichte Düsseldorf, Hamm und Köln beispielsweise gemeinsame Leitlinien für Nordrhein-Westfalen herausgebracht, um eine möglichst einheitliche Rechtsprechung in Unterhaltssachen zu erreichen. Diese Leitlinien sorgen dafür, dass im jeweiligen Bezirk eine einheitliche Rechtsprechung angewendet wird. Unterhaltsrechtliche Leitlinien gibt es für die folgenden Oberlandesgerichte:

- ✔ Brandenburg
- ✔ Braunschweig
- ✔ Bremen
- ✔ Celle
- ✔ Dresden
- ✔ in NRW (Hamm, Düsseldorf und Köln)
- ✔ Frankfurt am Main
- ✔ Hamburg
- ✔ Berlin (Kammergericht)
- ✔ Koblenz
- ✔ Naumburg
- ✔ Oldenburg
- ✔ Rostock
- ✔ Saarbrücken
- ✔ Schleswig
- ✔ Thüringen
- ✔ in Süddeutschland (Bamberg, Karlsruhe, München, Nürnberg, Stuttgart und Zweibrücken)

Die Inhalte der Leitlinien unterscheiden sich je nach Oberlandesgericht zwar in einigen Punkten, der Aufbau ist jedoch dem Grunde nach einheitlich. Es ist also einfach, die Leitlinien untereinander zu vergleichen.

Die unterhaltsrechtlichen Leitlinien sind, wie auch die Düsseldorfer Tabelle, öffentlich zugänglich, und es lohnt sich, die jeweils gültige Fassung für den Bezirk, in dem das unterhaltsberechtigte Kind lebt, zurate zu ziehen. Die Leitlinien sind auf der Homepage des jeweiligen Oberlandesgerichts hinterlegt. Für die Festsetzung des Unterhalts im Rahmen eines gerichtlichen Verfahrens ist nämlich das Familiengericht zuständig, in dessen Bezirk der gewöhnliche Aufenthalt des Kindes liegt.

Falls Sie nicht wissen, welches Oberlandesgericht für Ihren Fall zuständig ist, hier ein Tipp: Schauen Sie einfach online im »Justizportal des Bundes und der Länder« nach. Sie können die Suchfunktion nutzen, die Anschrift des Kindes eingeben und voilà, Sie haben das zuständige Gericht gefunden.

Falls Sie an einem regnerischen Sonntagnachmittag die Zeit haben, können Sie sich natürlich die Mühe machen, alle Leitlinien miteinander zu vergleichen. Wer weiß, vielleicht entdecken Sie dabei interessante Details! Wenn Sie sich zudem für den Ehegattenunterhalt interessieren, finden Sie in den Leitlinien auch dazu hilfreiche Hinweise. Sollte der Kindesunterhalt jedoch ausreichen, können Sie die Abschnitte zum Ehegattenunterhalt einfach überspringen und sich auf das Wesentliche konzentrieren.

Damit es fair zugeht: Auch ein Titel ist geschuldet

Wussten Sie schon, dass ein Kind neben dem Anspruch auf Zahlung des Kindesunterhalts auch einen Anspruch darauf hat, dass ein Unterhaltstitel errichtet wird?

Das Wort »Unterhaltstitel« klingt erst einmal kompliziert, es ist aber eigentlich ganz einfach. Ein Titel ist nichts anderes als ein offizielles Dokument, das den Anspruch auf Unterhalt festlegt und rechtlich bindend macht. Mit einem Unterhaltstitel hat der Unterhaltsberechtigte etwas Schriftliches in der Hand, das den Unterhaltspflichtigen verpflichtet, regelmäßig und in der festgelegten Höhe zu zahlen.

Ein Unterhaltstitel sorgt dafür, dass der Unterhaltspflichtige seine Zahlungen nicht einfach einstellen kann, ohne Konsequenzen befürchten zu müssen. Sollte der Unterhalt nicht pünktlich oder in voller Höhe gezahlt werden, können Sie mit einem Titel schnell und ohne großen Aufwand den Unterhalt einfordern. Sie müssen dann nicht erst lange klagen, sondern haben sofort die Möglichkeit, die Zwangsvollstreckung einzuleiten, zum Beispiel mithilfe eines Gerichtsvollziehers. Das gibt dem unterhaltsberechtigten Kind Sicherheit, falls der Unterhalt mal nicht pünktlich oder überhaupt nicht gezahlt wird. Unterhaltstitel bedeutet also nichts anderes als eine schriftliche Verankerung der Unterhaltszahlung, in der festgehalten wird

- ✔ wie viel,
- ✔ ab wann,
- ✔ für wen,
- ✔ von wem,
- ✔ wann (an welchem Tag),
- ✔ an wen

zu zahlen ist.

Ganz schön viele »W-Fragen«, oder? Im Prinzip ist es aber gar nicht so kompliziert.

In einem Unterhaltstitel ist also in erster Linie die Unterhaltshöhe festgehalten. Dazu kommen noch wichtige Punkte, wie:

- ✔ Wann beginnt die Zahlung?
- ✔ Ist der Unterhalt bereits für vergangene Zeiträume oder erst ab einem bestimmten Datum geschuldet?
- ✔ Und für welches Kind genau ist der Unterhalt zu zahlen?

Außerdem muss im Unterhaltstitel klar festgehalten werden, wer der Unterhaltsschuldner ist und wann genau die Zahlungen fällig sind. Sonst könnte es passieren, dass der Unterhaltspflichtige irgendwann, vielleicht erst in einigen Jahren, mit der Zahlung beginnt – oder nur in größeren Abständen Unterhalt zahlt. Während der Unterhalt grundsätzlich monatlich im Voraus zu zahlen ist, können Zeitpunkte für die Begleichung aufgelaufener Rückstände festgehalten werden.

Es ist auch wichtig, dass im Titel vermerkt wird, an wen genau der Unterhalt gezahlt wird, besonders wenn es um minderjährige Kinder oder volljährige Kinder mit einem Vermögensbetreuer geht. In der Regel wird der Unterhalt bei minderjährigen Kindern an den gesetzlichen Vertreter des Kindes gezahlt. Dies ist in aller Regel der betreuende Elternteil. Volljährige Kinder haben Anspruch darauf, dass der Unterhalt unmittelbar an sie gezahlt wird.

Darüber hinaus kann der Titel auch festhalten, wie Rückstände aus der Vergangenheit beglichen werden müssen. Wenn der Unterhaltspflichtige sich verpflichtet, die Rückstände in Raten zu zahlen, sollte die Höhe dieser Raten ebenfalls im Titel stehen, damit keine Überraschungen auftreten.

Auch wenn der Unterhaltspflichtige den Kindesunterhalt pünktlich und regelmäßig zahlt und es keine Streitigkeit über die Höhe gibt, bleibt die Notwendigkeit eines Unterhaltstitels bestehen. Wird dieser auf Anforderung des Unterhaltsberechtigten nicht erstellt, kann dies zu erheblichen rechtlichen Risiken führen. Das Familiengericht könnte auf entsprechenden Antrag des Unterhaltsgläubigers den Unterhaltsanspruch trotz der regelmäßigen Zahlungen durch einen Beschluss titulieren, also einen Unterhaltstitel schaffen, und dem unterhaltspflichtigen Elternteil alle Kosten des Gerichtsverfahrens auferlegen. Dies stellt ein finanzielles Risiko für den Unterhaltspflichtigen dar, da die Kosten des Verfahrens zusätzlich zur eigentlichen Unterhaltsverpflichtung anfallen würden.

Diese Titel gibt es – Königsweg Jugendamtsurkunde

Es gibt verschiedene Möglichkeiten, einen Unterhaltstitel zu bekommen:

- ✔ **Jugendamtsurkunde:** Für minderjährige Kinder oder Kinder unter 21 Jahren ist die Jugendamtsurkunde eine einfache und kostenlose Möglichkeit, den Unterhaltsanspruch festzulegen.
- ✔ **Gerichtlicher Beschluss:** Wenn der Unterhaltspflichtige sich weigert, den Unterhalt freiwillig zu zahlen oder einen Titel errichten zu lassen, können Sie den Unterhalt einklagen. Das Gericht entscheidet dann, wie viel Unterhalt gezahlt werden muss, und stellt einen Beschluss als Unterhaltstitel aus.
- ✔ **Notarielle Urkunde:** Sie können den Unterhalt auch im Rahmen eines notariellen Schuldanerkenntnisses bei einem Notar festlegen lassen.

Wenn es um den Kindesunterhalt geht, ist die Jugendamtsurkunde eine besonders praktische und einfache Möglichkeit, den Unterhalt titulieren zu lassen. Sie bietet einige klare Vorteile. Die Erstellung der Jugendamtsurkunde ist unkompliziert und relativ schnell erledigt. Sie gehen zum Jugendamt, legen dort die nötigen Unterlagen vor, und der Unterhalt wird festgelegt. Von dem Titel erhält der Pflichtige Abschriften und der Berechtigte, oder sein gesetzlicher Vertreter, die vollstreckbare Ausfertigung. Es ist also keine langwierige gerichtliche Auseinandersetzung nötig, die über Monate andauern kann. Das spart Ihnen viel Zeit und Stress. Obwohl die Jugendamtsurkunde kostenlos und einfach zu bekommen ist, hat sie trotzdem denselben rechtlichen Stellenwert wie ein gerichtlicher Beschluss oder eine notarielle Urkunde. Wenn beide Eltern sich einig sind, ist das der schnellste und günstigste Weg, den Unterhalt zu titulieren.

Aus rechtlicher Sicht führt die Unterzeichnung der Jugendamtsurkunde zu einem Schuldanerkenntnis. Der Unterhaltspflichtige erkennt also an, dem unterhaltsberechtigten Kind einen bestimmten Unterhaltsbetrag zu schulden. Weigert er sich, die Unterhaltsverpflichtung anzuerkennen, kann der Anspruch natürlich gerichtlich durchgesetzt werden. Das Ganze ist dann – in aller Regel für den Unterhaltspflichtigen – wesentlich kostspieliger.

Varianten eines Unterhaltstitels: Statisch oder dynamisch?

Ein Unterhaltstitel kann statisch oder dynamisch sein.

Bei einem *statischen* Titel ist der Betrag festgelegt. Das heißt, in dem Titel steht ein festgelegter Betrag, den der unterhaltspflichtige Elternteil jeden Monat zahlen muss.

Sie haben bereits erfahren, dass in der Düsseldorfer Tabelle jede Einkommensgruppe einem bestimmten Prozentsatz des Mindestunterhalts entspricht. Sie wissen auch bereits, dass sich die Höhe des Mindestunterhalts und damit die Tabellenbeträge der Düsseldorfer Tabelle in regelmäßigen Abständen ändern und der Unterhalt sich zudem mit den steigenden Altersstufen erhöht.

Ein *dynamischer* Titel passt sich automatisch an diese Veränderungen an, ohne dass Sie dafür jedes Mal zum Gericht oder zum Jugendamt laufen müssen. Ein dynamischer Unterhaltstitel ist also flexibel, da der zu zahlende Betrag nicht als feste Zahl angegeben wird, sondern als Prozentsatz des Mindestunterhalts. Dadurch sind auch Änderungen automatisch geregelt, die sich durch eine Änderung der Altersstufe beim Kindesunterhalt ergeben.

Da dem Kind das Risiko, dass eine Abänderung der Düsseldorfer Tabelle oder der Altersstufe versäumt wird, nicht zugemutet werden kann, setzt die Rechtsprechung generell die Berechtigung auf einen dynamischen Unterhaltstitel voraus.

Hiervon gibt es Ausnahmen: Liegt beispielsweise ein Mangelfall vor und ist nicht davon auszugehen, dass von dem Unterhaltspflichtigen zukünftig ein höherer Unterhaltsbetrag gefordert werden kann, ist ein dynamischer Unterhaltstitel regelmäßig nicht durchsetzbar. Hier kommt dann ein statischer Titel ins Spiel.

Und wenn sich etwas ändert?

Ein Unterhaltstitel ist nicht in Stein gemeißelt. Wenn sich die finanziellen Verhältnisse oder andere Umstände ändern, gibt es die Möglichkeit, den Titel anzupassen. Derartige Änderungen kommen insbesondere in Betracht bei:

- ✔ **Veränderungen beim Einkommen:** Sowohl beim Unterhaltspflichtigen als auch beim Unterhaltsberechtigten kann es Einkommensänderungen geben. Wenn der Elternteil, der Unterhalt zahlt, zum Beispiel deutlich weniger verdient als früher (etwa durch Jobverlust, Krankheit oder eine berufliche Veränderung), kann er eine Anpassung des Titels verlangen. Umgekehrt gilt das Gleiche: Verdient der unterhaltspflichtige Elternteil wesentlich mehr, kann das unterhaltsberechtigte Kind eine Anpassung verlangen.

  Jetzt fragen Sie sich vielleicht, woher das Kind Informationen über eine Einkommenserhöhung des unterhaltspflichtigen Elternteils erhalten soll. Das Kind kann, sollte der unterhaltspflichtige Elternteil nicht freiwillig mitteilen, dass er mehr verdient, von seinem gesetzlichen Auskunftsanspruch Gebrauch machen. Alles Wichtige zum Auskunftsanspruch erfahren Sie in Kapitel 5.

  Erzielt das unterhaltsberechtigte Kind nach Errichtung des Titels ein Einkommen (etwa durch eine Ausbildungsvergütung), kommt für den unterhaltspflichtigen Elternteil eine Anpassung zu seinen Gunsten in Betracht.

- ✔ **Veränderungen beim Kind:** Auch beim Kind können sich Umstände ändern, die eine Anpassung des Unterhalts erfordern. Das kann zum Beispiel der Fall sein, wenn das Kind volljährig wird und damit andere Regeln gelten. Außerdem können Veränderungen bei den Bedürfnissen des Kindes, wie etwa besondere Kosten durch Krankheit oder Ausbildung, eine Rolle spielen.

- ✔ **Änderung der rechtlichen Grundlagen:** Wenn sich die rechtlichen Grundlagen ändern, etwa durch eine Änderung der Selbstbehaltssätze oder der Düsseldorfer Tabelle, kann dies auch eine Abänderung des Titels rechtfertigen.

Eins vorweg: Eine einseitige Abänderung eines Unterhaltstitels ist nicht ohne Weiteres möglich. Das bedeutet, dass der unterhaltspflichtige Elternteil einen titulierten Unterhaltsbetrag nicht einfach eigenständig ändern darf, auch wenn sich seine finanziellen Verhältnisse oder andere Umstände geändert haben. Eine Anpassung des Unterhalts kann nur durch eine gerichtliche Entscheidung oder durch gegenseitige Vereinbarung zwischen den Beteiligten vorgenommen werden.

Der einfachste Weg, einen Unterhaltstitel anzupassen, ist eine einvernehmliche Lösung. Wenn beide Elternteile der Meinung sind, dass der Titel angepasst werden sollte, können sie das außergerichtlich regeln.

Wenn eine Einigung nicht möglich ist, bleibt der Gang zum Gericht. Derjenige, der die Abänderung des Titels möchte, muss einen Abänderungsantrag stellen. Dabei muss er die Gründe für die Änderung darlegen und beweisen. Das Gericht prüft dann, ob eine wesentliche Veränderung vorliegt und ob der Titel angepasst werden muss.

Teil II
Jetzt wird genau hingeschaut: Das Einkommen ermitteln

IN DIESEM TEIL ...

In diesem Teil geht es darum, das unterhaltsrelevante Einkommen genau zu ermitteln – eine der wichtigsten Grundlagen für die Berechnung des Kindesunterhalts. Sie lernen, welche Einkünfte berücksichtigt werden und welche Abzüge zulässig sind. Wir zeigen, wie das Einkommen von angestellten und selbstständigen Unterhaltspflichtigen analysiert wird und welche Besonderheiten bei Steuererstattungen, Wohnvorteilen und weiteren Einkunftsarten zu beachten sind.

Außerdem erfahren Sie, wie man Auskünfte und Belege einfordert und worauf bei der Prüfung von Einkommensunterlagen zu achten ist. Mit diesen Kenntnissen sind Sie bestens vorbereitet, um eine gerechte und fundierte Unterhaltsberechnung durchzuführen.

IN DIESEM KAPITEL

Welche Einkünfte für die Berechnung des Kindesunterhalts relevant sind

Wie das Gesamteinkommen eines Unterhaltspflichtigen ermittelt wird

Steuererstattungen, der Wohnvorteil und Einkünfte aus Vermietung

Kapitalerträge und fiktive Einkünfte

Kapitel 3
Auf diese Einkünfte kommt es an

Sie haben jetzt die Düsseldorfer Tabelle im Blick und wissen: Die Höhe des Kindesunterhalts richtet sich nach dem Einkommen der Person, die den Barunterhalt leistet. Aber Moment mal, welches Einkommen ist hier genau gemeint?

Es geht nicht nur um das Nettoeinkommen, wie Sie es vielleicht von der Gehaltsabrechnung kennen. Entscheidend ist das sogenannte *unterhaltsrelevante Einkommen.* Das ist im Grunde das Gesamteinkommen, von dem bestimmte Abzüge vorgenommen werden – die sogenannten unterhaltsrelevanten Abzüge.

Der Weg zur Bestimmung dieses unterhaltsrelevanten Einkommens ist nicht immer ganz einfach. Aber keine Sorge, wir gehen das auf den nächsten Seiten Schritt für Schritt durch. So werden Sie bald verstehen, wie genau man zu dem unterhaltsrelevanten Einkommen kommt, das für die Berechnung des Kindesunterhalts herangezogen wird.

Die Formel lautet:

> *unterhaltsrelevante Einkünfte – unterhaltsrelevante Abzüge*
> *= unterhaltsrelevantes Einkommen*

Eigentlich ganz einfach, oder? Jetzt erfahren Sie erst einmal, welche Einkünfte beim Kindesunterhalt grundsätzlich eine Rolle spielen.

Gute Arbeit – das Erwerbseinkommen

Erwerbseinkommen bedeutet ganz einfach: alles Geld, das durch Arbeit verdient wird. Das kann Ihr Gehalt sein, wenn Sie angestellt tätig sind, oder der Gewinn, den Sie als Selbstständiger erzielen.

Auf den Durchschnitt kommt es an

Das Gehalt ist nicht bei jedem Monat für Monat gleich hoch. Deshalb schaut man auf das gesamte Jahreseinkommen, um die wirtschaftliche Lage einer Person zu beurteilen. Ein Beispiel: Wenn jemand in einem Monat 14.000 Euro verdient, aber den Rest des Jahres nichts, ist er nicht unbedingt ein Spitzenverdiener. Ganz anders sieht es aus, wenn jemand regelmäßig 8.000 Euro im Monat bekommt – da kommt über das Jahr gesehen eine beeindruckende Summe zusammen.

Dieser Ansatz wird auch bei der Berechnung von Kindesunterhalt genutzt. Wäre es nicht viel zu umständlich, den Unterhalt jeden Monat neu anhand der aktuellen Einkünfte zu berechnen? Genau deswegen betrachtet man für die Berechnung von Unterhalt einen längeren Zeitraum, mindestens ein Jahr.

- ✔ Für *Angestellte* wird ein Durchschnitt aus den letzten zwölf Monaten gebildet. Dazu zählt nicht nur das Grundgehalt, sondern auch Extras wie Urlaubs- und Weihnachtsgeld, Provisionen, Prämien und sogar Zahlungen für Überstunden.
- ✔ Für *Selbstständige* ist die Sache etwas komplexer. Hier schaut man auf die letzten drei Jahre, um Schwankungen auszugleichen und eine realistischere Grundlage zu schaffen.

Wollen Sie tiefer einsteigen? In Kapitel 6 erfahren Sie alles über die Einkünfte nichtselbstständiger Unterhaltspflichtiger. Für Selbstständige geht es in Kapitel 7 weiter.

Ein Blick in die Zukunft

In der Regel wird bei der Berechnung des zukünftigen Unterhalts davon ausgegangen, dass das Erwerbseinkommen der Vergangenheit auch in Zukunft stabil bleibt. Daher basiert die Berechnung auf dem Einkommen der Vergangenheit. Doch was passiert, wenn bekannt ist, dass sich das Einkommen in naher Zukunft ändern wird, zum Beispiel aufgrund eines Jobwechsels oder weil Boni und Prämien künftig nicht mehr gezahlt werden?

In solchen Fällen reicht es nicht aus, nur auf das vergangene Einkommen zu schauen. Stattdessen muss die Berechnung an die zukünftig zu erwartenden Einkünfte angepasst werden. Das bedeutet, dass nicht einfach nur die Zahlen der letzten Monate herangezogen werden, sondern auch künftige Veränderungen berücksichtigt werden müssen. Das kann kompliziert sein, da die Zukunft schwer vorhersehbar ist und es oft mehrere Unsicherheiten gibt, die die Einkommensentwicklung beeinflussen können.

Dies gilt selbstverständlich nicht, wenn der Unterhaltspflichtige sein Einkommen absichtlich reduziert, weil er weniger Unterhalt zahlen möchte.

Wenn es um Unterhaltsrückstände geht, wird kein Blick in die Zukunft, sondern in die Vergangenheit benötigt. Die Berechnung richtet sich dann nach dem Einkommen, das im betreffenden Zeitraum, für den rückwirkender Unterhalt verlangt wird, tatsächlich erzielt wurde.

Wurde der Unterhalt also nicht rechtzeitig gezahlt und muss dieser nun rückwirkend eingefordert werden, ist das Einkommen heranzuziehen, das während des jeweiligen Zeitraums vorhanden war. Dies gilt unabhängig davon, ob sich das Einkommen später erhöht oder verringert hat.

Science-Fiction im Unterhaltsrecht – fiktive Einkünfte

»Der Weltraum – unendliche Weiten«. Dieser ikonische Satz aus der Serie Raumschiff Enterprise passt auch im Unterhaltsrecht. Denn auch in der Welt des Unterhaltsrechts gibt es »Science-Fiction-Elemente«, wenn es darum geht, etwas in Ansatz zu bringen, was es tatsächlich gar nicht gibt.

Im Unterhaltsrecht können nämlich neben den tatsächlichen Einkünften auch sogenannte *fiktive Einkünfte* eine wichtige Rolle spielen. Fiktive Einkünfte im Unterhaltsrecht bezeichnen Einkünfte, die einer Person zugerechnet werden, auch wenn sie diese tatsächlich nicht erzielt. Sie sollen verhindern, dass sich ein Unterhaltspflichtiger durch geringe Arbeitsleistung oder fehlende Erwerbstätigkeit der Unterhaltsverpflichtung entzieht. Es wird davon ausgegangen, dass jeder, der zum Unterhalt verpflichtet ist, seine wirtschaftlichen Möglichkeiten im Rahmen des Zumutbaren voll ausschöpfen kann und muss.

Wenn jemand also absichtlich oder fahrlässig weniger verdient oder gar nicht arbeitet, obwohl es zumutbar wäre, wird ihm unterstellt, dass er ein höheres Einkommen haben könnte – und anhand dessen wird der Unterhalt berechnet.

Fiktive Einkünfte können nur dann angerechnet werden, wenn es für die betreffende Person tatsächlich realistisch gewesen wäre, ein entsprechendes Einkommen zu erzielen. Dabei werden die Qualifikation, der Arbeitsmarkt und die allgemeine Vermittelbarkeit der Person berücksichtigt.

Dieter schuldet seinen zwei minderjährigen Kindern Unterhalt. Er findet es blöd, dass er so einen hohen Geldbetrag pro Monat für seine Kinder zahlen muss und ihm lediglich ein »Hungerlohn« zum Leben bleibt. Er beschließt daher, nur noch teilzeitig zu arbeiten und meint, damit zwei Fliegen mit einer Klappe zu schlagen. Zum einen hat er viel mehr Zeit für seine Hobbys und zum anderen verringert sich seine Unterhaltspflicht wegen seines geringeren Einkommens.

Doch Dieter irrt sich hier gewaltig. Das Familiengericht unterstellt ihm fiktiv sein altes Gehalt aus der Vollzeitstelle und berechnet daraus den Kindesunterhalt.

Alle Jahre wieder – der Steuerbescheid

Deutschland ist ein recht besonderes Land. Bier stellt in einem Bundesland ein Grundnahrungsmittel dar. Auf deutschen Autobahnen gibt es per se kein Tempolimit. Während einer Pandemie herrscht allen voran Toilettenpapierknappheit und wird ein deutsches Kind geboren, erhält es als Erstes eine Steueridentifikationsnummer.

Letztere gehört dann zu einem wie der Name an der Tür. Und sobald die erste Einkommenssteuererklärung gemacht wird, beginnt sie dann: die jährliche Brieffreundschaft mit dem Finanzamt.

Bei der Berechnung von Kindesunterhalt ist der Steuerbescheid vor allem von Bedeutung, weil eine Steuererstattung das unterhaltsrelevante Einkommen erhöht.

Felix erzielt bei seiner Arbeit ein monatliches Nettoeinkommen von 2.345 Euro. Zudem hat er vor Kurzem eine Steuererstattung in Höhe von 1.200 Euro erhalten. Umgerechnet auf den Monat sind dies 100 Euro, sodass für die Unterhaltsberechnung ein Einkommen von 2.435 Euro heranzuziehen ist.

Andersherum vermindert eine Steuernachzahlung das unterhaltsrelevante Einkommen.

Das In-Prinzip

Eine Steuererstattung wird in dem Monat oder Jahr, in dem sie auf dem Konto des unterhaltspflichtigen Elternteils eingeht, als Einkommen gewertet. Das nennt man *In-Prinzip*, weil die Steuererstattung »in« den Zeitraum eingerechnet wird, in dem das Geld tatsächlich fließt, unabhängig davon, »für« welches Steuerjahr die Erstattung bezahlt wurde (das wäre dann das »Für-Prinzip«).

Dies gilt ebenso für Steuernachzahlungen, die zu leisten sind. Diese werden ebenfalls in dem Jahr einkommensmindernd berücksichtigt, in welchem sie tatsächlich gezahlt werden müssen.

Das verraten die Steuerunterlagen

Eine Einkommenssteuererklärung und der dazugehörige Steuerbescheid geben weitaus mehr preis als eine einfache Gehaltsabrechnung. Während eine Gehaltsabrechnung lediglich die Einkünfte aus nichtselbstständiger Arbeit eines Monats zeigt, liefert der Steuerbescheid eine umfassende Übersicht über sämtliche Einkünfte eines Steuerpflichtigen.

Hier einige Details, die der Steuerbescheid offenlegt:

- ✔ **Unterschiedliche Einkunftsarten:** Der Bescheid teilt die Einkünfte nach den sieben Einkunftsarten des Steuerrechts auf (§ 2 EStG). Neben Lohn und Gehalt (Einkünfte aus nichtselbstständiger Arbeit) können Einkünfte aus Vermietung und Verpachtung, Gewerbebetrieb oder selbstständiger Tätigkeit verzeichnet sein. Auch sonstige Einkünfte, etwa aus Renten oder wiederkehrenden Bezügen, werden sichtbar.

- ✔ **Abzüge und Sonderausgaben:** Der Steuerbescheid zeigt nicht nur die Steuer-Bruttoeinnahmen, sondern berücksichtigt auch abziehbare Posten, wie etwa Werbungskosten. Hier sind insbesondere die Fahrten zur Arbeit interessant für den Kindesunterhalt (Einzelheiten dazu in Kapitel 4 im Abschnitt »Berufsaufwand«).

- ✔ **Steuerliche Vorteile:** Steuerliche Abzüge wie Kinderfreibeträge oder Ehegattensplitting können die finanzielle Leistungsfähigkeit beeinflussen und sind daher für die Unterhaltsberechnung relevant. Der Steuerbescheid zeigt genau, in welchem Umfang solche Vorteile genutzt wurden.

- ✔ **Verlässlichkeit der Daten:** Im Gegensatz zu einer Gehaltsabrechnung, die nur einen Ausschnitt zeigt, wird der Steuerbescheid nach Prüfung durch das Finanzamt erstellt. Er gilt daher als besonders zuverlässig und umfassend.

Kein Wunder also, dass Steuerbescheide und Steuererklärungen für die Unterhaltsberechnung von zentraler Bedeutung sind. Sie geben den vollständigen finanziellen Überblick, der notwendig ist, um die Unterhaltsansprüche gerecht und genau zu ermitteln. Gleichzeitig helfen sie, Vermögensverhältnisse zu klären und mögliche Diskrepanzen, etwa zwischen gemeldeten Einkünften und Lebensstil, aufzudecken.

Steuervorteile müssen geltend gemacht werden

Mit einer Unterhaltsverpflichtung geht nicht nur die Verpflichtung einher, regelmäßige Zahlungen zu leisten, sondern auch die Pflicht, das Einkommen in zumutbarem Maße zu maximieren. Dazu gehört unter anderem, sämtliche möglichen Steuererstattungen durch die Abgabe einer Einkommenssteuererklärung geltend zu machen – auch wenn das oft als lästige Pflicht empfunden wird. Aus Sicht des unterhaltsberechtigten Kindes ist dies jedoch unabdingbar, da Rückerstattungen das verfügbare Einkommen erhöhen und somit die wirtschaftliche Grundlage für den Unterhalt verbessern.

Insbesondere bei Arbeitnehmern mit hohen berufsbedingten Aufwendungen, wie etwa langen Arbeitswegen, bietet die Steuererklärung die Möglichkeit, erhebliche Kosten steuerlich geltend zu machen. Steuererstattungen stellen in diesen Fällen eine Kompensation dar, die nicht nur den Arbeitnehmer entlastet, sondern indirekt auch dem Kind zugutekommt. Das wird besonders relevant, wenn diese berufsbedingten Aufwendungen zuvor vom unterhaltsrechtlichen Einkommen abgezogen wurden.

Es ist nur gerecht, dass eine erzielte Steuererstattung ebenfalls einkommenserhöhend angerechnet wird, sofern die ursprünglichen Kosten das unterhaltsrelevante Einkommen reduziert haben. Andernfalls würde eine Schieflage entstehen, die den Unterhaltsberechtigten benachteiligt. Umgekehrt gilt: Werden berufsbedingte Aufwendungen nicht oder nur in geringem Umfang bei der Unterhaltsberechnung berücksichtigt, ist es unangemessen, die volle Steuererstattung als Einkommensanteil heranzuziehen.

Sollte der Unterhaltspflichtige die Abgabe einer Steuererklärung, besonders bei einer zu erwartenden, nicht unerheblichen Erstattung, verweigern, kann dies nicht ohne Folgen bleiben. In Fällen, in denen eine Steuererstattung zu erwarten wäre, darf diese zugunsten des Kindes auch fiktiv angerechnet werden. Das bedeutet, dass eine angenommene Steuererstattung in die Unterhaltsberechnung einfließt, selbst wenn der Steuerpflichtige diese tatsächlich nicht realisiert hat.

Die Wahl der Steuerklasse

Entscheidet sich ein Unterhaltspflichtiger für eine Steuerklasse, die aus Sicht des Kindes nachteilig ist, kann dies in der Unterhaltsberechnung durch eine fiktive Ermittlung des Nettoeinkommens unter Berücksichtigung einer günstigeren Steuerklasse korrigiert werden. Dabei wird geprüft, welche Steuerklasse unter Berücksichtigung der Interessen des Kindes angemessen wäre, um ein höheres Nettoeinkommen zu erzielen.

Tom ist neu verheiratet und schuldet seiner Tochter Ella aus erster Ehe Kindesunterhalt. Obwohl seine neue Ehefrau nicht arbeitet, wählt Tom die Steuerklasse 4. Diese Konstellation führt dazu, dass sein Nettoeinkommen auf dem Papier deutlich geringer aussieht, als dies bei Steuerklasse 3 der Fall wäre.

Mit dieser »Trickserei« kommt Tom aber nicht durch. Für die Berechnung des Kindesunterhalts von Ella wird sein Bruttoeinkommen – fiktiv – nach Steuerklasse 3 versteuert. Dies ist Tom zuzumuten, da wirtschaftlich vernünftige Gründe, die für eine Versteuerung seines Einkommens nach Steuerklasse 4 sprechen könnten, nicht ersichtlich sind.

Die fiktive Berechnung der Steuerlast sorgt dafür, dass der Unterhalt gerecht bleibt und sich an den realen wirtschaftlichen Verhältnissen des Unterhaltspflichtigen orientiert.

Für fiktive Berechnungen der Steuerbelastung können Brutto-Netto-Rechner im Internet genutzt werden. Diese Programme ermöglichen es, verschiedene Szenarien zur Steuerklassenwahl oder den Auswirkungen des Ehegattensplittings zu simulieren.

Vermietet und verpachtet: Immobilieneinkünfte

Die Investition in Sachanlagen wie Immobilien ist eine beliebte Methode, um sich gegen Inflation abzusichern und langfristig Vermögen aufzubauen. Einnahmen aus Vermietung und Verpachtung sind jedoch auch unterhaltsrechtlich als Einkommen anzusehen. Das bedeutet, dass sie in die Berechnung des unterhaltsrelevanten Einkommens einfließen.

Damit stellt sich die Frage, wie genau diese Einkünfte ermittelt werden.

Zunächst werden die Miet- und Pachteinkünfte, die dem Vermieter oder Verpächter tatsächlich zur Verfügung stehen, berücksichtigt. Nebenkosten sind dabei keine Einkünfte, weil sie lediglich ein durchlaufender Posten sind. Das bedeutet, dass der Vermieter die Nebenkosten zwar vom Mieter einnimmt, diese Beträge aber nicht für sich selbst behalten darf, sondern sie zur Begleichung bestimmter Ausgaben verwendet, die direkt mit der Immobilie in Zusammenhang stehen. Lediglich die Nettokaltmiete gilt als unterhaltsrelevant.

Betreibt der Vermieter auf dem vermieteten Objekt eine Photovoltaikanlage, erzielt er daraus keine Vermietungseinkünfte, weil keine Überlassung von Immobilien gegen Entgelt vorliegt. Stattdessen handelt es sich um gewerbliche Einkünfte, die gesondert zu versteuern und für die Unterhaltsberechnung entsprechend zu berücksichtigen sind.

Dies klingt so weit logisch, oder? Etwas schwieriger wird es bei der Frage, welche Kosten abgezogen werden dürfen.

Keine Berücksichtigung von Abschreibungen – die AfA-Falle

Fälschlicherweise wird von vielen angenommen, dass die Einkünfte aus Vermietung und Verpachtung, die sich aus dem Steuerbescheid ergeben, eins zu eins ohne Prüfung für den Kindesunterhalt übernommen werden können. Auch wenn Unterhaltspflichtigen, Unterhaltsberechtigten und allen anderen Beteiligten dadurch jede Menge Arbeit erspart bliebe, steht dieser Ansatz laut Bundesgerichtshof außer Frage. Die steuerrechtliche Bewertung ist im Allgemeinen »großzügiger« und »wohlwollender« als die unterhaltsrechtliche Bewertung. Bestes Beispiel hierfür sind die Abschreibungen für Abnutzungen, sogenannte AfA. Hierbei handelt es sich um eine steuerliche Regelung, die es dem Vermieter ermöglicht, den Wertverlust eines Gebäudes über mehrere Jahre hinweg steuerlich geltend zu machen. Während diese AfA-Beträge die steuerlich relevanten Einkünfte mindern, werden sie im Unterhaltsrecht nicht anerkannt.

Klaus vermietet eine Eigentumswohnung im Wert von 300.000 Euro. Die Jahresmiete beträgt 12.000 Euro. Der Abschreibungssatz für Wohngebäude beträgt 2 Prozent pro Jahr, sodass Klaus jedes Jahr 2 Prozent des Gebäudewerts, also 6.000 Euro, abschreiben kann. Die steuerlichen Einkünfte aus Vermietung belaufen sich also auf 6.000 Euro.

Bei der Berechnung des Kindesunterhalts werden bei Klaus aber Bruttoeinkünfte aus Vermietung in Höhe der gesamten 12.000 Euro berücksichtigt.

Instandhaltungs- und Modernisierungsaufwendungen

Wenn es um Instandhaltungskosten bei einer Immobilie geht, muss auch im Hinblick auf Unterhaltsberechnungen zwischen notwendigen Reparaturen und wertsteigernden Verbesserungen unterschieden werden.

- **Notwendige Erhaltungsmaßnahmen**

  Das sind Reparaturen oder Arbeiten, die dazu dienen, die Immobilie in ihrem ursprünglichen Zustand zu erhalten. Beispielsweise das Reparieren eines undichten Dachs oder der Austausch einer kaputten Heizung. Solche Kosten können direkt von den Mieteinkünften abgezogen werden, da sie notwendig sind, um die Immobilie bewohnbar und funktionstüchtig zu halten.

- **Wertsteigernde Maßnahmen**

  Das sind Arbeiten, die den Wert der Immobilie erhöhen, wie zum Beispiel eine luxuriöse Renovierung des Badezimmers oder der Anbau eines Wintergartens. Diese Kosten dienen der Vermögensbildung und werden bei der Unterhaltsberechnung nicht berücksichtigt.

- **Mischkosten**
  Manche Maßnahmen fallen in beide Kategorien, zum Beispiel eine Renovierung, die sowohl Schäden behebt als auch den Wert steigert. In solchen Fällen kann ein Teil der Kosten angerechnet werden, der Anteil für die Wertsteigerung jedoch nicht. Wenn es zudem eine kostengünstigere Alternative gegeben hätte, wird geprüft, ob der größere Aufwand wirklich nötig war.

Wenn eine Renovierung zu einer Mieterhöhung führt, sind die Kosten dafür in der Regel unterhaltsrechtlich relevant. Denn die zusätzlichen Einnahmen kommen dem Unterhaltspflichtigen und in der Folge davon auch wieder dem Unterhaltsberechtigten zugute.

Darlehensraten für Immobilienkredite

Anzuerkennen sind hingegen unterhaltsrechtlich die Darlehensleistungen, die für die Kreditfinanzierung der vermieteten beziehungsweise verpachteten Immobilie anfallen. Dies gilt sowohl für Zinsen als auch für die Tilgungsleistungen bis zur Höhe der Kaltmiete. Warum? Weil ohne diese Kosten die Einnahmen aus der Vermietung gar nicht erst entstehen würden.

Allerdings können nicht einfach die Einnahmen und Ausgaben aus verschiedenen Immobilien durcheinandergeworfen werden. Die Kreditkosten (Zinsen und Tilgung) müssen für jede Immobilie separat betrachtet werden. Es ist daher nicht möglich, die Verluste einer Immobilie mit den Gewinnen einer anderen auszugleichen. Das heißt, für jede Immobilie wird einzeln geprüft, wie viel Miete eingenommen wird und wie viel an Zinsen und Tilgung zu zahlen ist.

Klaus hat mittlerweile drei Eigentumswohnungen, die er vermietet. Die Kaltmieten belaufen sich auf jeweils 500 Euro. Alle drei Wohnungen sind kreditfinanziert. Die Zins- und Tilgungsrate beläuft sich monatlich bei der Wohnung Nr. 1 auf 400 Euro, bei den Wohnungen Nr. 2 und 3 auf jeweils 600 Euro.

Unterhaltsrechtlich ist bei Klaus insgesamt mit Einkünften aus Vermietung in Höhe von 100 Euro monatlich brutto zu rechnen. Dieser Überschuss stammt aus der Wohnung Nr. 1 und kann nicht mit den die Miete übersteigenden Zins- und Tilgungsbeträgen aus den anderen beiden Wohnungen verrechnet werden.

Sollten die Zins- und Tilgungsleistungen höher sein als die Miete, kann der überschießende Teil gegebenenfalls als zusätzliche Altersvorsorge berücksichtigt werden. Was das wiederum ist, erfahren Sie in Kapitel 4.

Die eigenen vier Wände – der Wohnvorteil

Trautes Heim, Glück allein! In der eigenen Immobilie lebt es sich am schönsten, nicht wahr? Doch das Wohnen im Eigentum spielt – anders als das Wohnen in einer gemieteten Immobilie – auch im Unterhaltsrecht eine Rolle. Das Stichwort lautet: Wohnvorteil.

Der Wohnvorteil beschreibt den finanziellen Vorteil, der darin besteht, dass jemand in einer eigenen Immobilie wohnt. Durch die Nutzung eigenen Vermögens werden Mietkosten erspart. Genau das wird im Unterhaltsrecht als Wohnvorteil bezeichnet und wie Einkommen behandelt.

Doch nicht nur der Alleineigentümer, der in seiner Immobilie lebt, hat einen Wohnvorteil. Ein solcher ist auch zu berücksichtigen, wenn der unterhaltspflichtige Elternteil

- ✔ nur Miteigentümer ist, also ihm die Immobilie gemeinsam mit einer anderen Person gehört,

- ✔ ein Nießbrauchsrecht an der Immobilie hat, er also die Immobilie nutzen und die Erträge daraus ziehen darf, wenngleich er nicht der Eigentümer ist,
- ✔ die Immobilie aufgrund eines Wohnrechts unentgeltlich nutzen darf.

Kleiner (angemessener) und großer (objektiver) Wohnvorteil

Es gibt zwei verschiedene Arten von Wohnvorteilen, die unterschieden werden müssen: der objektive Wohnvorteil und der angemessene Wohnvorteil.

Der angemessene Wohnvorteil

Der *angemessene Wohnvorteil* bezieht sich auf den Mietpreis, der auf dem örtlichen Wohnungsmarkt für eine kleinere, den ehelichen Lebensverhältnissen entsprechende Wohnung aufgebracht werden müsste. Dieser (kleinere) Wohnvorteil wird ausnahmsweise nach der Trennung der Eltern (in der Regel bis zur endgültigen Vermögensauseinandersetzung oder bis zur Einleitung des Scheidungsverfahrens) angesetzt. Er soll eine faire Grundlage bieten, indem er nur den Wohnraum berücksichtigt, der den veränderten Lebensumständen unmittelbar nach einer Trennung besser entspricht.

Das Ehepaar Susi und Tom trennt sich. Während Susi mit den Kindern aus der gemeinsamen Immobilie auszieht, bleibt Tom dort zunächst wohnen. Für die Anmietung einer Wohnung müsste Tom eine Kaltmiete von monatlich 500 Euro aufbringen. Dieser Betrag entspricht dem (angemessenen) Wohnvorteil.

Der objektive Wohnvorteil

Der *objektive Wohnvorteil*, der in der Regel beim Kindesunterhalt anzusetzen ist, bezieht sich dagegen auf den vollen Marktmietwert der Immobilie, also den Betrag, den der Elternteil zahlen müsste, wenn er die eigene Immobilie zu den marktüblichen Bedingungen mieten würde. Der objektive Wohnvorteil ist daher oft höher und spiegelt den tatsächlichen Nutzen des mietfreien Wohnens wider.

Susi und Tom sind inzwischen geschieden. Tom lebt immer noch in der gemeinsamen Immobilie, die 140 Quadratmeter groß ist. Bei einer Vermietung dieser Immobilie ließe sich eine Kaltmiete von monatlich 1.200 Euro erzielen. Dieser Betrag entspricht dem (objektiven) Wohnvorteil.

Kosten, die den Wohnvorteil mindern

Auch vom Wohnvorteil können natürlich bestimmte Kosten bei der Unterhaltsberechnung abgezogen werden. In jedem Fall zählen dazu

- ✔ notwendige Instandhaltungskosten für die Beseitigung unaufschiebbarer Mängel,
- ✔ Hausverwalterkosten (bei Eigentumswohnungen),
- ✔ Kreditzinsen für die Immobilienfinanzierung.

Daneben können auch Tilgungsleistungen, die der Unterhaltspflichtige für die Finanzierung einer selbst genutzten Immobilie aufwendet, neben den Zinszahlungen berücksichtigt werden. Die Berücksichtigung der Tilgungsleistungen erfolgt allerdings – wie bei vermieteten Wohnungen – nur bis zur Höhe des Wohnvorteils. Wenn die Tilgungszahlungen diesen Betrag übersteigen, wird der darüber hinausgehende Betrag nicht mehr angerechnet.

Toms Wohnvorteil beläuft sich auf 1.200 Euro. Seine monatliche Kreditbelastung für die Immobilie beläuft sich auf 1.400 Euro. Davon entfallen 800 Euro auf Zinsen und 600 Euro auf die Tilgungsleistungen. Neben den Zinsen können nur Tilgungsleistungen mit einem Anteil von 400 Euro berücksichtigt werden.

Sollten die Zins- und Tilgungsleistungen höher sein als der Wohnvorteil, kann der überschießende Teil gegebenenfalls als zusätzliche Altersvorsorge berücksichtigt werden. Was das wiederum ist, erfahren Sie in Kapitel 4.

Gut angelegt? Kapitalerträge

Zinsen – etwas, das man nicht so gerne zahlt, aber umso lieber bekommt. Zinsen gelten als Einkünfte aus Kapital im unterhaltsrechtlichen Sinne, weil sie Erträge darstellen, die durch die Nutzung von vorhandenem Vermögen erzielt werden. Neben Zinsen sind auch andere Erträge aus Kapitalvermögen für den Unterhalt relevant, wie etwa Dividenden aus Aktien und Fonds.

Einige Werbungskosten können von den Kapitaleinkünften abgezogen werden. Dazu gehören:

- ✔ **Bankgebühren:** Beispielsweise Kontoführungsgebühren oder Gebühren für ein Schließfach.

- **Verwaltungskosten:** Ausgaben für Vermögensberater oder andere Dienstleistungen, die für die Verwaltung des Kapitals nötig sind.
- **Steuern:** Kapitalertragssteuern und etwaige zusätzliche Steuerlasten, die durch die Zinseinnahmen anfallen, werden ebenfalls berücksichtigt.

Wenn Kapitalvermögen vorhanden ist, das aber keine Zinsen erwirtschaftet – sei es durch unsichere oder inaktive Anlagen –, kann es kritisch werden. Das Unterhaltsrecht sieht vor, dass in solchen Fällen fiktive Zinsen angerechnet werden können. Dabei wird angenommen, wie viel das Vermögen bei einer typischen, sicheren Anlage hätte einbringen können.

Tom hat 50.000 Euro auf einem unverzinsten Konto liegen. Trotzdem könnte ein realistischer fiktiver Zinssatz von beispielsweise 2 Prozent zugrunde gelegt werden. Damit würden Tom jährlich 1.000 Euro als Kapitalerträge angerechnet werden, unabhängig davon, ob diese tatsächlich erwirtschaftet wurden oder nicht.

Welches Einkommen keine Rolle spielt

Nicht jedes Einkommen des Unterhaltspflichtigen wird vollständig bei der Berechnung des Unterhalts berücksichtigt. Es gibt Fälle, in denen bestimmte Einkünfte nur teilweise oder gar nicht angerechnet werden. Das nennt sich dann *überobligatorisches Einkommen*. Was kompliziert klingt, ist eigentlich einfach erklärt: Es handelt sich um Einkommen, das der Unterhaltspflichtige aus unterhaltsrechtlicher Sicht nicht verdienen müsste, weil es über seine reguläre Verpflichtung hinausgeht.

Ein paar Beispiele:

- ein Rentner, der über die Regelaltersgrenze hinaus arbeitet
- jemand, der zusätzlich zu seiner Vollzeitarbeit noch einen Nebenjob ausübt

Ob und in welcher Höhe dieses überobligatorische Einkommen in die Unterhaltsberechnung einfließt, ist stets nach Billigkeitsgesichtspunkten zu beurteilen und hängt von verschiedenen Faktoren ab, wie etwa:

- **Alter und Gesundheitszustand:** Das Alter des Unterhaltspflichtigen und die mit fortschreitendem Alter zunehmende körperliche und geistige Belastung sind zu berücksichtigen.

- **Beweggründe:** Die Motivation für die Tätigkeit spielt ebenfalls eine Rolle. Wird sie ausgeübt, um Schulden abzubauen, spricht dies eher gegen eine volle Berücksichtigung.

In der Regel wird nur ein Teil des überobligatorischen Einkommens als unterhaltsrelevant angesehen, wenn der Mindestunterhalt ohne die überobligatorischen Einkünfte gesichert ist. Regelmäßig wird, immer unter Berücksichtigung der Voraussetzungen des jeweiligen Einzelfalls, eine Anrechnung der Hälfte der Einkünfte anerkannt.

Eine überobligatorische Tätigkeit kann jederzeit beendet werden, ohne dass dem Unterhaltspflichtigen daraus ein Vorwurf gemacht werden könnte. Fiktive Einkünfte sind dann nicht anzusetzen.

IN DIESEM KAPITEL

Welche Ausgaben vom Einkommen abgezogen werden können

Berufsbedingte Aufwendungen wie Fahrtkosten oder Arbeitsmittel

Regelungen für Schulden, Altersvorsorge oder andere Kosten

Kreditraten und außergewöhnliche Belastungen

Kapitel 4
Welche Ausgaben (k)eine Rolle spielen

Bei der Ermittlung des unterhaltsrechtlichen Einkommens werden nicht nur die Einnahmen, sondern auch anrechenbare Ausgaben berücksichtigt. Welche Ausgaben der Unterhaltspflichtige geltend machen kann und welche von vornherein nicht anzuerkennen sind, erfahren Sie jetzt.

Schulden und Verbindlichkeiten

Niemand hat gerne Schulden. Aber manchmal entstehen sie eben, sei es durch größere Anschaffungen oder weil sie einfach notwendig waren. Klar ist: Wenn Schulden abgezahlt werden müssen, bleibt weniger Geld übrig, um andere Dinge zu finanzieren – das gilt auch für den Unterhalt.

Der Unterhaltsbedarf eines Kindes orientiert sich an der Lebensstellung der Eltern. Es liegt also nahe, dass Schulden unter bestimmten Bedingungen bei der Berechnung des unterhaltsrelevanten Einkommens des Unterhaltspflichtigen berücksichtigt werden können. Aber nicht jede Schuld wird in voller Höhe abgezogen – es kommt immer auf den Einzelfall an.

Wenn Schulden in der Unterhaltsberechnung »berücksichtigt« werden, heißt das nicht, dass sie automatisch vollständig vom Einkommen des Unterhaltspflichtigen abgezogen werden. Stattdessen gibt es auch Fälle, in denen die Schuldverpflichtung zwar dem Grunde nach anzuerkennen ist, jedoch lediglich ein Anteil der monatlichen Rate berücksichtigt wird. Von dem Unterhaltspflichtigen wird teilweise erwartet, dass er sich darum bemüht, seine monatlichen Belastungen zu reduzieren, zum Beispiel durch

- ✔ **Stundung der Schulden:** eine Möglichkeit, die Rückzahlungen vorübergehend auszusetzen.
- ✔ **Ratenstreckung:** die monatlichen Raten kleiner und dafür die Laufzeit länger machen.
- ✔ **Tilgungspause:** den Fokus vorerst auf die Zinszahlungen legen und die Tilgung verschieben.

Der Unterhaltspflichtige muss dann konkret darlegen, was er unternommen hat, um die Schuldenbelastung zu reduzieren. Ohne einen solchen Nachweis könnte der Abzug der Schulden abgelehnt werden.

Ob Schulden bei der Unterhaltsberechnung abziehbar sind, hängt von einer sorgfältigen Abwägung ab. Dabei prüft man, welche Interessen im Vordergrund stehen – die der unterhaltspflichtigen Person oder die des Kindes. Denn es gibt keine pauschale Regelung, wonach Schulden automatisch vorrangig oder nachrangig gegenüber den Unterhaltsansprüchen von Kindern behandelt werden. In den folgenden Abschnitten erläutern wir die Aspekte, die dabei eine Rolle spielen.

Der Zweck der Verbindlichkeit

Der Zweck, für den die Schulden aufgenommen wurden, spielt bei der Abwägung eine zentrale Rolle. Denn Schulden können ganz unterschiedliche Hintergründe haben, und nicht jeder Grund rechtfertigt, dass sie einkommensmindernd angerechnet werden.

Wenn Schulden aufgenommen wurden, um den Lebensunterhalt oder die Existenz zu sichern, spricht dies für die Berücksichtigungsfähigkeit. Ein Beispiel dafür ist ein Kredit für die Wiederherstellung des Gesundheitszustands, sollten im Falle einer Erkrankung Kosten nicht vollständig von der Krankenkasse übernommen werden.

Die Kosten für die Anschaffung eines Autos, auch wenn sie durch einen Kredit finanziert wurden, sind oft bereits in den sogenannten berufsbedingten Aufwendungen enthalten, die bei der Unterhaltsberechnung berücksichtigt werden. Nach den Unterhaltsleitlinien der Oberlandesgerichte decken diese berufsbedingten Aufwendungen normalerweise alle Kosten eines Fahrzeugs ab – also laufende Kosten wie Sprit und Reparaturen, aber auch die Anschaffung und Finanzierung des Autos. Daher werden zusätzliche Abzüge für Autokredite in der Regel nicht gesondert anerkannt, wenn sie bereits in den berufsbedingten Fahrtkosten enthalten sind. Einzelheiten dazu erfahren Sie weiter hinten in diesem Kapitel im Abschnitt »Berufsaufwand«.

Bei Schulden, die für Luxusgüter oder nicht notwendige Anschaffungen entstanden sind, spricht hingegen viel dafür, diese nicht zu berücksichtigen. Dies betrifft etwa Kredite für teure Reisen, Unterhaltungselektronik, Designerprodukte oder sonstige Konsumgüter.

Der Zeitpunkt der Schuldenaufnahme

Ein weiteres wichtiges Kriterium für die Abwägung ist der Zeitpunkt der Schuldenaufnahme:

Verbindlichkeiten, die bereits vor der Trennung der Eltern entstanden sind, sind grundsätzlich zu berücksichtigen, weil die wirtschaftliche Lage der Eltern auch vor der Trennung Auswirkungen auf das Kind hatte. Das Kind leitet seine Ansprüche aus den finanziellen Mitteln der Eltern ab, und bestehende Schulden werden dabei in die Berechnung einbezogen.

Sind die Verbindlichkeiten dagegen erst nach der Trennung in Kenntnis der bestehenden Unterhaltspflichten aufgenommen worden, sind sie nur dann zu berücksichtigen, wenn die Schulden unausweichlich und notwendig waren.

Tom und Susi haben sich getrennt. Die Kinder leben bei Susi. Tom finanziert für seine neue Wohnung Möbel und zahlt auf den Kredit monatliche Raten von 150 Euro. Der Kredit war zwingend notwendig, da es nicht möglich war, die zum Zeitpunkt der Trennung vorhandenen Möbel aufzuteilen, und Tom auch nicht in der Lage war, die Möbel aus seinem Sparvermögen zu bezahlen.

Wenn nach der Trennung der Eltern ein bestehendes Darlehen umgeschuldet wird, bleiben die ursprünglichen Schulden in der Regel weiterhin berücksichtigungsfähig. Wird bei der Umschuldung jedoch der Kreditbetrag erhöht, sind die zusätzlichen Summen nur dann anzurechnen, wenn nachgewiesen wird, dass sie notwendig waren und nicht leichtfertig aufgenommen wurden. Es muss außerdem belegt werden, dass keine anderen Mittel zur Rückzahlung verfügbar waren.

Dringlichkeit der beiderseitigen Bedürfnisse

Die Dringlichkeit der jeweiligen Bedürfnisse spielt ebenfalls eine Rolle. Auf der einen Seite stehen die Bedürfnisse des unterhaltspflichtigen Elternteils, insbesondere wenn es um existenzsichernde Schulden geht. Auf der anderen Seite stehen die Bedürfnisse des Kindes, das einen gesetzlichen Anspruch auf Unterhalt hat. Hierbei wird abgewogen, welche Bedürfnisse dringender und unvermeidbarer sind.

Strenger Maßstab bei der Gefährdung des Mindestunterhalts

Beim Unterhalt für minderjährige und privilegierte volljährige Kinder gilt, dass Schulden des Unterhaltspflichtigen nur dann in vollem Umfang berücksichtigt werden, wenn der Mindestunterhalt des Kindes weiterhin gewährleistet bleibt.

Das heißt, dass die Schuldentilgung die Zahlung des Mindestunterhalts grundsätzlich nicht gefährden darf. Der Mindestunterhalt hat in aller Regel Vorrang vor anderen finanziellen Verpflichtungen. Dies bedeutet nicht, dass ein Schuldenabzug bei Unterschreitung des Mindestunterhalts gar nicht in Betracht kommt. Der Maßstab für einen Schuldenabzug ist aber extrem streng.

Falls der Mindestunterhalt aufgrund der Tilgung von Schulden nicht gedeckt werden kann, kann von dem Pflichtigen sogar unter Umständen gefordert werden, dass ein Verbraucherinsolvenzverfahren eingeleitet wird. Ist dies dem Unterhaltspflichtigen weder möglich noch zumutbar, darf er nur Maßnahmen ergreifen, die verhindern, dass die Schulden weiter ansteigen. In diesem Fall werden nur die Kreditzinsen als Abzug berücksichtigt, nicht jedoch die Tilgung des Kredits.

Wohnraum – die eigene Miete

In Deutschland lebt der Großteil der Bevölkerung zur Miete. Unterhaltsrechtlich zählt die Miete zu den allgemeinen Lebenshaltungskosten, die im Selbstbehalt des Unterhaltspflichtigen bereits berücksichtigt sind. Daher spielt die Miete des Unterhaltspflichtigen bei der Berechnung von Kindesunterhalt unmittelbar keine Rolle. Standardmäßig werden Wohnkosten wie die Warmmiete bis zu einem festgelegten Betrag in den Selbstbehalt einberechnet, aktuell zum Beispiel 520 Euro bei einem notwendigen Selbstbehalt von 1.450 Euro. (Einzelheiten zum Selbstbehalt erfahren Sie in Kapitel 9.)

Wenn die tatsächliche Miete jedoch höher ist als der im Selbstbehalt enthaltene Mietkostenanteil, kann dies den Selbstbehalt erhöhen. Der Unterhaltspflichtige muss dann aber nachweisen, dass er keine günstigere Wohnung finden konnte. Bei der Beurteilung zu berücksichtigen sind Faktoren wie der zumutbare Arbeitsweg, die generelle Wohnungsmarktsituation der jeweiligen Region und die Plausibilität und der Umfang der nachgewiesenen Bemühungen um eine angemessene Unterkunft.

Tom schuldet seinem Sohn Mats Kindesunterhalt. Tom wohnt zur Miete und muss monatlich für die Warmmiete 620 Euro aufbringen. Da er nachweisen kann, dass er sich vergeblich um eine günstigere Wohnung bemüht hat, kann sein Selbstbehalt um 100 Euro auf 1.550 Euro erhöht werden.

Andersherum gilt: Entscheidet sich der Unterhaltspflichtige freiwillig für eine sehr günstige Wohnung, wird sein Selbstbehalt nicht reduziert.

Vorsorgen für Krankheit, Arbeitslosigkeit und Alter

Es ist besser, frühzeitig vorzusorgen, als später Probleme zu bekommen. Ein Leben ohne Einschränkungen klingt zwar verlockend, doch ein gewisses Maß an Vorsorge für die Zukunft ist sinnvoll. Solche Vorsorgeaufwendungen werden auch bei der Berechnung des Kindesunterhalts berücksichtigt – natürlich nur in einem angemessenen Rahmen.

Dazu zählen vor allem die Beiträge zur Krankenversicherung, Arbeitslosenversicherung und Altersvorsorge. Diese sind wichtig, um das Leben in verschiedenen Phasen abzusichern, und dürfen bei der Unterhaltsberechnung nicht außen vorgelassen werden.

Vorsorgen für den Krankheitsfall

Vielleicht kennen Sie die Frage: »Sind Sie privat oder gesetzlich krankenversichert?« – etwa bei der Terminvereinbarung in einer Arztpraxis. Ob Privatpatienten tatsächlich bevorzugt behandelt werden, lassen wir hier offen.

Im Kindesunterhaltsrecht jedenfalls gilt für die Berücksichtigungsfähigkeit der Krankenversicherungskosten Folgendes:

Sowohl gesetzliche als auch private Krankenversicherungsbeiträge können bei der Unterhaltsberechnung berücksichtigt werden. Für gesetzlich Versicherte zählt der komplette Beitrag,

Bei einer privaten Krankenversicherung sind ebenfalls die vollen Beiträge als Belastung anrechenbar. Falls jedoch ein Arbeitgeberanteil gezahlt wird (bei Angestellten), wird dieser vom Beitrag abgezogen. Auch Eigenbeteiligungen, die tatsächlich in Anspruch genommen wurden, können angerechnet werden.

Zusatzversicherungen, etwa für bessere Leistungen im Krankenhaus oder Zahnersatz, sind ebenfalls abzugsfähig – solange sie angemessen zum Einkommen des Unterhaltspflichtigen sind.

Aufwendungen für eine Zusatzkrankenversicherung sind unterhaltsrechtlich nicht berücksichtigungsfähig, wenn der Mindestunterhalt für ein minderjähriges Kind andernfalls nicht aufgebracht werden kann.

Vorsorgen für die Arbeitslosigkeit

Gerade in wirtschaftlich unsicheren Zeiten kann Arbeitslosigkeit jeden treffen. Um für diesen Fall abgesichert zu sein, gibt es in Deutschland die gesetzliche Arbeitslosenversicherung. Sie bietet finanzielle Unterstützung in Form von Arbeitslosengeld und hilft bei der Jobsuche. Diese Absicherung ist Teil des Sozialversicherungssystems und im dritten Sozialgesetzbuch geregelt.

Beiträge zur gesetzlichen Arbeitslosenversicherung werden im Unterhaltsrecht als notwendige Aufwendungen betrachtet. Sie können deshalb bei der Berechnung des unterhaltsrelevanten Einkommens vom Einkommen des Pflichtigen abgezogen werden.

Für Selbstständige gilt dies jedoch nicht: Da sie nicht ohne Weiteres in eine Lage geraten können, die der Kündigung eines Angestellten entspricht, sind Beiträge zu einer freiwilligen Arbeitslosenversicherung bei ihnen nicht anrechenbar.

Vorsorgen fürs Alter

Chris Roberts' Song »Du kannst nicht immer siebzehn sein, Liebling, das kannst du nicht« bringt uns mit einem Augenzwinkern das Thema des Älterwerdens nahe – eine unvermeidliche Realität, die auch im Kindesunterhaltsrecht berücksichtigt wird. Während der Unterhaltspflichtige sein Kind auf dem Weg in die Selbstständigkeit finanziell unterstützt, hat er selbst Anspruch darauf, für seine Altersvorsorge Rücklagen zu bilden. Das wird als fair betrachtet, denn die Zukunft beider Seiten ist wichtig.

Die Altersvorsorge wird daher bei der Berechnung des unterhaltsrelevanten Einkommens berücksichtigt, wobei zwischen *primärer* und *sekundärer Altersvorsorge* unterschieden wird:

- ✔ **Primäre Altersvorsorge:** Sie umfasst die Basisversorgung wie die Beiträge zur gesetzlichen Rentenversicherung. Angestellte zahlen hier in der Regel 18,6 Prozent ihres Bruttogehalts ein, wobei der Arbeitgeber die Hälfte übernimmt. Diese Beiträge werden vollständig vom unterhaltsrelevanten Einkommen abgezogen.
- ✔ **Sekundäre Altersvorsorge:** Sie geht über die Grundversorgung hinaus, beispielsweise in Form von privaten Rentenversicherungen oder betrieblichen Zusatzversorgungen. Diese können ebenfalls berücksichtigt werden, jedoch nur in angemessener Höhe und wenn sie den Mindestunterhalt des Kindes nicht gefährden.

Die Abwägung zwischen Kindesunterhalt und Altersvorsorge soll sicherstellen, dass beide Bedürfnisse – die des Kindes nach Versorgung und die des Elternteils nach Vorsorge – ausgewogen berücksichtigt werden.

Wenn das Bruttoeinkommen des Arbeitnehmers über der Beitragsbemessungsgrenze zur Rentenversicherung liegt (aktuell sind dies jährlich 96.600 Euro), dürfen für diesen Teil des Bruttoeinkommens weitere Beiträge zu privaten Zusatzversicherungen in Höhe von rund 19 Prozent abgesetzt werden.

Verdient jemand beispielsweise 120.000 Euro brutto im Jahr, kann er für den Anteil in Höhe von 23.400 Euro (120.000 abzüglich 96.600 Euro) 19 Prozent – also weitere 4.446 Euro – für die primäre Altersvorsorge einsetzen.

Selbstständige und Freiberufler, die nicht in die gesetzliche Rentenversicherung einzahlen, können für ihre primäre Altersvorsorge denselben Prozentsatz (rund 19 Prozent des Bruttoeinkommens) ansetzen wie Angestellte. Diese Regelung stellt sicher, dass auch diese Personengruppe für die Grundversorgung im Alter Rücklagen bilden kann.

Doch oft reicht diese Grundversorgung nicht aus, um den Lebensstandard im Alter zu halten. Deshalb erkennt das Unterhaltsrecht die sekundäre Altersvorsorge an, bei der bis zu 4 Prozent des Bruttoeinkommens zusätzlich investiert werden dürfen. Beispiele für sekundäre Altersvorsorge sind:

- ✔ Lebensversicherungen
- ✔ Riester-Renten
- ✔ Bausparverträge
- ✔ Tilgungen auf Immobiliendarlehen

Insgesamt können so bis zu 23 Prozent des Bruttoeinkommens für Altersvorsorgeaufwendungen abgezogen werden. Allerdings gibt es dabei Folgendes zu beachten:

- ✔ **Mindestunterhalt hat Vorrang:** Wenn nicht genug Einkommen vorhanden ist, um den Mindestunterhalt für minderjährige Kinder zu zahlen, darf die sekundäre Altersvorsorge nicht berücksichtigt werden.
- ✔ **Ende mit der Regelaltersgrenze:** Ab dem Alter, in dem der Unterhaltspflichtige regulär in Rente gehen kann (meist 67 Jahre), entfallen einkommensmindernde Abzüge für Altersvorsorge. Danach wird davon ausgegangen, dass Vorsorgebeiträge nicht mehr nötig sind.
- ✔ **Kein fiktiver Abzug:** Beträge für die Altersvorsorge können nur dann berücksichtigt werden, wenn die Altersvorsorge tatsächlich betrieben wird. Ein fiktiver Abzug ist nicht möglich.

Diese Regelungen sorgen für einen fairen Ausgleich zwischen der Verantwortung für den Kindesunterhalt und der Absicherung des eigenen Alters.

Sonstige Versicherungen

Neben Krankenversicherung, Arbeitslosenversicherung und Altersvorsorge können auch die Beiträge einiger anderer, privater Versicherungen bei der Berechnung des Kindesunterhalts berücksichtigt werden. Ob die Beiträge dieser Versicherungen das unterhaltsrelevante Einkommen mindern, hängt von der Art der Versicherung ab.

Als Ausgaben, welche das unterhaltsrelevante Einkommen mindern, sind in der Regel Beiträge anzuerkennen für:

- ✔ Berufsunfähigkeitsversicherungen
- ✔ Risikolebensversicherungen

- ✔ Kapital- und Rentenversicherungen im Rahmen der zusätzlichen Altersvorsorge (siehe dazu weiter vorn in diesem Kapitel im Abschnitt »Vorsorgen fürs Alter«)

Beiträge für die folgenden Versicherungen mindern das unterhaltsrelevante Einkommen in der Regel nicht:

- ✔ Kfz-Versicherungen
- ✔ Hausratversicherungen
- ✔ Haftpflichtversicherungen
- ✔ Rechtsschutzversicherungen
- ✔ freiwillige Unfallversicherungen

Berufsaufwand

Wenn es um Unterhalt geht, spielen berufsbedingte Aufwendungen eine wichtige Rolle. Das sind Kosten, die jemand aufbringen muss, um überhaupt arbeiten zu können. Aber was genau bedeutet das für die Berechnung des Unterhalts? Keine Sorge, hier erfahren Sie es.

Zu den berufsbedingten Aufwendungen gehören insbesondere:

- ✔ Fahrtkosten für den Arbeitsweg (zum Beispiel Auto oder öffentliche Verkehrsmittel)
- ✔ Arbeitskleidung (wenn sie berufsspezifisch und nicht privat nutzbar ist)
- ✔ Beiträge zu Berufsverbänden

Der pauschale Ansatz

Die meisten Oberlandesgerichte urteilen, dass man für die berufsbedingten Aufwendungen eine Pauschale ansetzen kann. Das heißt: Sie müssen nicht jede Ausgabe einzeln nachweisen. Vielmehr können Sie pauschal 5 Prozent Ihres Nettoeinkommens als berufsbedingte Aufwendungen absetzen, wobei dabei 150 Euro pro Monat nicht überschritten werden dürfen.

Das ist die einfache Variante, die natürlich nur Sinn macht, wenn die tatsächlichen Kosten nicht höher liegen.

Der konkrete Ansatz

Wenn Ihr Arbeitsweg länger als zehn Kilometer ist, macht es Sinn, nicht die Pauschale abzurechnen, sondern die Fahrtkosten konkret zu berechnen. Wie funktioniert das? Ganz einfach:

Sie können 0,42 Euro pro gefahrenen Kilometer ansetzen. Die Formel dafür sieht so aus:

$$\textit{Entfernungskilometer} \times 2 \times 0{,}42\ \textit{Euro} \times 220\ \textit{Arbeitstage} \div 12\ \textit{Monate}$$
$$= \textit{abzugsfähige monatliche Fahrtkosten}$$

Hier wird die einfache Entfernung zum Arbeitsplatz – anders als im Steuerrecht – verdoppelt (weil Sie ja hin- und zurückfahren) und mit 220 Arbeitstagen multipliziert. Anschließend teilt man das Ganze durch zwölf Monate, um die monatlichen Fahrtkosten zu berechnen.

Wenn die einfache Entfernung zur Arbeit über 30 Kilometer liegt, wird davon ausgegangen, dass für die weiteren Kilometer weniger Geld aufgewendet werden muss (zum Beispiel durch geringere Abnutzung oder Treibstoffersparnis). Deswegen setzt man für die weiteren Kilometer nicht mehr 0,42 Euro, sondern nur noch 0,28 Euro an.

Tom hat einen Arbeitsweg von 35 Kilometern (einfache Entfernung) und fährt an 220 Arbeitstagen im Jahr zur Arbeit.

Für die ersten 30 Kilometer beträgt die Pauschale 0,42 Euro pro Kilometer. Die Berechnung lautet:

$$30\,\text{km} \times 2\,(\text{Hin- und Rückweg}) \times 220\,\text{Tage} \times 0{,}42\,\text{Euro} = 5.544\,\text{Euro}$$

Für die weiteren fünf Kilometer beträgt die Pauschale 0,28 Euro pro Kilometer. Die Berechnung lautet:

$$5\,\text{km} \times 2\,(\text{Hin- und Rückweg}) \times 220\,\text{Tage} \times 0{,}28\,\text{Euro} = 616\,\text{Euro}$$

Die berufsbedingten Fahrtkosten von Tom betragen also 6.160 Euro im Jahr, was monatlich 513 Euro sind.

Diese Fahrtkosten sind als Ausgaben des unterhaltspflichtigen Elternteils anzuerkennen und mindern im Ergebnis das unterhaltsrelevante Einkommen. In diesen Fahrtkosten – egal ob sie pauschal oder konkret berechnet werden – sind übrigens auch Ausgaben wie Reparaturen am Auto oder Kreditraten für den Autokauf enthalten. Diese Kosten können daher nicht zusätzlich berücksichtigt werden.

Sind die Finanzierungskosten für ein Auto, das für die Ausübung des Berufs benötigt wird, höher als die Fahrtkosten, macht es für den Unterhaltspflichtigen Sinn, diese höheren Kosten in Ansatz zu bringen.

Haben Sie einen Firmenwagen und dürfen Sie diesen auch privat nutzen? Super! Aber Achtung: Dann können Sie keine Fahrtkosten abziehen. Im Gegenteil, der Firmenwagen wird sogar als geldwerter Vorteil dem Einkommen zugerechnet. Dazu lesen Sie mehr in Kapitel 6.

Wenn der Mindestunterhalt gefährdet ist

Fahrtkosten sind immer dann problematisch, wenn es um beengte wirtschaftliche Verhältnisse geht und der Mindestunterhalt gefährdet ist. In solchen Fällen wird in der Regel die Nutzung öffentlicher Verkehrsmittel verlangt, und es werden nur die konkreten Kosten für das Monatsticket anerkannt. Ist die Arbeitsstelle weit vom Wohnort entfernt, verlangen einige Gerichte sogar einen Umzug, um die Entfernung zur Arbeit zu reduzieren.

Das klingt vielleicht hart, aber es geht darum, die Zahlung des Mindestkindesunterhalts sicherzustellen.

IN DIESEM KAPITEL

Der Auskunfts- und Beleganspruch im Unterhaltsrecht

Wie Sie Auskünfte und Belege korrekt einfordern

Welche Rechte Sie haben, wenn Unterlagen verweigert werden

Konsequenzen bei einer Verletzung der Auskunftspflicht

Kapitel 5
Wie Sie die Zahlen in Erfahrung bringen

Damit Sie als Elternteil eines unterhaltsberechtigten Kindes oder als berechtigtes Kind den Kindesunterhalt richtig berechnen können, müssen Sie sich zunächst eine Übersicht über die wirtschaftlichen Verhältnisse des Unterhaltsschuldners verschaffen. Um dies zu ermöglichen, gibt das Gesetz Ihnen sogenannte Auskunftsansprüche und Beleganspruche gegenüber dem Unterhaltspflichtigen an die Hand.

Auskunft einfordern

Die *Auskunftspflicht* im Unterhaltsrecht sorgt dafür, dass sowohl der Unterhaltsempfänger als auch der Unterhaltspflichtige Transparenz über die finanziellen Verhältnisse der anderen Seite verlangen können. Dies dient dazu, den korrekten Unterhaltsanspruch oder die Zahlungsverpflichtung zu ermitteln.

Was bedeutet das konkret? Wer Unterhalt beansprucht, hat das Recht, vom Unterhaltspflichtigen Einblick in dessen Einkommens- und Vermögenssituation zu fordern. Umgekehrt kann auch der Unterhaltszahler diese Auskunft einfordern, etwa wenn er den Unterhalt neu berechnen lassen oder gegen eine Forderung vorgehen möchte.

Diese Regelung ist in § 1605 Absatz 1 Satz 1 BGB festgeschrieben:

> *»Verwandte in gerader Linie sind einander verpflichtet, auf Verlangen über ihre Einkünfte und ihr Vermögen Auskunft zu erteilen, soweit dies zur Feststellung eines Unterhaltsanspruchs oder einer Unterhaltsverpflichtung erforderlich ist.«*

Der Auskunftsanspruch ist immer dann gegeben, wenn auch ein Unterhaltsanspruch besteht. Die verlangten Informationen müssen relevant für die Unterhaltsberechnung sein.

Ein Auskunftsanspruch besteht nur dann nicht, wenn klar ist, dass kein Unterhalt geschuldet wird oder die geforderte Information offensichtlich nichts mit der Unterhaltspflicht zu tun hat.

Diese Pflicht stellt sicher, dass der Unterhalt fair und auf Basis vollständiger Informationen berechnet wird.

Es ist meist nicht ratsam, sich gegen eine Auskunftserteilung im Unterhaltsrecht zu wehren. Der Grund: Wird die geforderte Auskunft verweigert, kann der Auskunftsgläubiger ein gerichtliches Verfahren einleiten. Dies führt zu zusätzlichen Kosten. Durch die rechtzeitige Erteilung der Auskunft lassen sich solche Situationen vermeiden und Streitigkeiten schneller klären.

Systematisch auf den Tisch

Die Auskunftspflicht im Unterhaltsrecht bedeutet nicht, dass der Unterhaltspflichtige einfach nur seine Einkommensunterlagen übergeben kann und damit alles erledigt ist. Vielmehr verlangt das Gesetz eine strukturierte und vollständige Darstellung aller relevanten Informationen, damit die Berechnung des Unterhaltsanspruchs ohne großen Aufwand möglich ist. Die Übergabe der Einkommensunterlagen betrifft die Belegpflicht, die zusätzlich zur Auskunftsverpflichtung besteht.

Streng genommen müssen Sie die Auskunft schriftlich durch Vorlage einer systematischen Aufstellung aller Angaben erteilen, die notwendig sind, um den Berechtigten ohne übermäßigen Arbeitsaufwand die Berechnung seines Unterhaltsanspruchs zu ermöglichen. Die gesetzliche Grundlage dafür findet sich in den §§ 260 und 261 BGB.

Wichtig ist, dass die Auskunft umfassend, wahrheitsgemäß und übersichtlich ist. So vermeiden Sie Missverständnisse oder Streitigkeiten und gewährleisten eine korrekte Berechnung des Unterhalts. Alles, was die finanzielle Lage beeinflusst – positiv oder negativ –, müssen Sie offenlegen.

Es kann auch verlangt werden, dass Sie eine Auskunft über die Vermögenssubstanz zu einem bestimmten Stichtag erteilen.

Kenntnisse über die Vermögenssituation des Unterhaltspflichtigen helfen zum einen dabei herauszufinden, ob der Unterhaltspflichtige sein Vermögen vielleicht nicht optimal nutzt. Wenn er zum Beispiel Gelder auf dem Konto lässt, die er eigentlich gewinnbringend anlegen könnte, könnte man ihm fiktive Einkünfte anrechnen. Das heißt, es wird so getan, als würde er tatsächlich Erträge aus dem Vermögen erzielen, auch wenn das nicht der Fall ist. (Das erläutern wir genauer in Kapitel 3.)

Aber auch die Verwertung des Vermögensstamms (also des Grundvermögens) kann eine Rolle spielen. Selbst wenn man nicht zwingend verlangen kann, dass der Unterhaltspflichtige sein Vermögen auflöst, um den Unterhalt zu zahlen, kann das Vermögen wichtig werden, wenn er seiner Verpflichtung nicht nachkommt, sein Kapital sinnvoll anzulegen. In solchen Fällen könnte man ihm fiktive Einkünfte aus einer besseren Kapitalanlage unterstellen.

Über welchen Zeitraum Sie Auskunft erteilen müssen

Im Unterhaltsrecht richtet sich der Zeitraum, für den der Unterhaltspflichtige seine Einkünfte offenlegen muss, nach der Art der Einkünfte:

- **Angestellte:** Der relevante Zeitraum umfasst in der Regel die letzten zwölf Monate vor der Aufforderung. Dabei müssen nicht nur das Grundgehalt, sondern auch zusätzliche Leistungen wie Firmenwagen, Bonuszahlungen oder Fahrtkostenerstattungen angegeben werden. Wenn das Einkommen stark schwankt, zum Beispiel durch unregelmäßige Prämien oder Phasen von Arbeitslosigkeit, kann ein längerer Zeitraum erforderlich sein.
- **Selbstständige:** Hier erstreckt sich die Auskunftspflicht in der Regel auf die letzten drei Geschäftsjahre. Dies ermöglicht eine realistischere Einschätzung des durchschnittlichen Einkommens, da das Einkommen bei Selbstständigen oft größeren Schwankungen unterliegt.
- **Einkünfte aus Vermietung, Verpachtung und Kapitalanlagen:** Auch für diese Einkommensarten müssen die Zahlen der letzten drei Jahre offengelegt werden, um ein genaues Bild der regelmäßigen Einnahmen zu erhalten.

Dieser zeitliche Unterschied berücksichtigt die unterschiedlichen Einkommensstrukturen und Schwankungen, die bei Angestellten, Selbstständigen und anderen Einkommensarten bestehen. Ziel ist es, eine gerechte Berechnung des Unterhaltsanspruchs sicherzustellen.

Alle (zwei) Jahre wieder

Einmal rechnen und dann nie wieder? So kann es laufen, muss es aber nicht. Die Einkünfte des Unterhaltspflichtigen können sich im Laufe der Zeit ändern, was eine regelmäßige Anpassung des Unterhalts erfordert. Um sicherzustellen, dass der Kindesunterhalt immer dem aktuellen Stand der Einkünfte des Unterhaltspflichtigen entspricht, kann der Unterhaltsberechtigte alle zwei Jahre eine neue Auskunft verlangen. Dies ermöglicht es, den Unterhalt regelmäßig an die Lebensumstände des Unterhaltspflichtigen anzupassen.

Falls jedoch bereits vor Ablauf dieser zwei Jahre eine wesentliche Veränderung der Einkünfte, wie beispielsweise ein neuer Job des Unterhaltspflichtigen, bekannt wird, kann auch vorher eine Auskunft verlangt werden. Diese Regelung stellt sicher, dass der Unterhalt stets den realen finanziellen Verhältnissen entspricht.

Belege einfordern

Um sicherzustellen, dass die Auskunft auch richtig und vollständig ist, gibt es ergänzend zu der Auskunftspflicht eine *Belegpflicht*. Dies bedeutet, dass die Person, die ihre Einkommens- und Vermögensverhältnisse offenlegen muss, diese Angaben auch durch entsprechende Belege nachweisen muss.

Der Gesetzgeber hat nämlich mit § 1605 Absatz 1 Satz 2 BGB wie folgt festgelegt:

> *»Über die Höhe der Einkünfte sind auf Verlangen Belege, insbesondere Bescheinigungen des Arbeitgebers, vorzulegen.«*

Reine Behauptungen oder Notizen reichen also nicht aus. Schwarz auf weiß lautet die Devise. Das Kind kann vom pflichtigen Elternteil also verlangen, sein Einkommen zu belegen.

Die typischen Belege, die für die Berechnung von Kindesunterhalt angefordert werden, sind (je nachdem, welche Einkommensarten und Ausgaben vorliegen):

- ✔ Gehaltsabrechnungen
- ✔ Einkommenssteuerbescheide

- ✔ Einkommenssteuererklärungen
- ✔ Bilanzen nebst Gewinn-und-Verlust-Rechnungen beziehungsweise Einnahmenüberschussrechnungen
- ✔ Nachweise über Kreditverbindlichkeiten und Schulden in Form von Zahlungsbelegen und Verträgen
- ✔ Nachweis über weitere Unterhaltsverpflichtungen (Zahlungsbelege und Unterhaltstitel)
- ✔ Nachweis über Einnahmen aus Vermögen (Zinsbescheinigungen der Banken)
- ✔ Nachweis über Einnahmen aus Vermietung und Verpachtung (Mietverträge)
- ✔ Bewilligungsbescheide über Lohnersatz- oder Sozialleistungen
- ✔ Nachweis über Kranken- und Pflegeversicherungsbeiträge
- ✔ Nachweis über Altersvorsorgeaufwendungen

Wichtig: Diese Auflistung ist nicht abschließend. Je nach Fallgestaltung können weitere Belege angefordert werden, sofern sie für die Berechnung der Unterhaltshöhe ausschlaggebend sind.

Die eidesstattliche Versicherung

Und wer garantiert Ihnen jetzt, dass alles stimmt, was der Unterhaltspflichtige Ihnen über seine Einkünfte und Ausgaben erzählt hat?

Die schlechte Nachricht lautet: Wenn der Unterhaltspflichtige seine Einkommens- und Ausgabenangaben macht, gibt es keine Garantie, dass alles korrekt ist! Doch es gibt auch eine gute Nachricht: Unter bestimmten Umständen kann zusätzlich zur Auskunft die Abgabe einer eidesstattlichen Versicherung verlangt werden. Das bedeutet, dass nochmals unter Eid bestätigt werden muss, dass die gemachten Angaben richtig und vollständig sind.

Die *eidesstattliche Versicherung* ist eine formelle schriftliche Erklärung darüber, dass die erteilten Auskünfte der Wahrheit entsprechen. Haben Sie vielleicht schon einmal Briefwahlunterlagen abgegeben? Auch hierbei versichern Sie, dass Sie die Angaben selbst gemacht haben.

Eine falsche eidesstattliche Versicherung abzugeben, ist eine Straftat nach § 156 StGB, solange die Versicherung vor einer Behörde abgegeben wird, die dafür zuständig ist. Eine solche Versicherung ist verbindlicher und verlässlicher als eine einfache Erklärung. In Unterhaltssachen wird die eidesstattliche Versicherung normalerweise beim Amtsgericht abgegeben, entweder während eines gerichtlichen Verfahrens oder vor einem Rechtspfleger. Eine private Erklärung, die nur gegenüber dem Unterhaltsgläubiger abgegeben wird, erfüllt jedoch nicht die Voraussetzung, dass es sich um eine »zuständige Behörde« handelt und ist daher nicht strafbar.

Ein Anrecht darauf besteht aber nur, wenn ein begründeter Verdacht besteht, dass die Auskunft nicht sorgfältig oder möglicherweise unvollständig erteilt wurde.

Es reicht nicht aus, wenn die Angaben offensichtlich unvollständig sind. In einem solchen Fall muss der Auskunftsgläubiger (also derjenige, der die Auskunft verlangt) zuerst eine Ergänzung der Auskunft fordern. Nur wenn die ungenauen oder fehlenden Angaben auf schuldhaftem Verhalten basieren, kann die eidesstattliche Versicherung gefordert werden. Das bedeutet, wenn jemand unabsichtlich falsche Informationen gibt oder sich irrt, hat derjenige nur die Pflicht, diese Auskunft zu ergänzen.

Die eidesstattliche Versicherung kann also erst nach Erteilung der Auskunft verlangt werden, und auch nur dann, wenn Anzeichen dafür bestehen, dass die Auskunft absichtlich ungenau oder fahrlässig unvollständig war.

Und worin liegt nun genau der Vorteil, wenn eine eidesstattliche Versicherung abgegeben muss? Ganz einfach: Es drohen strafrechtliche Konsequenzen! Die Abgabe einer falschen Versicherung an Eides statt ist eine Straftat. Wer eine falsche Auskunft über seine Einkommensverhältnisse erteilt und daraufhin an Eides statt versichert, dass seine Auskunft richtig und vollständig war, muss mit empfindlichen Strafen rechnen, wenn er gelogen hat. Außerdem kann die Polizei wegen des Verdachts einer Straftat Ermittlungen aufnehmen.

IN DIESEM KAPITEL

Wie das unterhaltsrechtliche Einkommen eines Angestellten berechnet wird

Boni, Überstunden und Zulagen

Wie sich ein Firmenwagen auf den Unterhalt auswirkt

Schwankende Einkünfte wie Provisionen

Kapitel 6
Der angestellte Unterhaltspflichtige: Nichtselbstständige Erwerbstätigkeit

In Deutschland arbeiten die meisten Menschen als Angestellte. Das bedeutet, sie haben einen festen Job, bei dem sie regelmäßig Lohn oder Gehalt von ihrem Arbeitgeber bekommen. Angestellte findet man überall: in Büros, in Fabriken, im Handel und auch im öffentlichen Dienst. Sie machen etwa drei Viertel der gesamten Arbeitsbevölkerung in Deutschland aus – also den Großteil der Arbeitnehmer.

Deshalb nehmen wir in diesem Kapitel die Unterhaltsverpflichtung des Angestellten genauer unter die Lupe. Wenn Sie dieses Kapitel gelesen und verstanden haben, wissen Sie, wie Sie das für die Festsetzung von Kindesunterhalt zugrunde zu legende Einkommen eines nichtselbstständigen Unterhaltspflichtigen selbst berechnen können. Um die Einkommensberechnung bei Selbstständigen geht es in Kapitel 7.

Warum Gehaltsabrechnungen so wichtig sind

Welche Einnahmen und Ausgaben im Allgemeinen für die Ermittlung des unterhaltsrelevanten Einkommens benötigt werden, haben Sie bereits in den Kapiteln 3 und 4 erfahren.

Die wichtigste Erkenntnisquelle bei der Ermittlung des unterhaltsrelevanten Einkommens stellen beim Angestellten die Gehaltsabrechnungen dar. Gehaltsabrechnungen beherbergen auf nur einer DIN-A4-Seite so viele Informationen über einen Arbeitnehmer, dass sie für die Berechnung der Einkommensverhältnisse eines nichtselbstständigen Arbeitnehmers nicht wegzudenken sind.

Insbesondere die Dezembergehaltsabrechnung ist interessant, weil sie zusätzlich noch die Jahreswerte ausweist, insbesondere das Jahresbruttoeinkommen.

Brutto ist nicht gleich brutto. Unterscheiden Sie immer zwischen dem Gesamtbrutto und dem Steuerbrutto. Was aber ist der Unterschied?

Das *Gesamtbrutto* ist das volle Bruttoeinkommen, welches vom Arbeitgeber gezahlt wird, bevor irgendetwas abgezogen wird. Dazu gehören neben dem Grundgehalt auch alle Zuschläge, Boni, Überstunden und geldwerten Vorteile, wie ein Firmenwagen oder sonstige Sachleistungen.

Das *Steuerbrutto* ist der Teil des Gesamtbruttos, der für die Berechnung der Steuern herangezogen wird. Hier können bestimmte Vergütungen oder Zuschläge außen vor bleiben, wenn sie steuerfrei sind (zum Beispiel bestimmte Zuschläge für Sonntagsarbeit oder Reisekostenerstattungen). Es ist also in der Regel etwas niedriger als das Gesamtbrutto.

Je niedriger das Steuerbrutto, desto weniger Steuern sind zu zahlen. Das führt dann wiederum zu einem höheren Nettolohn.

Aber Gehaltsabrechnungen bieten so viel mehr. Haben Sie jemals darüber nachgedacht, wie viel ein Fremder durch nur eine einzige Gehaltsabrechnung über Sie erfahren kann? Aus den Gehaltsabrechnungen können sich folgende Informationen ergeben:

- ✔ Bruttoeinkommen
- ✔ Jahresbruttoeinkommen
- ✔ Steuerklasse
- ✔ steuerliche Abzüge

- Versicherungsbeiträge
- Anteil des Arbeitgebers zu Versicherungsbeiträgen
- Kirchensteuerlast
- Anzahl der eingetragenen Kinderfreibeträge
- Krankenversicherung
- geldwerte Vorteile
- Verpflegungskosten und Spesen
- Jahressonderzahlungen
- Lohnabtretungen
- Pfändungen
- Familienzuschläge
- betriebliche Altersvorsorgeleistungen
- Dienstreisen
- Firmenleasing
- vermögenswirksame Leistungen
- Bankverbindung
- Dauer der Betriebszugehörigkeit
- wöchentliche Arbeitszeit
- Urlaubs- und Krankheitszeiten
- Arbeitgeberkredite
- Abfindungen
- Weiterbildungskosten
- Fahrtkostenzuschüsse
- Firmenwagennutzung
- Prämien
- Überstunden
- Feiertagszuschläge
- Abschlagszahlungen

Wie Sie sehen, kommt da einiges zusammen.

Von Neujahr bis Silvester: Das monatliche Gehalt

Wird ein nichtselbstständiger unterhaltspflichtiger Elternteil aufgefordert, Nachweise über sein Einkommen vorzulegen, ist er in der Regel gehalten, die letzten zwölf Gehaltsabrechnungen, beginnend ab dem Monat der Aufforderung, an den Gläubiger zu übergeben.

Der Vorteil hierbei ist, dass die Abrechnungen zum einen so aktuell wie möglich sind und zum anderen jeden Monat mit allen Besonderheiten einmal abbilden.

Sofern die Aufforderung zur Einreichung der Unterlagen nicht im Januar erfolgt, sodass die Monate Januar bis Dezember des Vorjahres vorgelegt werden, ergibt sich in einigen Fällen noch ein weiterer Vorteil für den Berechtigten. Sind beispielsweise die Abrechnungen von Juli 2023 bis Juni 2024 vorzulegen, kann die Abrechnung für Dezember 2023 Hinweise über das Gesamtjahreseinkommen von 2023 liefern.

Ausnahmen bestätigen die Regel:

Sollte der Pflichtige im vergangenen Jahr nicht durchgehend aus einer einzigen Quelle (etwa aus einem Arbeitsvertrag) Einkommen erzielt haben, kann die Anforderung der Belege variieren.

Angenommen, der Unterhaltspflichtige bezieht derzeit Krankengeld oder Arbeitslosengeld. Fordert man nur die Nachweise der letzten zwölf Monate an, würde er neben dem Leistungsbescheid nur wenige Verdienstbescheinigungen vorlegen. Dadurch würde wieder das Problem auftreten, dass keine Einkommenstendenzen oder Einkommensschwankungen abgebildet werden können.

In diesen Fällen können auch die letzten zwölf Gehaltsabrechnungen vor Eintritt des Leistungsbezugs angefordert werden, damit der Unterhaltsanspruch für die Zeit der Erwerbstätigkeit berechnet werden kann.

Gleiches gilt für die Fälle, in denen der Pflichtige die Arbeitszeit kürzlich reduziert oder unbezahlten Urlaub genommen hat.

Erhält ein Arbeitnehmer eine dauerhafte Lohnerhöhung, zum Beispiel aufgrund von Tarifverhandlungen oder einer Beförderung, kann es durchaus erforderlich sein, mehrere Unterhaltsberechnungen für verschiedene Zeiträume durchzuführen.

Ben wird als Angestellter im öffentlichen Dienst tarifgerecht bezahlt. Infolge der Tarifverhandlungen ist Bens Gehalt deutlich gestiegen. Der Unterhaltsanspruch seiner Kinder Charlotte und Daniel soll nach drei Jahren neu berechnet werden.

Ben wird aufgefordert, seine letzten zwölf Gehaltsabrechnungen einzureichen. Bis er alles zusammengetragen und die Rückfragen des Anwalts beantwortet hat und bis dieser wiederum die Berechnung durchführen konnte, vergehen drei Monate. In der Zwischenzeit wurden die Tarifverhandlungen abgeschlossen und Ben erhält, rückwirkend ab dem Vormonat, eine deutliche Gehaltserhöhung. Ben informiert den Rechtsanwalt über die Änderung, sodass dieser angesichts der wesentlichen Änderung zwei Berechnungen durchführt: eine für den Monat, in dem Ben aufgefordert wurde, Auskunft zu erteilen, und eine für die Zeit ab der Gehaltserhöhung.

In zwei Jahren steigt Ben in die nächste Erfahrungsstufe auf, sodass spätestens dann eine neue Berechnung gemacht werden sollte. Ergeben sich vorher wesentliche Änderungen, kann die Berechnung auch bereits vorher erforderlich werden.

Urlaubsgeld, Weihnachtsgeld und sonstige Prämien

Die Berechnung des Einkommens eines Unterhaltspflichtigen wird durch Sonderzahlungen ein wenig komplexer. Aber keine Sorge: Wenn Sie wissen, wie Sie vorgehen müssen, ist auch das kein Hexenwerk.

Bei einem regelmäßig gleich hohen Monatsgehalt ist das unterhaltsrelevante Einkommen einfach zu ermitteln. Wenn jedoch zusätzliche Zahlungen wie Weihnachtsgeld, Urlaubsgeld, Prämien oder Provisionen hinzukommen, müssen diese auch berücksichtigt werden.

Sonderzahlungen, die vertraglich oder freiwillig gewährt werden, gehören zum unterhaltsrelevanten Einkommen. Typische Sonderzahlungen sind:

- ✔ Weihnachtsgeld
- ✔ Urlaubsgeld
- ✔ Erfolgsprämien
- ✔ Provisionen
- ✔ Inflationsausgleich
- ✔ Auslandsprämien

Bei der Unterhaltsberechnung wird jede Sonderzahlung auf das Jahr umgelegt. Wenn zum Beispiel Weihnachtsgeld oder Urlaubsgeld einmal jährlich gezahlt wird, wird dieser Betrag zur Berechnung des Jahreseinkommens hinzugerechnet. Falls der Unterhaltspflichtige weniger als ein Jahr in der aktuellen Tätigkeit ist, kann der Betrag hochgerechnet werden, um das jährliche Einkommen zu ermitteln.

Wichtig ist, dass alle zumutbaren Einkünfte, die dem Unterhaltspflichtigen zufließen, beachtet werden – und dazu gehören auch einmalige Sonderzahlungen.

Als Angestellter im öffentlichen Dienst erhält Ben jährlich Weihnachtsgeld und eine leistungsorientierte Prämie. Die Auszahlung der beiden Sonderzahlungen ist im Tarifvertrag geregelt, das Weihnachtsgeld wird mit der Novemberabrechnung ausgezahlt und die leistungsorientierte Prämie mit der Dezemberabrechnung.

Ben erhält ein monatliches Bruttoeinkommen in Höhe von 3.200 Euro. Im November erhält er aufgrund des Weihnachtsgeldes 5.000 Euro brutto und im Dezember aufgrund der leistungsorientierten Prämie einmalig 4.100 Euro. Das Jahresbruttoeinkommen von Ben beläuft sich im Ergebnis auf 41.100 Euro.

Bens Bürokollege Christoph ist erst im Juni in das Arbeitsverhältnis im öffentlichen Dienst eingetreten. Vorher hat er die Ausbildung absolviert und lediglich eine geringere Ausbildungsvergütung erhalten. Im Dezember ist Christoph Vater eines Kindes geworden. Bei der Berechnung seiner Barunterhaltspflicht ist das Einkommen aus seiner Ausbildungszeit außen vor zu lassen, da dieses nicht länger die aktuellen und zukünftig zu erwartenden wirtschaftlichen Verhältnisse von Christoph widerspiegelt. Christoph erhält monatlich 2.600 Euro brutto. Im November erhält auch er eine Weihnachtsgeldzahlung, das Einkommen liegt in diesem Monat bei 3.400 Euro. Aufgrund der Leistungsprämie weist die Gehaltsabrechnung für Dezember einen Betrag von 2.950 Euro aus.

In diesem Fall kann das Bruttojahreseinkommen nicht dadurch ermittelt werden, dass die Monatseinkünfte summiert und auf das Jahr hochgerechnet werden. Denn dadurch würde sich fälschlicherweise folgendes Einkommen errechnen:

2.600 Euro × 5 zzgl. 3.400 Euro zzgl. 3.000 Euro = 19.400 Euro für sieben Monate

Teilt man den Betrag durch 7, rechnet ihn dann auf das Jahr hoch (also multipliziert mit 12), würde sich ein Bruttojahreseinkommen von 33.257,14 Euro errechnen.

Tatsächlich erhält Christoph aber in den Monaten Januar bis Mai keinerlei Sonderzahlungen, sein Gehalt beläuft sich auch in diesen Monaten auf den Grundbruttobetrag von 2.600 Euro.

Das Bruttojahreseinkommen beträgt also nur:

2.600 Euro × 10 zzgl. 3.400 Euro zzgl. 3.000 Euro = 32.400 Euro

Bei der Anrechnung der Sonderzahlungen ist also Vorsicht geboten. Der Auszahlungszeitraum und die Häufigkeit der Auszahlungen sind zu berücksichtigen.

Bei unregelmäßigen und unterschiedlich hohen Sonderzahlungen wie Provisionen kann für eine Prognose auch mit einem Durchschnittswert aus den vergangenen zwei oder drei Jahren gearbeitet werden. Dies kommt insbesondere infrage, wenn der Pflichtige behauptet, die Provisionszahlungen seien in den vergangenen Monaten außergewöhnlich hoch gewesen. Andererseits kann auch der Berechtigte einwenden, dass die Provisionen in der Regel höher ausfallen als in den vergangenen zwölf Monaten.

Wenn der Unterhaltspflichtige behauptet, dass er in Zukunft keine Sonderzahlung mehr erhält (zum Beispiel wegen wirtschaftlicher Probleme des Unternehmens), muss er das auch belegen können. Das heißt:

- ✔ Er muss genau darlegen, warum diese Zahlung zukünftig nicht mehr stattfinden wird.
- ✔ Er muss Dokumente vorlegen, die dies bestätigen, etwa eine Bescheinigung des Arbeitgebers oder andere Belege.

Ein bloßes Behaupten reicht nicht aus – es müssen handfeste Beweise vorgelegt werden, damit die Sonderzahlung bei der Berechnung des Unterhalts nicht mehr berücksichtigt wird.

Sollte der Unterhaltsschuldner erst seit kurzer Zeit in einem Arbeitsverhältnis mit Provisionsausschüttung oder Leistungsvergütung stehen, sodass weder für ihn noch für den Berechtigten genau abzusehen ist, wie hoch das Einkommen tatsächlich sein wird, kann eine Prognose erstellt werden. Hierzu kann eine Kalkulation anhand der aktuellen Wirtschaftslage vorgenommen werden. Alternativ können Statistiken über die für den Berufszweig typischen Zahlungen herangezogen werden.

Die Berechnung kann auch vorläufig erfolgen und zu einem späteren Zeitpunkt, etwa sobald ein volles Geschäftsjahr abgebildet werden kann, überprüft und endgültig festgehalten werden. In diesem Fall müssen Nachforderungen aber ausdrücklich vorbehalten bleiben.

In einigen Arbeitsverträgen ist festgehalten, dass dem Arbeitnehmer eine Sonderzahlung zustehen kann, dass hierauf jedoch kein Rechtsanspruch besteht. Das macht eine Kalkulation sowohl für den Arbeitnehmer selbst als auch für das berechtigte Kind recht schwierig. In derartigen Fällen kann die Unterhaltsberechnung vorerst mithilfe einer Prognose erfolgen und der Pflichtige legt nachträglich entsprechende Abrechnungen vor.

Überstunden und Zulagen

Überstundenvergütungen werden im Unterhaltsrecht grundsätzlich als Einkünfte berücksichtigt, die das tatsächliche Einkommen des Unterhaltspflichtigen erhöhen. Allerdings gibt es dabei Unterschiede, je nachdem, wie häufig und in welchem Umfang Überstunden geleistet werden:

- **Regelmäßige oder branchenübliche Überstunden:** Wenn Überstunden in der Branche oder dem Beruf des Unterhaltspflichtigen üblich sind oder nur in geringem Umfang anfallen, werden diese vollständig als Einkommen angerechnet. Solche Überstunden gelten als Teil des normalen Einkommens.
- **Außergewöhnliche oder umfangreiche Überstunden:** Wenn Überstunden jedoch in erheblichem Umfang über das normale Maß hinausgehen, wird genauer geprüft, ob die Anrechnung auf den Unterhalt gerecht ist. Der Bundesgerichtshof hat hierzu klargestellt, dass bei solchen Fällen die individuellen Umstände zu berücksichtigen sind. Dabei wird abgewogen, ob es unzumutbar oder unfair wäre, diese Einkünfte vollständig zur Berechnung des Unterhalts heranzuziehen.

Im Ergebnis kann es bei außergewöhnlich hoher Mehrarbeit gerechtfertigt sein, nur einen Teil der Überstundenvergütung für die Unterhaltsberechnung anzurechnen, um der besonderen Belastung des Unterhaltspflichtigen Rechnung zu tragen. Das gilt allerdings nicht, wenn ohne Anrechnung der Überstunden der Mindestunterhalt gefährdet wäre.

Außerhalb eines Mangelfalls kann niemand verpflichtet werden, Überstunden zu leisten. Überstundenvergütungen gelten daher grundsätzlich als überobligatorische Einkünfte, da sie über das hinausgehen, was der Unterhaltspflichtige in seinem normalen Arbeitsverhältnis leisten muss. Dem Unterhaltspflichtigen steht jederzeit frei, diese zusätzliche Arbeitszeit einzustellen, ohne dass dies als unterhaltsrechtliches Fehlverhalten gewertet wird.

Wenn der Unterhaltspflichtige keine Überstunden mehr macht, wäre es also unterhaltsrechtlich unzulässig, ihm sogenannte fiktive Einkünfte aus nicht mehr geleisteten Überstunden zu unterstellen.

Außer Spesen nix gewesen

Spesen im Unterhaltsrecht sind wie ein Gepäckstück auf Reisen – solange die Tasche unter den Vordersitz passt, ist alles gut. Aber wenn das Gepäckstück zu groß wird, kostet es extra! Auf das Unterhaltsrecht übertragen bedeutet dies:

Spesen bleiben in manchen Fällen außen vor, in anderen Fällen zählen sie zum unterhaltsrelevanten Einkommen. Inwieweit Spesen als Einkommen behandelt werden, hängt davon ab, ob die Spesen tatsächliche Kosten decken oder als Zusatzvergütung angesehen werden.

Spesen dienen in der Regel der Erstattung von tatsächlichen Auslagen, wie etwa Reisekosten, Verpflegung oder Übernachtungskosten, die im Rahmen der Berufsausübung entstehen. In diesen Fällen werden Spesen grundsätzlich nicht als unterhaltsrelevantes Einkommen gewertet, da sie nur dazu dienen, die berufsbedingten Mehrausgaben auszugleichen.

Wenn Spesen aber über den tatsächlichen Aufwand hinausgehen oder eine Art pauschaler Zusatzvergütung darstellen, können sie teilweise oder vollständig in das unterhaltsrelevante Einkommen einfließen. Das gilt besonders, wenn sie regelmäßig gezahlt werden und den Charakter einer Einkommensaufbesserung haben.

Im Zweifelsfall wird dann angenommen, dass durch die Spesen eine Ersparnis entsteht, die mit einem Drittel der Nettobeträge bewertet wird. Diese Ersparnis wird dann dem anrechenbaren Einkommen hinzugefügt.

Der Firmenwagen und andere geldwerte Vorteile

Ein Firmenwagen, den Sie auch privat nutzen dürfen, ist nicht nur praktisch, sondern auch bares Geld wert. Im Unterhaltsrecht zählt diese private Nutzung als *geldwerter Vorteil* und wird wie Einkommen behandelt. Warum? Weil der Firmenwagen den Unterhaltspflichtigen von Kosten befreit, die er sonst selbst tragen müsste – wie zum Beispiel für die Anschaffung eines Autos, Reparaturen, Steuern oder Treibstoff. Dadurch erhöht sich sein unterhaltsrelevantes Einkommen.

Ein Firmenwagen, den man privat nutzen darf, ist ein gutes Beispiel für einen geldwerten Vorteil, der im Unterhaltsrecht wie Einkommen behandelt wird. Aber er ist nicht der einzige. Alles, was der Arbeitgeber zusätzlich zum normalen Gehalt bereitstellt und privat genutzt werden kann, zählt dazu. Dazu gehören etwa:

- ✔ **Tankkarten:** Wenn der Arbeitgeber die Tankkosten übernimmt, spart der Arbeitnehmer Ausgaben für den Privatgebrauch.
- ✔ **Essensgutscheine oder Restaurantzuschüsse:** Diese senken die privaten Lebenshaltungskosten.
- ✔ **Kostenlose oder vergünstigte Wohnung:** Ein mietfreies oder günstiges Wohnen bedeutet direkte Ersparnisse.
- ✔ **Zuschüsse zu Versicherungen:** Beiträge, die der Arbeitgeber für private Versicherungen übernimmt, zählen ebenfalls.
- ✔ **Firmenhandy oder -laptop zur privaten Nutzung:** Auch hier entsteht ein Vorteil, wenn diese Geräte außerhalb der Arbeit genutzt werden können.

All diese geldwerten Vorteile entlasten den Unterhaltspflichtigen finanziell und werden deshalb wie Einkommen betrachtet. Das bedeutet, sie können in die Berechnung des unterhaltsrelevanten Einkommens einfließen.

Da der Firmenwagen der gängigste geldwerte Vorteil im Unterhaltsrecht ist, nutzen wir ihn jetzt als Beispiel für dieses Thema.

Die 1%-Regelung

Sagt Ihnen die »1%-Regelung« etwas? Spätestens nach der Lektüre dieses Abschnitts können Sie diese Frage bejahen.

Die *1%-Regelung* beschreibt den steuerrechtlichen Ansatz eines Firmenwagens aufseiten des Arbeitnehmers.

Ihren Namen hat die Regelung aus einem einfachen Grund: Ein Firmenwagen wird bei dieser Methode mit 1 Prozent seines Listenpreises, als Neuwagen inklusive Mehrwertsteuer und Ausstattung, monatlich beim Arbeitnehmer versteuert. Je höher der Listenpreis des Fahrzeugs ist, desto höher ist der geldwerte Vorteil für den Arbeitnehmer.

In der Praxis sieht das bei der Einkommensermittlung dann so aus:

1 Prozent des Fahrzeuglistenpreises wird monatlich dem Bruttoeinkommen hinzugerechnet. Dadurch erhöht sich das steuerpflichtige Einkommen, was wiederum zu höheren Steuern führt.

Dann werden die Bruttoeinkünfte um die jeweiligen Abzugsposten reduziert, leider bleibt ja am Ende des Gehaltszettels nie das übrig, was oben auf den ersten Blick so schön aussieht.

Nachdem dieses Prozedere abgeschlossen ist, steht das Nettoeinkommen fest. Dieses entspricht aber nicht automatisch dem Auszahlungsbetrag. Die 1 Prozent des Fahrzeuglistenpreises werden nämlich in voller Summe wieder vom Nettoeinkommen abgezogen.

Im ersten Moment erscheint diese Vorgehensweise fürchterlich ungerecht, weil der Arbeitnehmer eine deutlich höhere Steuer- und Abgabenbelastung hat und ihm der vermeintliche Vorteil dann wieder komplett entzogen wird. Dafür wird dem Arbeitnehmer aber eben der Firmenwagen zur privaten Nutzung überlassen.

Würde der Arbeitgeber ihm den Wert der Firmenwagennutzung zusätzlich noch mal aufs Konto überweisen, hätte er nicht nur den geldwerten Vorteil, sondern zusätzlich noch den Geldvorteil. Also eine doppelte Leistung, die ihm der Arbeitgeber verständlicherweise nicht zusprechen kann.

Michaels Arbeitgeber erwirbt einen Firmenwagen, den er Michael auch für die private Nutzung überlässt. Der Listenpreis des Autos inklusive Mehrwertsteuer und Ausstattung beträgt 55.000 Euro. Auf Michaels Gehaltsabrechnung taucht ab sofort eine Bruttoeinnahme von monatlich 550 Euro, also 1 Prozent des Listenpreises, auf.

Michaels Monatseinkommen beläuft sich grundsätzlich auf 4.000 Euro brutto.

Insgesamt werden also 4.550 Euro versteuert und um die Beiträge zur Kranken-, Pflege- und Rentenversicherung bereinigt. Michael verbleibt anschließend ein Nettoeinkommen in Höhe von 3.100 Euro. Ausgezahlt werden ihm allerdings nur 2.550 Euro, weil das für den Firmenwagen veranschlagte Einkommen wieder abgezogen wird. Dafür darf Michael seinen Firmenwagen privat nutzen und spart die Aufwendungen für einen privaten Pkw.

Haben Sie schon bemerkt, dass man anhand der 1%-Regelung aus einer Gehaltsabrechnung den Wert des Firmenwagens eines Arbeitnehmers herauslesen kann? Das bedeutet, wenn Ihnen mal eine solche Abrechnung in die Hände fällt, wissen Sie direkt, ob es sich um einen luxuriösen Sportwagen oder eher um einen kleinen Stadtflitzer handelt.

Wo ist nun der Zusammenhang zum Kindesunterhalt? Ganz einfach: Unterhaltsrechtlich relevant ist das Nettoeinkommen *vor* diesem letzten Abzug. Im obigen Beispielsfall sind dies also 3.100 Euro. Darin enthalten ist dann der geldwerte Vorteil in Höhe von 550 Euro.

Die pauschale 1%-Regelung passt nicht immer für alle Fälle. Wenn der Unterhaltspflichtige nachvollziehbar darlegen kann, dass er privat angesichts seiner wirtschaftlichen Verhältnisse nie ein so teures Auto fahren würde, könnte der Nutzungsvorteil geringer angesetzt werden. Dann kann ein geringerer Betrag als 1 Prozent des Fahrzeuglistenpreises geschätzt werden.

Die Fahrten zur Arbeitsstelle

Vielleicht haben Sie auf einer Gehaltsabrechnung schon einmal gesehen, dass dort neben dem 1 Prozent des Listenpreises für die private Nutzung eines Firmenwagens auch 0,03 Prozent pro Kilometer zwischen Wohnung und Arbeitsstätte als Einkommen vermerkt sind. Das ist ganz normal, wenn der Dienstwagen auch für diese Fahrten genutzt werden darf.

Unterhaltsrechtlich werden diese Fahrten allerdings nicht als zusätzlicher geldwerter Vorteil angerechnet.

Der Unterhaltspflichtige darf in diesem Fall allerdings keine berufsbedingten Fahrtkosten mehr von seinem Einkommen abziehen, da er durch den Firmenwagen bereits entlastet wird.

Diese Unterlagen benötigen Sie bei Angestellten

Für die Unterhaltsberechnung sollten in jedem Fall folgende Unterlagen vom angestellten Unterhaltspflichtigen angefordert werden:

- ✔ die letzten zwölf Gehaltsabrechnungen

- ✔ der letzte Steuerbescheid nebst dazugehöriger Steuererklärung
- ✔ Angaben und Nachweise über unterhaltsrelevante Belastungen

Bedenken Sie, dass die Unterlagen, die anzufordern sind, je nach Einzelfall variieren können. So kann es beispielsweise auch einmal erforderlich sein, den neuen Arbeitsvertrag vorzulegen, wenn der Unterhaltspflichtige das aktuelle Arbeitsverhältnis erst vor Kurzem begonnen hat.

Wenn die unterhaltspflichtige Person neben ihrem Gehalt noch weitere Einkünfte hat, muss sie selbstverständlich auch für die weiteren Einkünfte Nachweise vorlegen.

IN DIESEM KAPITEL

Das Einkommen von Selbstständigen korrekt ermitteln

Warum steuerliche Gewinnermittlungen nicht immer ausreichend sind

Besonderheiten bei der Berücksichtigung von Betriebsausgaben und Investitionen

Wie bei starken Schwankungen des Einkommens vorgegangen wird

Kapitel 7
Der selbstständige Unterhaltspflichtige

Die Berechnung des unterhaltsrelevanten Einkommens bei nichtselbstständigen Arbeitnehmern kann mal einfacher und mal kniffliger sein – je nachdem, wie komplex die Einkommenssituation ist. Manchmal sind alle Zahlen auf den Gehaltsabrechnungen klar und eindeutig, und die Berechnung ist schnell erledigt. In anderen Fällen braucht es zusätzliche Belege oder ein bisschen Detektivarbeit, um alle relevanten Zahlen zusammenzubekommen, etwa für geldwerte Vorteile oder unregelmäßige Zahlungen. (Für die Berechnung des Unterhalts bei nichtselbstständigen Arbeitnehmern siehe Kapitel 6.)

Aber es gibt einen großen Vorteil: Bei Arbeitnehmern sind Gehalt, Zulagen und andere Leistungen in der Regel vertraglich oder tariflich geregelt und werden monatlich abgerechnet. Es liegen also in der Regel aktuelle und klare Zahlen vor, die sich gut für die Unterhaltsberechnung verwenden lassen.

Dieser Vorteil fehlt bei vielen Selbstständigen, wo die Einkommenssituation oft viel unübersichtlicher ist. Aber keine Sorge: Auch das Einkommen von Selbstständigen wird nach gewissen Regeln berechnet – auch wenn dies mit mehr Arbeit verbunden ist.

Bei Selbstständigen ist es besonders wichtig, die verschiedenen Einkommensquellen im Blick zu behalten, da sie häufig nicht nur Einkünfte aus ihrer selbstständigen Tätigkeit erzielen, sondern auch Einkünfte aus Kapitalvermögen. Dies betrifft vor allem Selbstständige, die zugleich als Gesellschafter einer GmbH oder als Aktionäre auftreten.

Die Gewinnermittlung bei Selbstständigen

Der *Gewinn* eines Selbstständigen wird normalerweise einmal pro Jahr ermittelt, und zwar meist für das Kalenderjahr. Es gibt zwei Möglichkeiten, wie dieser Gewinn berechnet werden kann: entweder durch eine einfache Einnahmenüberschussrechnung (§ 4 Absatz 3 EstG) oder durch einen detaillierteren Jahresabschluss, der aus einer Bilanz und einer Gewinn-und-Verlust-Rechnung (§ 4 Absatz 1 EstG) besteht.

Für gerichtliche Unterhaltsverfahren müssen die vorgelegten Unterlagen auf den finanziellen Aufzeichnungen des Unternehmens basieren. Diese Unterlagen werden für betriebliche und steuerliche Zwecke erstellt und müssen den gesetzlichen Vorgaben entsprechen, die ordnungsgemäße Buchführung und steuerliche Regeln einhalten.

Aus 3 mach 1 – der Durchschnitt aus drei Geschäftsjahren

Das zukünftige Einkommen eines Selbstständigen ist nicht so einfach vorhersehbar wie bei einem Angestellten, da es von vielen Faktoren abhängt und deshalb stärkeren Schwankungen unterliegt. Diese Faktoren umfassen unter anderem:

- ✔ die aktuelle Wirtschaftslage
- ✔ die Wahl der Unternehmensform
- ✔ die Konkurrenz
- ✔ strategische Entscheidungen

- Preisgestaltung
- Auftragslage
- Kosten für die Rohstoffe
- die investierte Zeit

Ein Selbstständiger kann sein Einkommen auch aktiv beeinflussen, indem er beispielsweise weniger Rechnungen stellt oder Investitionen tätigt, um den Gewinn zu verringern.

Um das Einkommen für die Zukunft zu berechnen, wird daher ein Durchschnitt aus den letzten drei Jahren zugrunde gelegt, anstatt sich nur auf die Zahlen des letzten Jahres zu stützen, wie es bei Angestellten der Fall ist. Dieser Zeitraum kann je nach den Umständen auch angepasst werden. Falls es außergewöhnliche einmalige Einkünfte oder Verluste gibt (zum Beispiel aus dem Verkauf von Anlagen oder Sonderabschreibungen), werden diese für die Prognose der zukünftigen Einkünfte herausgerechnet, da sie nicht regelmäßig wiederkehren. Wenn es große Schwankungen im Gewinn gibt, kann es auch sinnvoll sein, mehr als drei Jahre zu betrachten, um unfaire Verzerrungen durch besonders schlechte oder auch besonders gute Jahre zu vermeiden.

Wenn es nicht um die Berechnung zukünftigen Unterhalts, sondern um einen konkreten Unterhaltszeitraum in der Vergangenheit geht, wird immer auf die tatsächlich in diesem Zeitraum erzielten Einkünfte geschaut. Das bedeutet, es wird geprüft, was der Unterhaltspflichtige in diesem speziellen Jahr tatsächlich verdient hat. Dies gilt sowohl für den nichtselbstständigen Arbeitnehmer als auch für den Selbstständigen.

Steuerrecht ist nicht gleich Unterhaltsrecht

Steuerliche Unterlagen zeigen nicht immer das echte, verfügbare Einkommen, sondern ein »Steuer-Einkommen«, das durch Regeln und Möglichkeiten zur Steuerersparnis beeinflusst ist. Im Unterhaltsrecht zählt aber, wie viel Geld dem Unterhaltspflichtigen tatsächlich zur Verfügung steht. Deshalb müssen die steuerlichen Zahlen oft einer unterhaltsrechtlichen Kontrolle beziehungsweise Korrektur unterzogen werden. Der Gewinn eines Selbstständigen kann also nicht ohne Weiteres eins zu eins für die Unterhaltsberechnung übernommen werden. Auf die Einzelheiten gehen wir in den folgenden Abschnitten ein.

Was für Abschreibungen gilt

Abschreibung (auch AfA genannt für »Absetzung für Abnutzung«) bezeichnet eine Methode, wie Selbstständige den Wertverlust eines Gegenstands über die Zeit steuerlich geltend machen können. Der Hintergrund ist, dass größere Anschaffungen, wie Maschinen, Fahrzeuge oder Immobilien, nicht sofort komplett von der Steuer abgesetzt werden dürfen. Stattdessen wird der Wert des Gegenstands über mehrere Jahre verteilt abgezogen, weil er ja über einen längeren Zeitraum genutzt wird und dabei an Wert verliert.

Stellen Sie sich vor, Sie kaufen für Ihr kleines Unternehmen einen Laptop für 1.500 Euro. Da der Laptop länger als ein Jahr genutzt wird, können Sie die Kosten nicht auf einmal absetzen. Stattdessen schreiben Sie den Laptop über drei Jahre ab.

Das bedeutet: Jedes Jahr können Sie 500 Euro als Betriebsausgabe von der Steuer absetzen. So verringert sich Ihr zu versteuerndes Einkommen, und Sie zahlen weniger Steuern.

Das Steuerrecht kennt unterschiedliche Arten von Abschreibungen. Einige werden im Unterhaltsrecht anerkannt, andere wiederum nicht. Dies sind die wichtigsten Abschreibungen:

- **Lineare Abschreibungen:** Die lineare Abschreibung ist eine Methode, mit der der Wertverlust eines Gegenstands gleichmäßig über seine Nutzungsdauer verteilt wird. Bei dieser Methode wird jedes Jahr derselbe Betrag abgeschrieben. Lineare Abschreibungen von Wirtschaftsgütern sind regelmäßig auch unterhaltsrechtlich als gewinnmindernd anzuerkennen.
- **Degressive Abschreibungen:** Bei einer degressiven Abschreibung wird der Wert eines Wirtschaftsguts in den ersten Jahren seiner Nutzung schneller abgeschrieben als in späteren Jahren. Dadurch werden in den Anfangsjahren größere Beträge abgeschrieben und die Abschreibungsbeträge nehmen mit der Zeit ab. Degressive Abschreibungen werden unterhaltsrechtlich nicht anerkannt.
- **Ansparabschreibungen beziehungsweise Investitionsabzugsbetrag:** Die Ansparabschreibung war eine Regelung im Steuerrecht, die bis zum Jahr 2007 galt. Unternehmer konnten danach schon vor einer geplanten Investition einen Teil der Anschaffungskosten steuerlich geltend machen. Das reduzierte ihre Steuerlast im Jahr vor der Investition. Sobald die Investition tatsächlich durchgeführt wurde, wurde dieser Betrag mit den tatsächlichen Kosten verrechnet. Seit 2008 ersetzt der Investitionsabzugsbetrag die

Ansparabschreibung. Hierbei dürfen Unternehmen bis zu 50 Prozent der voraussichtlichen Anschaffungskosten einer Investition vorab als Betriebsausgabe abziehen. Die Investition muss innerhalb von drei Jahren erfolgen, und es gelten bestimmte Bedingungen, etwa dass das Wirtschaftsgut fast ausschließlich betrieblich genutzt wird. Der Bundesgerichtshof hat im Jahr 2004 (Az.: XII ZR 217/01) bezüglich der Berücksichtigung von Ansparabschreibungen bei der Berechnung des unterhaltsrelevanten Einkommens eines Selbstständigen Folgendes klargestellt: Ansparabschreibungen, die steuerlich geltend gemacht werden, dürfen unterhaltsrechtlich nur dann berücksichtigt werden, wenn sie tatsächlich mit Investitionen verbunden sind, die zu einem Wertverlust führen. Andernfalls sind sie unterhaltsrechtlich nicht zu berücksichtigen.

Der Unterhaltsberechtigte sollte in den steuerlichen Jahresabschlüssen des Unterhaltspflichtigen überprüfen, ob Abschreibungen vorgenommen wurden, die unterhaltsrechtlich nicht zu berücksichtigen sind. Natürlich ist das für einen Laien normalerweise nicht zu leisten. Gegebenenfalls sollten Sie in solchen Fällen fachlichen Rat, etwa durch einen Rechtsanwalt, einholen.

Betriebliche und private Ausgaben abgrenzen

Bei Selbstständigen muss genauer hingeschaut werden, ob die in den steuerlichen Unterlagen ausgewiesenen Ausgaben wirklich betrieblich sind oder teilweise in den privaten Bereich fallen und damit versteckte Privatanteile beinhalten. Ziel ist dabei, sicherzustellen, dass nur echte betriebliche Ausgaben das unterhaltsrechtlich relevante Einkommen senken und private Ausgaben nicht mit eingerechnet werden.

Dabei sollten insbesondere folgende Punkte geprüft werden:

- ✔ **Leasingraten:** Sind diese angemessen im Verhältnis zu den Einkünften, oder wird hier übertrieben?
- ✔ **Geschenke:** Werden diese wirklich für Werbung genutzt oder könnten sie private Zwecke haben?
- ✔ **Miete und Raumkosten:** Wenn ein Gebäude teils privat, teils geschäftlich genutzt wird, dürfen die Kosten nur anteilig abgezogen werden.
- ✔ **Personalkosten:** Hat der Ehegatte während des Zusammenlebens der Eheleute zur Kostenerhöhung des Selbstständigen durch eine geringfügige Nebentätigkeit beigetragen, ohne tatsächlich zu arbeiten?

- **Porto:** Wurde das Porto zum Teil für private Briefe genutzt?
- **Sonstige Kosten:** Hohe Summen ohne klare Erklärung sind verdächtig.
- **Telefonkosten:** Wurden private Telefonate abgerechnet?
- **Versicherungen:** Sind diese beruflich oder privat?
- **Werbekosten:** Geht es wirklich um Geschäftswerbung, oder wurde eine private Anzeige bezahlt?

Die Bedeutung von Entnahmen

Entnahmen sind Gelder, die ein Selbstständiger oder Unternehmer aus seinem Betrieb für private Zwecke entnimmt. Diese Entnahmen verringern das Betriebsvermögen, da sie nicht für die Weiterführung des Unternehmens genutzt werden, sondern für den persönlichen Lebensunterhalt des Unternehmers. Zum Beispiel könnte ein Selbstständiger regelmäßig Geld aus seiner Geschäftskasse nehmen, um persönliche Rechnungen zu bezahlen oder für andere private Ausgaben.

Entnahmen gibt es nur bei bestimmten Unternehmensformen wie Einzelunternehmen oder Personengesellschaften. Hier kann der Unternehmer Geld direkt aus dem Unternehmen für private Zwecke entnehmen. Bei Kapitalgesellschaften (zum Beispiel GmbH oder AG) funktioniert das anders: Es gibt keine direkte »private Ebene«. Der Gewinn der Gesellschaft wird erst durch einen speziellen Beschluss an die Gesellschafter ausgezahlt. Diese Auszahlungen nennt man Ausschüttungen, und sie zählen steuerlich als Einkünfte aus Kapitalvermögen.

Das unterhaltsrelevante Einkommen eines Selbstständigen kann grundsätzlich nicht anhand der Entnahmen ermittelt werden. In besonderen Fällen können Privatentnahmen eines selbstständigen Unterhaltspflichtigen aus seinem Betrieb aber ein Hilfsmittel sein, um das unterhaltsrelevante Einkommen zu bestimmen. Die Höhe der Entnahmen kann nämlich ein Anhaltspunkt für den tatsächlichen Lebensstandard des Selbstständigen sein.

Wenn ein Selbstständiger regelmäßig mehr Geld aus seinem Betrieb entnimmt, als dieser eigentlich verdient (also mehr Entnahmen als Gewinn), kann dies bei der Berechnung des Unterhaltsanspruchs berücksichtigt werden. In solchen

Fällen wird nicht der Gewinn des Unternehmens als Grundlage genommen, sondern die tatsächlichen Entnahmen, da sie besser widerspiegeln, wie viel der Unterhaltspflichtige tatsächlich für seinen Lebensunterhalt zur Verfügung hat. Allerdings kann dies nur dann so gehandhabt werden, wenn die Entnahmen auch tatsächlich aus dem Betrieb kommen und nicht etwa aus einem verschuldeten Unternehmen, das durch die Entnahmen noch mehr in die Schuldenfalle gerät. Wenn die Entnahmen den Betrieb so stark belasten, dass er finanziell instabil wird, sind sie nicht mehr als Grundlage für den Unterhalt zulässig.

Wird ausnahmsweise auf die Entnahmen abgestellt, müssen auf der anderen Seite auch die geleisteten Einlagen berücksichtigt werden. Einlagen bezeichnen das Geld oder die Werte, die der Unternehmer aus seinem Privatvermögen in den Betrieb einzahlt, um das Betriebsvermögen zu erhöhen oder zu stabilisieren.

Wenn Gewinne im Unternehmen bleiben

Wenn ein Unternehmer erzielte Gewinne nicht ausschüttet, sondern sie stattdessen im Unternehmen behält, um sie für Investitionen, Expansion oder als Rücklage zu verwenden, bezeichnet man dies als Thesaurierung von Gewinnen. Einfach gesagt, wird das Geld in diesen Fällen im Unternehmen »aufbewahrt«, anstatt es rauszuziehen.

Im Unterhaltsrecht bereitet eine solche Thesaurierung manchmal Schwierigkeiten. Wenn ein Selbstständiger Gewinne erzielt, die er nicht entnimmt, sondern im Unternehmen lässt, um das Kapital zu erhöhen, stellt sich die Frage, ob diese Gewinne trotzdem für die Unterhaltsberechnung berücksichtigt werden können. Auch wenn der Unternehmer das Geld nicht für seinen persönlichen Bedarf verwendet, wird in vielen Fällen davon ausgegangen, dass er wirtschaftlich in der Lage wäre, mehr Einkommen zu erzielen, weil der Gewinn theoretisch für ihn verfügbar wäre – auch wenn er ihn sich nicht direkt auszahlt.

Unterhaltsrechtlich vorwerfbar ist eine Thesaurierung dann, wenn der Unterhaltspflichtige mit dem Unterlassen der Gewinnausschüttung die Grenzen seiner unternehmerischen Freiheit in einer Art und Weise überschreitet, die dem Unterhaltsgläubiger unter Berücksichtigung seiner Interessen auf Sicherstellung einer monatlichen Unterhaltsrente nicht zumutbar ist. Der Selbstständige muss daher im Zweifel erklären können, aus welchen betrieblichen Gründen die Gewinne in dem Unternehmen verbleiben. Kann er dies nicht nachvollziehbar erklären, werden ihm die Gewinne fiktiv zum unterhaltsrelevanten Einkommen hinzugerechnet.

Welche Unterlagen Sie bei Selbstständigen benötigen

Für die Berechnung der Unterhaltshöhe bei Selbstständigen sollten in jedem Fall folgende Unterlagen vom Pflichtigen angefordert werden:

- ✔ Einkommenssteuerbescheide der letzten drei Jahre
- ✔ Einkommenssteuererklärungen nebst sämtlichen Anlagen der letzten drei Jahre
- ✔ der aktuelle Vorauszahlungsbescheid
- ✔ die letzten drei Einnahmenüberschussrechnungen oder Bilanzen, falls bilanziert wird
- ✔ Angaben und Nachweise über Kranken- und Pflegeversicherungsbeiträge, aufgeschlüsselt nach den jeweiligen Leistungen
- ✔ Angaben und Nachweise über Altersvorsorgeaufwendungen

Teil III
Ansprüche des minderjährigen Kindes

IN DIESEM TEIL …

In diesem Teil geht es um die speziellen Ansprüche minderjähriger Kinder im Unterhaltsrecht. Sie erfahren, wie der Bedarf eines minderjährigen Kindes ermittelt wird und wie die Düsseldorfer Tabelle bei der Berechnung hilft. Wir beleuchten die Unterschiede zwischen Grundbedarf, Mehrbedarf und Sonderbedarf und erklären, wie diese Ansprüche konkret geltend gemacht werden können.

Darüber hinaus lernen Sie, welche Rolle das Einkommen und Vermögen des Kindes spielt und wie die Leistungsfähigkeit und der Selbstbehalt des Unterhaltspflichtigen zu bewerten sind. Wir gehen auch auf Besonderheiten wie das Wechselmodell ein und werfen einen Blick auf geplante Reformen, die das Unterhaltsrecht verändern könnten. Mit diesem Wissen haben Sie eine solide Grundlage, um die Ansprüche minderjähriger Kinder fundiert und rechtssicher zu verstehen.

IN DIESEM KAPITEL

Der Unterhaltsbedarf eines minderjährigen Kindes

Grundbedarf und Mindestunterhalt

Wann ein Mehr- oder Sonderbedarf vorliegt

Welche Bedeutung die Bedürftigkeit des Kindes im Unterhaltsrecht hat

Kapitel 8
Bedarf und Bedürftigkeit

In diesem Kapitel erfahren Sie, wie der Unterhaltsbedarf eines minderjährigen Kindes berechnet wird und was unter Grundbedarf und Mindestunterhalt zu verstehen ist. Außerdem klären wir, wann zusätzliche Kosten als Mehr- oder Sonderbedarf gelten – zum Beispiel für Nachhilfeunterricht oder medizinische Behandlungen. Ein weiterer wichtiger Punkt ist die Bedürftigkeit des Kindes und welche Rolle sie im Unterhaltsrecht spielt. Keine Sorge, Sie erfahren alles Schritt für Schritt, damit Sie sich in diesem komplexen Thema gut zurechtfinden!

Der Unterhaltsbedarf des minderjährigen Kindes

Der Unterhaltsbedarf eines Kindes richtet sich nach seiner Lebenssituation. Im Gesetz lautet es in § 1610 Absatz 1 des Bürgerlichen Gesetzbuches:

> *»Das Maß des zu gewährenden Unterhalts bestimmt sich nach der Lebensstellung des Bedürftigen (angemessener Unterhalt).«*

Wenn ein Kind noch nicht für sich selbst sorgen kann, wie es bei minderjährigen Kindern in aller Regel der Fall ist, hängt seine Lebenssituation von der der Eltern ab. Das heißt, das Kind nimmt an dem teil, was die Familie insgesamt hat – zum Beispiel beim Einkommen oder dem Lebensstandard. Deshalb richtet sich der Unterhaltsbedarf des Kindes danach, wie die Eltern leben. Bis das Kind seine Ausbildung abgeschlossen hat, bestimmen also die Verhältnisse beider Elternteile, was das Kind an Geld braucht, um angemessen versorgt zu sein.

Auch wenn der Unterhaltsbedarf sich nach der Lebensstellung beider Elternteile richtet, ist trotzdem der zu zahlende Unterhalt auf den Betrag begrenzt, den der barunterhaltspflichtige Elternteil aufgrund seines Einkommens leisten kann. Beim Residenzmodell, bei dem ein Elternteil den Barunterhalt zahlt, wird der Unterhalt daher im Regelfall nach dem Einkommen dieses Elternteils berechnet. (Wie das unterhaltsrelevante Einkommen ermittelt wird, erfahren Sie in Teil II.)

So weit, so gut. Jetzt wissen Sie schon, dass sich der Unterhaltsbedarf und damit die Höhe des zu zahlenden Kindesunterhalts nach dem Einkommen des barunterhaltspflichtigen Elternteils richtet. Doch was umfasst der Unterhaltsbedarf alles? Eine Antwort dazu gibt § 1610 Absatz 2 des Bürgerlichen Gesetzbuches:

> *»Der Unterhalt umfasst den gesamten Lebensbedarf einschließlich der Kosten einer angemessenen Vorbildung zu einem Beruf, bei einer der Erziehung bedürftigen Person auch die Kosten der Erziehung.«*

Das bedeutet, dass der Unterhalt nicht nur das tägliche Leben des Kindes abdecken muss, sondern auch die Kosten für eine angemessene Ausbildung. Die Eltern sind verpflichtet, ihrem Kind eine Ausbildung zu ermöglichen, die zu seinen Fähigkeiten und Talenten passt. Das schließt nicht nur die Schulzeit ein, sondern auch eine Berufsausbildung oder ein Studium, wenn das für das Kind geeignet ist. Die Ausbildung soll das Kind auf ein eigenständiges Leben und den Eintritt in den Beruf vorbereiten.

Bedarf nach der Düsseldorfer Tabelle

Gut, dass Sie in Kapitel 2 bereits ausführlich die Düsseldorfer Tabelle kennengelernt haben. Diese wird nun wichtig. Denn: Sie müssen nicht selbst bestimmen, was Ihr Kind für seinen alltäglichen Bedarf benötigt. Dies erledigt die Düsseldorfer Tabelle für Sie! Die Beträge in der Düsseldorfer Tabelle berücksichtigen, was ein Kind im Durchschnitt für seinen Lebensunterhalt braucht.

Die Düsseldorfer Tabelle regelt den Grundbedarf eines Kindes – auch Elementarbedarf genannt. Dieser Bedarf umfasst alles, was das Kind im Alltag braucht, um gut versorgt zu sein.

Der Mindestbedarf oder Mindestunterhalt

Wenn ein minderjähriges Kind nicht im selben Haushalt wie ein Elternteil lebt, hat es nach § 1612a BGB das Recht, zumindest den *Mindestunterhalt* von diesem Elternteil zu verlangen. Der Mindestunterhalt entspricht dem Bedarf der ersten Einkommensgruppe der Düsseldorfer Tabelle.

Durch die Verbindung zum steuerrechtlichen Existenzminimum, das alle zwei Jahre neu ermittelt wird, wird der Mindestunterhalt regelmäßig an die veränderten Lebensumstände angepasst.

In der Regel liegt es beim Unterhaltsberechtigten, also demjenigen, der den Unterhalt verlangt, seinen Unterhaltsbedarf darzulegen und zu beweisen. Das bedeutet beim Kindesunterhalt insbesondere: Das Kind muss das Einkommen des unterhaltspflichtigen Elternteils darlegen und im Zweifel auch beweisen. Dafür gibt es die Auskunfts- und Beleganspruche, welche Sie bereits in Kapitel 5 kennengelernt haben.

Allerdings gibt es eine Ausnahme, wenn es um den gesetzlich festgelegten Mindestunterhalt geht. Nach § 1612a Absatz 1 Satz 2 BGB wird der Mindestbedarf als Untergrenze des Unterhaltsanspruchs angesehen. In diesem Fall muss das unterhaltsberechtigte minderjährige Kind nicht im Einzelnen beweisen, wie hoch das Einkommen des barunterhaltspflichtigen Elternteils ist. Der Nachweis über den genauen Bedarf entfällt also, wenn nur der Mindestunterhalt gefordert wird.

Der Mindestunterhalt kann gerichtlich geltend gemacht werden, ohne die Einkommensverhältnisse des unterhaltspflichtigen Elternteils zu kennen.

Darf es etwas mehr sein? Der Mehrbedarf

In manchen Fällen geht der Bedarf eines Kindes über den Grundbedarf, der über die Beträge der Düsseldorfer Tabelle abgedeckt ist, hinaus. Dann kann es sich um einen *Mehrbedarf* handeln, der zuzüglich als Unterhaltsbetrag gezahlt werden muss. Laut Bundesgerichtshof wird der »Mehrbedarf« beim Kindesunterhalt wie folgt definiert:

> *»Als Mehrbedarf ist derjenige Teil des Lebensunterhalts anzusehen, der regelmäßig während eines längeren Zeitraums anfällt und das Übliche derart*

> *übersteigt, dass er mit den Regelsätzen nicht zu erfassen, andererseits aber kalkulierbar ist und deshalb bei der Bemessung des laufenden Unterhalts berücksichtigt werden kann.«*

Das klingt jetzt recht technisch, oder? Damit Sie wissen, wann ein Mehrbedarf vorliegt, schauen Sie sich die Voraussetzungen einmal im Detail an. Mehrbedarf ist gegeben, wenn:

- ✔ der Bedarf regelmäßig anfällt
- ✔ der Zeitraum länger ist (nicht einmalig)
- ✔ er nicht im Tabellenunterhalt enthalten ist
- ✔ die Kosten kalkulierbar sind
- ✔ der Bedarf angemessen ist
- ✔ der Bedarf nachgewiesen werden kann

Zusätzlich gibt es noch zwei wichtige Kriterien:

- ✔ Die Kosten müssen notwendig sein..
- ✔ Die Kosten müssen verhältnismäßig sein

Wenn es um den Mehrbedarf geht, gibt es eine wichtige Regel: Er kann nur dann rückwirkend gefordert werden, wenn der unterhaltspflichtige Elternteil in Verzug gesetzt wurde.

Eine Inverzugsetzung erfordert, dass der barunterhaltspflichtige Elternteil entweder zur Zahlung eines bestimmten Unterhaltsbetrags aufgefordert wird oder zum Zwecke der Unterhaltszahlung aufgefordert wird, Auskunft über seine persönlichen und wirtschaftlichen Verhältnisse zu erteilen.

Wenn der unterhaltspflichtige Elternteil also die Aufforderung zur Zahlung rechtzeitig erhalten hat und trotzdem nicht zahlt, ist er damit in Verzug.

Der Mehrbedarf ist nämlich im Gegensatz zu unerwarteten Ausgaben kalkulierbar und vorhersehbar. Daher liegt es in der Verantwortung des Elternteils, der den Mehrbedarf beansprucht, diesen rechtzeitig geltend zu machen. Der andere Elternteil muss die Möglichkeit haben, die zusätzlichen Kosten einzuplanen und sich finanziell darauf einzustellen. Wird dies versäumt, gibt es keinen Anspruch auf rückwirkende Zahlung des Mehrbedarfs.

Hier liegt auch ein wesentlicher Unterschied zum Sonderbedarf. Sonderbedarf kann nämlich auch nachträglich geltend gemacht werden, weil er in der Regel für außergewöhnliche und unvorhersehbare Kosten steht. Darum geht es im nächsten Abschnitt.

Beispiele für Mehrbedarf

Manchmal ist es gar nicht so einfach, einen Mehrbedarf beim Kindesunterhalt zu erkennen. Damit Sie ein Gefühl dafür entwickeln können, hier einige typische Fälle, in denen Mehrbedarf in Betracht kommt:

- ✔ **Kinderbetreuung:** Die Kosten einer Fremdbetreuung in staatlichen Einrichtungen wie etwa Kindergärten, Schulen und Horten zählen (abzüglich der Verpflegungskosten) als Mehrbedarf.
- ✔ **Privatschule:** Kosten für eine Privatschule oder ein Internat können als Mehrbedarf angesetzt werden.
- ✔ **Nachhilfe:** Wenn Ihr Kind Nachhilfe benötigt, um die Versetzung zu schaffen, können auch diese Kosten dazugehören.
- ✔ **Krankheitskosten:** Wenn Ihr Kind krank ist oder eine Behinderung hat und die Kosten nicht von der Krankenkasse übernommen werden, können Sie diese als Mehrbedarf geltend machen.
- ✔ **Teure Hobbys:** Wenn Ihr Kind kostenintensiven Hobbys nachgeht (etwa Musikunterricht, Reiten), kann auch dies unter Umständen einen Mehrbedarf begründen.

Wenn beide Elternteile die gemeinsame elterliche Sorge haben und den Vertrag für teure Ausgaben, wie einen Privatschulplatz, gemeinsam unterschrieben haben, ist der Mehrbedarf in der Regel unstrittig. Beide Elternteile haben durch ihre Unterschrift zugestimmt, die Kosten zu tragen.

Andrea und Ben haben beide die elterliche Sorge für ihre Tochter Charlotte. Sie haben sich gemeinsam dafür entschieden, dass Charlotte eine Reitschule besuchen soll. Der Vertrag für den Reitunterricht wurde von beiden unterschrieben. Die Kosten dafür betragen 300 Euro im Monat. Da Andrea und Ben die Entscheidung für den Reitunterricht gemeinsam getroffen haben, liegt es auf der Hand, dass beide anteilig diese Mehrbedarfskosten tragen müssen. Wenn Andrea diese Entscheidung nach der Trennung allein getroffen hätte, müsste geprüft werden, ob die rechtlichen Voraussetzungen für einen Mehrbedarf vorliegen.

Hierbei handelt es sich dagegen nicht um einen Mehrbedarf:

- ✔ **Tagesmutter oder Kinderfrau:** Wenn die Betreuung des Kindes nicht über eine allgemeine Betreuung hinausgeht, sondern nur wegen der Berufstätigkeit des betreuenden Elternteils erforderlich ist, handelt es sich nicht um einen Mehrbedarf. Derartige Betreuungskosten können daher nur als berufsbedingte Aufwendungen des betreuenden Elternteils berücksichtigt werden.
- ✔ **Verpflegungskosten in der Kita:** Die Kosten für das Mittagessen oder die Snacks in der Kindertagesstätte werden vom normalen Tabellenunterhalt abgedeckt. Diese Verpflegungskosten zählen daher nicht als Mehrbedarf, auch wenn die Kita zusätzliches Geld für Essen verlangt.
- ✔ **Private Krankenversicherung:** Die Krankenversicherung gehört zum Regelunterhalt. Ist Ihr Kind privat krankenversichert, müssen diese Kosten nach der Auffassung der Gerichte vom barunterhaltspflichtigen Elternteil allein übernommen werden.

Wenn Sie die Kosten für eine Kinderfrau als Mehrbedarf geltend machen möchten, sollten Sie darauf achten, dass die Kinderfrau über eine pädagogische Qualifizierung verfügt. Das bedeutet, sie muss eine fachliche Ausbildung oder entsprechende Nachweise vorlegen können, die belegen, dass sie in der Lage ist, das Kind auf angemessene Weise zu betreuen und zu fördern.

So wird der Mehrbedarf verteilt

Der Mehrbedarf muss in der Regel von beiden Elternteilen anteilig nach ihren Einkommensverhältnissen getragen werden. Der sogenannte *Haftungsanteil* bestimmt, wie viel jeder Elternteil zahlen muss. Dabei wird das Einkommen der Eltern ins Verhältnis gesetzt, um zu berechnen, wer wie viel vom Mehrbedarf übernimmt.

Die einzelnen Rechenschritte zur Ermittlung der Haftungsanteile beim Mehrbedarf sehen wie folgt aus:

1. Zuerst wird das unterhaltsrechtlich bereinigte Einkommen beider Elternteile ermittelt, weil beide Elternteile dem Grunde nach verpflichtet sind, sich am Mehrbedarf zu beteiligen.
2. Vom bereinigten Einkommen des barunterhaltspflichtigen Elternteils wird der Zahlbetrag für den laufenden Kindesunterhalt abgezogen.

3. Nun wird vom bereinigten Einkommen des betreuenden Elternteils seine Zahlungsbelastung für den laufenden Kindesunterhalt in Abzug gebracht. Dazu wird der Unterschied zwischen dem Tabellenunterhalt des Kindes (basierend auf dem Gesamteinkommen beider Eltern) und dem bereits geleisteten Barunterhalt des anderen Elternteils berechnet.

4. Sowohl beim barunterhaltspflichtigen als auch beim betreuenden Elternteil wird nun der angemessene Selbstbehalt (derzeit 1.750 Euro) abgezogen.

5. Nach Abzug der Unterhaltsbeträge (Schritte 2 und 3) und des Selbstbehalts (Schritt 4) wird das verbleibende Einkommen beider Elternteile berechnet. Dies ist das Einkommen, das für die Mehrbedarfskosten des Kindes zur Verfügung steht.

6. Abschließend wird das verbleibende Einkommen der Eltern miteinander verglichen, um die jeweilige Haftungsquote zu ermitteln. Dies geschieht über die prozentuale Verteilung des verfügbaren Einkommens beider Elternteile.

Die Eltern Marius und Nadine haben eine gemeinsame Tochter, Lisa, die sechs Jahre alt ist. Marius und Nadine leben getrennt. Lisa lebt bei ihrer Mutter Nadine. Marius ist der barunterhaltspflichtige Elternteil, und Nadine betreut Lisa.

Lisa besucht eine Privatschule, deren monatliche Schulgebühr 200 Euro beträgt. Diese Kosten sollen als Mehrbedarf anteilig von beiden Eltern getragen werden. Daneben zahlt Marius laufenden Regelunterhalt nach der Düsseldorfer Tabelle.

Das Einkommen von Marius beläuft sich auf 3.500 Euro. Nadine hat ein Einkommen von 2.500 Euro.

Schritt 1: Bereinigung des Einkommens

Zunächst muss das bereinigte Einkommen beider Elternteile ermittelt werden. Hier sei unterstellt, dass sich das bereinigte Einkommen von Marius auf 3.500 Euro und das von Nadine auf 2.500 Euro beläuft, da keine wesentlichen Abzüge vorhanden sind.

Schritt 2: Abzug des Zahlbetrags des barunterhaltspflichtigen Elternteils (Marius)

Marius zahlt den laufenden Barunterhalt. Da er Lisa nicht betreut, leistet er den vollen Unterhalt nach der Düsseldorfer Tabelle. Davon wird das hälftige Kindergeld (aktuell: 255 Euro pro Kind, also 127,50 Euro) abgezogen. Marius' Unterhaltsverpflichtung für den laufenden

Unterhalt beläuft sich auf: 665 Euro – 127,50 Euro (Kindergeld) = 537,50 Euro.

Schritt 3: Abzug des Zahlbetrags beim betreuenden Elternteil (Nadine)

Auch beim betreuenden Elternteil (Nadine) wird ein Zahlbetrag für den Kindesunterhalt abgezogen, bevor die Haftungsquote ermittelt wird. Dieser Zahlbetrag entspricht der Differenz zwischen dem Tabellenunterhalt aus dem zusammengerechneten Einkommen der Eltern (803,50 Euro) und dem von Marius gezahlten Unterhalt (537,50 Euro). Nadines Zahlbetrag beläuft sich also auf: 803,50 Euro – 537,50 Euro = 266 Euro.

Schritt 4: Abzug des Selbstbehalts

Sowohl bei Marius als auch bei Nadine wird der angemessene Selbstbehalt von derzeit 1.750 Euro abgezogen.

Schritt 5: Ermittlung des verbleibenden Einkommens

Nun wird das verbleibende Einkommen berechnet, das nach Abzug des jeweiligen Zahlbetrags für den Kindesunterhalt und des Selbstbehalts übrig bleibt.

Marius' verbleibendes Einkommen:
3.500 Euro – 1.750 Euro – 537,50 Euro = 1.212,50 Euro

Nadines verbleibendes Einkommen:
2.500 Euro – 1.750 Euro – 266 Euro = 484 Euro

Schritt 6: Ermittlung der Haftungsquote

Jetzt wird das verbleibende Einkommen beider Elternteile miteinander verglichen, um die Haftungsquoten zu ermitteln. Diese Quote gibt an, wie viel Prozent des Mehrbedarfs von jedem Elternteil zu tragen ist.

Gesamtes verfügbares Einkommen:
1.212,50 Euro (Marius) + 484 Euro (Nadine) = 1.696,50 Euro

Haftungsquote Marius: 1.212,50 Euro / 1.696,50 Euro = 71,47 %

Haftungsquote Nadine: 484 Euro / 1.696,50 Euro = 28,53 %

Der Mehrbedarf (hier die Privatschulgebühr von 200 Euro) wird gemäß der Haftungsquote auf die Eltern verteilt.

Marius' Anteil am Mehrbedarf: 200 Euro × 71,47 % = 142,94 Euro

Nadines Anteil am Mehrbedarf: 200 Euro × 28,53 % = 57,06 Euro

Ganz besonders: Der Sonderbedarf

Neben dem Mehrbedarf kann ein Kind auch Anspruch auf *Sonderbedarf* haben. Stellen Sie sich Sonderbedarf ein wenig wie einen umgekehrten Lottogewinn vor: Beides ist unregelmäßig, kommt überraschend und betrifft eine außergewöhnlich hohe Summe.

Es gibt drei wichtige Kriterien, die Sonderbedarf ausmachen:

- ✔ Er entsteht unregelmäßig.
- ✔ Er ist unvorhersehbar.
- ✔ Er ist außergewöhnlich hoch.

Unter Sonderbedarf fallen also Zahlungen, die zum einen nicht kalkulierbar sind und damit nicht vorausschauend angespart werden konnten und zum anderen nicht mal eben so aus dem laufenden Unterhalt gestemmt werden können.

Die Höhe des laufenden Unterhalts spielt hierbei regelmäßig eine tragende Rolle. Wer nur den Mindestunterhalt bekommt, kann nicht viel für unvorhersehbare Kosten ansparen. Bei einem höheren Unterhaltsbetrag, der aus einer hohen Einkommensgruppe der Düsseldorfer Tabelle gezahlt wird, lässt sich Geld einfacher zur Seite legen.

Typische Beispiele für anerkannten Sonderbedarf sind:

- ✔ der Privatkostenanteil für eine kieferorthopädische Behandlung
- ✔ Kosten für eine Säuglingserstausstattung
- ✔ Kosten für die gerichtliche Durchsetzung oder Zwangsvollstreckung von Unterhalt

Bei kieferorthopädischen Behandlungen sollten Sie jedoch beachten, dass die Kosten nur dann als Sonderbedarf gelten, wenn keine Kassenlösung möglich ist oder wenn beide Elternteile gemeinsam den Vertrag unterschrieben haben.

Diese Kosten stellen in aller Regel keinen Sonderbedarf dar:

- ✔ Kosten für eine Klassenfahrt
- ✔ Kosten für den Führerschein
- ✔ Kosten für eine Konfirmation/Kommunion

Da Sonderbedarf nicht vorhersehbar ist, kann der Berechtigte den Pflichtigen nicht frühzeitig in Verzug setzen. Sonderbedarf kann daher im Gegensatz zum Mehrbedarf auch dann eingefordert werden, wenn die Kosten bereits entstanden sind. Dies gilt allerdings nur für ein Jahr rückwirkend.

Die gute Nachricht: Die Berechnung der Haftungsanteile ist beim Sonderbedarf dieselbe wie beim Mehrbedarf. Falls Sie das überlesen haben, blättern Sie einfach zurück. Sonst haben Sie tatsächlich etwas verpasst!

Hohes Elterneinkommen: Die konkrete Bedarfsberechnung

Bei sehr guten Einkommensverhältnissen kann das Einkommen des unterhaltspflichtigen Elternteils die höchste Einkommensgruppe der Düsseldorfer Tabelle (Einkommen bis 11.200 Euro) übersteigen.

Dann muss sichergestellt werden, dass die Kinder ihrem Alter entsprechend am Lebensstandard teilhaben, welcher der guten finanziellen Lage der Eltern entspricht. Dabei darf der Kindesunterhalt nicht automatisch auf den Höchstbetrag der Düsseldorfer Tabelle beschränkt werden. Das hat der Bundesgerichtshof entschieden. Es gibt keine feste Obergrenze für den Kindesunterhalt. Kinder können einen Bedarf geltend machen, der über die Beträge der Düsseldorfer Tabelle hinausgeht, wenn dies nachweisbar ist.

Es ist jedoch wichtig zu beachten, dass der Unterhalt für minderjährige Kinder nicht dazu da ist, sie am Luxus der Eltern teilhaben zu lassen oder gar Vermögen für sie zu bilden. Der Unterhalt orientiert sich immer am Kindesalter und den Bedürfnissen des Kindes. Kinder haben daher keinen Anspruch auf eine gleichwertige Teilhabe am Einkommen der Eltern.

Das Kind, das Unterhalt fordert und dabei einen höheren Bedarf als den in der Düsseldorfer Tabelle festgelegten Höchstbetrag geltend macht, muss darlegen können, dass es besondere oder besonders kostspielige Bedürfnisse hat.

Außerdem muss es erklären, welche finanziellen Mittel nötig sind, um diese Bedürfnisse abzudecken.

Hier einige Beispiele dafür, welche konkreten Bedarfspositionen anerkannt sind:

- ✔ erhöhte Wohnkosten
- ✔ Bekleidung und Schuhe
- ✔ Kosten für Nahrungsmittel, Getränke, Süßigkeiten
- ✔ Reisen, Urlaube
- ✔ Ausflüge, Versicherungen
- ✔ Restaurantbesuche
- ✔ Handykosten
- ✔ Bücher/Zeitschriften
- ✔ Geschenke
- ✔ Schulessen, Klassenkasse
- ✔ Fahrtkosten zur Schule
- ✔ Klassenfahrten
- ✔ Kosten der Nachhilfe
- ✔ Tierhaltungskosten
- ✔ Hobbys (Fußball, Ballett, Tennis, Malunterricht)

Wichtig ist, dass alle Ausgaben detailliert belegt werden müssen. Es darf nur der Bedarf des Kindes berücksichtigt werden – also keine Kosten von Dritten oder der Betreuungsperson. Zum Beispiel können anteilige Kosten für das Auto oder Haushaltsgeräte des betreuenden Elternteils nicht in den Unterhaltsbedarf des Kindes einfließen.

Cloe ist 16 Jahre alt und lebt seit der Trennung ihrer Eltern bei ihrer Mutter. Vor der Trennung hat Cloe ein luxuriöses Leben geführt: Sie war regelmäßig auf teuren Urlaubsreisen, hat kostspielige Hobbys wie Reiten und Klavierspielen und trägt hochwertige Designerkleidung. Ihr Vater Jürgen, der als Unternehmer ein monatliches Nettoeinkommen von 35.000 Euro erzielt, ist barunterhaltspflichtig. Sein

Einkommen übersteigt den höchsten Einkommensbetrag der Düsseldorfer Tabelle deutlich, sodass Cloes Unterhaltsbedarf anhand ihres konkreten Lebensstandards berechnet werden kann. Cloe kann darlegen und beweisen, dass ihr monatlicher Bedarf bei 2.500 Euro liegt.

Bedürftigkeit des minderjährigen Kindes

Der Begriff der *Bedürftigkeit* spielt ebenfalls eine wichtige Rolle beim Kindesunterhalt. Bedürftig ist nach dem Gesetz (§ 1602 Absatz 1 BGB) nur, wer nicht in der Lage ist, für sich selbst zu sorgen. Bedürftigkeit eines minderjährigen Kindes liegt vor, wenn das Kind seinen Bedarf nicht durch eigene Einkünfte oder durch den Einsatz seines Vermögens decken kann. Doch ist ein minderjähriges Kind tatsächlich verpflichtet, eigenes Einkommen zu erzielen?

Sie werden die Antwort sicher ahnen. Minderjährige Kinder verdienen normalerweise kein Geld durch Arbeit. Solange sie noch zur Schule gehen, dürfen sie nach dem Jugendarbeitsschutzgesetz (JArbSchG) auch nur leichte Arbeiten machen, um ihr Taschengeld aufzubessern. Während Kinder die Schule besuchen oder eine Ausbildung machen, müssen sie generell nicht arbeiten, um ihren Lebensunterhalt zu bestreiten. Minderjährige Kinder sind daher grundsätzlich bedürftig, wenn sie sich in einer Schulausbildung befinden und kein eigenes Geld verdienen.

Keine Schule, kein Plan – aber Unterhalt?

Doch was gilt, wenn das minderjährige Kind nicht mehr zur Schule geht? Wenn ein Kind keine Schule mehr besucht und keiner Ausbildung nachgeht, könnte es verpflichtet sein, durch Arbeit eigenes Geld zu verdienen. Früher haben Gerichte oft entschieden, dass ein Kind nach dem Schulabschluss keine fiktiven Einkünfte angerechnet bekommt, wenn es sich nicht um eine Ausbildung bemüht.

Heutzutage sehen die meisten Gerichte das anders. Wenn ein minderjähriges Kind nicht mehr zur Schule geht und auch keine Ausbildung macht, muss es arbeiten, um für seinen Unterhalt zu sorgen – vorausgesetzt, dass die Arbeit den Regeln des Jugendarbeitsschutzgesetzes (JArbSchG) entspricht und das Kind gesundheitlich dazu in der Lage ist. Das bedeutet, dass die Arbeit weder zu anstrengend noch gefährlich sein darf. Wenn also keine gesundheitlichen Gründe dagegensprechen und die Arbeit im Rahmen des JArbSchG erlaubt ist, ist das Kind trotz seiner Minderjährigkeit verpflichtet, einer Erwerbstätigkeit nachzugehen. Die Unterhaltsverpflichtung kann dann ganz entfallen.

Wenn das minderjährige Kind eigene Einkünfte hat

Die Frage, ob Einkünfte eines minderjährigen Kindes, das neben der Schule arbeitet, auf den Unterhaltsbedarf angerechnet werden, sorgt immer wieder für Unsicherheit. Grundsätzlich ist es so, dass Schüler keine Pflicht zur Erwerbstätigkeit haben. Ihre Hauptaufgabe ist der Schulbesuch, und diese schulische Ausbildung soll im Mittelpunkt stehen. Daraus ergibt sich, dass das Einkommen, das ein Kind neben der Schule verdient, aus einer überobligatorischen Tätigkeit (siehe Kapitel 3) stammt. Das bedeutet: Es wird mehr getan, als eigentlich verlangt wird.

Aber was heißt das nun für den Unterhalt?

Einkommen aus einer überobligatorischen Tätigkeit wird nur nach Billigkeit auf den Unterhalt angerechnet. Solange das Einkommen des Schülers nicht allzu hoch ist und sich im Bereich eines Minijobs befindet, bleibt der Unterhaltsanspruch in der Regel in voller Höhe bestehen.

Eine teilweise Anrechnung der Einkünfte kommt dann in Betracht, wenn höhere Einkünfte vorhanden sind oder der unterhaltspflichtige Elternteil nachweisen kann, dass ihn die Unterhaltszahlung hart trifft. Das ist zum Beispiel der Fall, wenn der barunterhaltspflichtige Elternteil selbst nur wenig Geld zum Leben hat.

Ausnahme Ausbildungsvergütung

Eine Ausnahme bildet das Geld, das ein Kind während der Ausbildung verdient. Eine klassische Ausbildungsvergütung wird als Einkommen angesehen und mindert den Unterhaltsbedarf. Allerdings werden die Kosten, die durch die Ausbildung entstehen, von der Ausbildungsvergütung abgezogen. In jedem Fall ist von der Ausbildungsvergütung ein pauschaler Betrag von 100 Euro abzuziehen. Diese Pauschale soll speziell Kosten der Ausbildung abdecken, wie etwa Lernmaterialien oder Einrichtungsgegenstände. Daneben können auch Fahrtkosten, die durch die Ausbildung entstehen, berücksichtigt werden. Wenn ein Kind zum Beispiel einen Roller braucht, um zur Schule oder zum Ausbildungsplatz zu kommen, werden diese Fahrtkosten vom Einkommen abgezogen.

Wie eigenes Einkommen angerechnet wird

Wenn der eine Elternteil das Kind betreut und der andere den Barunterhalt zahlt, müssen beide Elternteile durch das Einkommen des Kindes zu gleichen Teilen entlastet werden. Deshalb wird die – um die Ausbildungskosten bereinigte – Ausbildungsvergütung nur zur Hälfte auf den Barunterhalt angerechnet.

Justin ist 17 Jahre alt und beginnt eine Ausbildung zum Kfz-Mechatroniker. Er erhält eine monatliche Ausbildungsvergütung von 800 Euro netto. Seine Eltern leben getrennt und sein Vater ist barunterhaltspflichtig in Höhe von 703,50 Euro. Der Ausbildungsbetrieb ist zehn Kilometer entfernt und wird von Justin mit dem Roller an 180 Tagen pro Jahr aufgesucht.

Von der Ausbildungsvergütung ist zunächst der ausbildungsbedingte Mehrbedarf von 100 Euro abzuziehen. Zudem sind die Fahrtkosten mit (10 Kilometer × 2 Wege × 0,42 Euro × 180 Tage = 1.512 Euro, dies geteilt durch 12 =) 126 Euro monatlich in Abzug zu bringen. Es verbleiben von der Ausbildungsvergütung dann (800 Euro – 100 Euro – 126 Euro =) 574 Euro. Die Hälfte davon, also 287 Euro, ist auf den Unterhaltsbedarf anzurechnen.

Die Unterhaltsverpflichtung des Vaters verringert sich auf (703,50 Euro – 287 Euro =) 416,50 Euro.

Wenn das minderjährige Kind eigenes Vermögen hat

Bleibt noch die Frage zu klären, inwieweit eigenes Vermögen des Kindes seine Unterhaltsbedürftigkeit verringert. Hier hilft wieder ein Blick in das Gesetzbuch, genauer gesagt in § 1602 Absatz 2 BGB. Aus diesem Paragrafen ergibt sich, dass minderjährige unverheiratete Kinder nur die Einkünfte aus ihrem Vermögen zur Deckung ihres Bedarfs nutzen müssen, jedoch nicht das Vermögen selbst. Es ist also wichtig, zwischen dem Vermögensstamm und den Erträgen des Vermögens zu unterscheiden.

Vermögensstamm bezeichnet das gesamte vorhandene Vermögen, während Vermögenserträge die Einkünfte sind, die aus diesem Vermögen generiert werden, wie zum Beispiel Zinsen oder Dividenden. Auch Mieterträge aus der Vermietung einer eigenen Wohnung fallen unter diese Vermögenserträge. Ein minderjähriges Kind muss also nur die Einnahmen, die es aus seinem Vermögen erzielt, zur Unterstützung seines Lebensunterhalts verwenden. Das Vermögen selbst jedoch bleibt in aller Regel unberührt.

IN DIESEM KAPITEL

- Leistungsfähigkeit und wie sie festgestellt wird
- Welche Beträge Unterhaltspflichtige für sich selbst behalten dürfen
- Wie sich finanzielle Belastungen oder Schulden auf die Unterhaltspflicht auswirken
- Regeln bei knappem Einkommen oder einem Mangelfall

Kapitel 9
Leistungsfähigkeit

Die Höhe des Kindesunterhalts wird durch die wirtschaftliche und persönliche Situation des unterhaltspflichtigen Elternteils bestimmt. Doch was geschieht, wenn der Elternteil kein oder nur geringes Einkommen hat? Ein Blick in die erste Zeile der Düsseldorfer Tabelle zeigt, dass dort keine Einkommensgrenze nach unten festgelegt ist. Es gibt also keine Mindestverdienstgrenze für den Unterhaltsanspruch. Auch ohne Einkommen bleibt der Anspruch des Kindes bestehen. Schließlich kann von einem minderjährigen Kind generell nicht erwartet werden, seinen Lebensunterhalt selbst zu sichern.

Gleichzeitig muss sichergestellt werden, dass der Unterhaltspflichtige durch die Unterhaltszahlung nicht selbst bedürftig wird. Eine kleine Metapher hilft hier: Stellen Sie sich die Sicherheitsanweisungen in einem Flugzeug vor, bei denen Passagiere aufgefordert werden, zuerst ihre eigene Sauerstoffmaske anzulegen, bevor sie anderen helfen. Ähnlich verhält es sich beim Kindesunterhalt: Der Unterhaltspflichtige kann nur dann zahlen, wenn er selbst lebensfähig bleibt. Der Gesetzgeber hat daher geregelt, dass der Unterhaltspflichtige zur Zahlung von Unterhalt leistungsfähig sein muss.

Die zentrale Regelung zur *Leistungsfähigkeit* im Verwandtenunterhalt ist in § 1603 BGB festgelegt. Nach § 1603 Absatz 1 BGB ist jemand nicht unterhaltspflichtig, wenn er bei Berücksichtigung seiner sonstigen Verpflichtungen außerstande ist, ohne Gefährdung seines angemessenen Unterhalts den Unterhalt zu gewähren. Das bedeutet, dass der Unterhaltspflichtige sein Einkommen und Vermögen nur bis zur Grenze eines bestimmten Betrags einsetzen muss. Und diesen Betrag, der dem Unterhaltspflichtigen selbst verbleiben muss, nennt man *Selbstbehalt.*

Notwendig versus angemessen: Zwei Selbstbehalte, ein Ziel!

Beim Kindesunterhalt wird zwischen dem notwendigen und dem angemessenen Selbstbehalt unterschieden. Beide Selbstbehalte verfolgen das gemeinsame Ziel, den Unterhaltspflichtigen finanziell abzusichern, sodass er trotz seiner Unterhaltspflichten nicht selbst bedürftig wird. Sie sollen sicherstellen, dass der Pflichtige genügend Mittel für seinen eigenen Lebensunterhalt behält und dadurch nicht unter das sozialrechtliche Existenzminimum fällt.

- ✔ **Notwendiger Selbstbehalt:** Der notwendige Selbstbehalt kommt zur Anwendung, wenn der Unterhaltspflichtige minderjährigen Kindern oder privilegierten volljährigen Kindern Unterhalt schuldet. Diese Art des Selbstbehalts beruht auf der gesteigerten Unterhaltspflicht gegenüber minderjährigen und privilegierten volljährigen Kindern. Der notwendige Selbstbehalt beträgt aktuell 1.200 Euro, wenn der Unterhaltspflichtige nicht erwerbstätig ist, und 1.450 Euro, wenn er erwerbstätig ist. In diesen Beträgen sind bis zu 520 Euro für die Warmmiete, also die Unterkunftskosten inklusive Nebenkosten und Heizung, enthalten.
- ✔ **Angemessener Selbstbehalt:** Der angemessene Selbstbehalt greift hingegen in Fällen, in denen volljährige Kinder nicht mehr privilegiert sind. Er beläuft sich derzeit auf 1.750 Euro, davon 650 Euro für die Warmmiete.

Die Selbstbehalte werden regelmäßig im Zuge der Anpassungen der Düsseldorfer Tabelle überprüft und gegebenenfalls angepasst, damit steigende Lebenshaltungskosten, wie etwa durch Inflation, berücksichtigt werden können.

Selbstbehalt im Check

Die tabellenmäßigen Selbstbehaltsbeträge berücksichtigen nicht die regionalen Preisunterschiede innerhalb Deutschlands und auch nicht die jeweilige individuelle Situation des Unterhaltspflichtigen, was in der Praxis zu Herausforderungen führen kann. Die Selbstbehaltsbeträge bieten zwar eine allgemeine Orientierung, doch gerade in Gebieten mit höheren Lebenshaltungskosten, wie großen Städten (etwa München, Frankfurt oder Berlin), kann es für den Unterhaltspflichtigen schwierig sein, mit den festgelegten Selbstbehaltsbeträgen auszukommen. Es kann daher im Einzelfall notwendig sein, den Selbstbehalt zu erhöhen oder herabzusetzen, um den individuellen Lebensumständen und finanziellen Verhältnissen des Unterhaltspflichtigen gerecht zu werden.

Wann der Selbstbehalt erhöht werden kann

Ein Unterhaltspflichtiger kann einen erhöhten Selbstbehalt insbesondere geltend machen, wenn die Wohnkosten in seiner Region signifikant über den festgelegten Pauschalen liegen. Dies betrifft insbesondere teure Wohnorte, wo die gesetzlich festgelegten Mietanteile (520 Euro beim notwendigen Selbstbehalt und 650 Euro beim angemessenen Selbstbehalt) nicht ausreichen, um die tatsächlichen Wohnbedarfe zu decken. Der Unterhaltspflichtige muss dann aber in der Lage sein, darzulegen und gegebenenfalls zu beweisen, dass die höheren Wohnkosten in seiner speziellen Situation unvermeidbar sind.

Nach der Trennung von Andrea zieht Ben in eine Zweizimmerwohnung. Die Wohnung ist 15 Fahrminuten von seiner ehemaligen Wohnung mit Andrea und seinen minderjährigen Kindern entfernt, sodass er seinen Umgang weiterhin problemlos wahrnehmen kann. Eine günstigere Wohnung konnte er nicht finden.

Bens neue Wohnung hat eine Fläche von 45 Quadratmetern und ist Baujahr 2000. Die auf den Quadratmeter heruntergerechnete Kaltmiete entspricht dem ortsüblichen Mietspiegel. Für die Warmmiete überweist Ben monatlich 620 Euro. Im notwendigen Selbstbehalt sind 520 Euro für die Warmmiete und damit 100 Euro zu wenig für Ben angesetzt. Da die Aufwendungen angemessen sind, ist Bens Selbstbehalt von 1.450 Euro auf 1.550 Euro zu erhöhen.

Bei der Entscheidung über die Erhöhung des Selbstbehalts findet eine umfassende Interessenabwägung statt. Dabei werden die Ansprüche des minderjährigen Kindes auf angemessenen Unterhalt und die Wohnbedürfnisse des Unterhaltspflichtigen gegeneinander abgewogen. Die Rechte des Kindes auf Unterhalt dürfen nicht unverhältnismäßig beeinträchtigt werden. Eine Erhöhung des Selbstbehalts aufgrund höherer Wohnkosten kann unter Umständen auch nur für einen begrenzten Zeitraum gewährt werden, beispielsweise für eine Übergangszeit nach einer Trennung, wenn der Unterhaltspflichtige möglicherweise nicht sofort in eine günstigere Wohnung umziehen kann. Besonders während des Trennungsjahrs ist es dem Unterhaltspflichtigen in der Regel nicht zuzumuten, die eheliche Wohnung aufzugeben und in eine kleinere, günstigere Unterkunft zu ziehen.

Laut der Rechtsprechung des Bundesgerichtshofs können im Einzelfall außergewöhnlich hohe Kosten, die ein barunterhaltspflichtiger Elternteil für den Umgang mit seinem Kind aufbringt, ebenfalls eine maßvolle Erhöhung des Selbstbehalts rechtfertigen. Diese Aspekte zeigen, dass der Selbstbehalt nicht starr ist, sondern flexibel an die individuellen Lebensumstände des Unterhaltspflichtigen angepasst werden kann, um sowohl dessen Bedürfnisse als auch die des unterhaltsberechtigten Kindes zu berücksichtigen.

Wann der Selbstbehalt herabgesetzt werden kann

Auch eine Herabsetzung des Selbstbehalts ist möglich. Dies gilt jedoch nicht, wenn der Unterhaltspflichtige in einer günstigen Wohnsituation lebt und die Warmmietkosten die Beträge von 520 Euro beim notwendigen Selbstbehalt oder 650 Euro beim angemessenen Selbstbehalt unterschreiten. Es steht ihm frei, seine Bedürfnisse anders zu gewichten als in den Unterhaltstabellen vorgesehen und sich mit einer kostengünstigeren Wohnung zufriedenzugeben, um zusätzliche Mittel für andere Zwecke nutzen zu können.

Der wohl häufigste Grund für eine Herabsetzung des Selbstbehalts ist das Zusammenleben mit einem sogenannten »leistungsfähigen Dritten«. Wenn der Unterhaltspflichtige mit einem neuen Partner zusammenlebt, kann dies zu Einsparungen durch die gemeinsame Haushaltsführung führen. Diese Haushaltsersparnis wird grundsätzlich mit 10 Prozent angenommen. Voraussetzung für die Berücksichtigung eines solchen Synergieeffekts ist allerdings, dass der Partner über ausreichende finanzielle Mittel verfügt. Eine Herabsetzung des Selbstbehalts ist hingegen ausgeschlossen, wenn der Partner nicht über ein ausreichendes Einkommen verfügt, um seinen eigenen Bedarf zu decken. In diesem Fall muss der Unterhaltspflichtige nachweisen, dass er aufgrund der finanziellen Situation seines neuen Partners keine Einsparungen bei den Lebenshaltungskosten hat.

Max verdient monatlich netto 1.700 Euro und ist barunterhaltspflichtig für seine vierjährige Tochter Lena, die bei ihrer Mutter lebt. Laut Düsseldorfer Tabelle steht Max als erwerbstätigem Unterhaltspflichtigen ein Selbstbehalt von 1.450 Euro zu, sodass nur 250 Euro für den Kindesunterhalt verbleiben. Max lebt jedoch mit seiner neuen Partnerin zusammen, sodass seine Lebenshaltungskosten durch die gemeinsame Haushaltsführung reduziert sind. Aus diesem Grund wird sein Selbstbehalt um 10 Prozent auf 1.305 Euro herabgesetzt.

Nach der Herabsetzung des Selbstbehalts stehen ihm somit 395 Euro für die Zahlung von Kindesunterhalt zur Verfügung. Damit kann der Mindestunterhalt für Lena in Höhe von 354,50 Euro gezahlt werden.

»Gesteigerte Unterhaltspflicht«

Eltern haben gegenüber ihren gemeinsamen minderjährigen Kindern eine besondere Verantwortung. Sie trifft eine gesteigerte Unterhaltspflicht, wenn der Mindestunterhalt unter Berücksichtigung des notwendigen eigenen Selbstbehalts nicht gezahlt werden kann.

Der Mindestunterhalt entspricht dem Bedarf der ersten Einkommensgruppe der Düsseldorfer Tabelle.

Dies bedeutet, Eltern müssen alle verfügbaren Mittel ausschöpfen, die ihnen zur Verfügung stehen, um den Kindesunterhalt – insbesondere in Höhe des Mindestunterhalts – sicherzustellen. Vielleicht fragen Sie sich jetzt: Was heißt »alle verfügbaren Mittel« genau? Diese Formulierung lässt viel Spielraum für Auslegungen – und den haben Gerichte und Anwälte reichlich genutzt. Es gibt zahlreiche Gerichtsentscheidungen und Meinungen zur gesteigerten Unterhaltspflicht, und wie so oft sind sich die Gerichte nicht immer einig. Doch keine Sorge, das Thema ist nicht unüberschaubar. In den folgenden Abschnitten erfahren Sie das Wichtigste, was Sie zu diesem Thema wissen müssen.

Erhöhte Arbeitspflicht oder auch gesteigerte Erwerbsobliegenheit

Mit der erhöhten Unterhaltspflicht geht eine gesteigerte Pflicht zur Arbeit einher. Das wird auch *gesteigerte Erwerbsobliegenheit* genannt.

Wer einem minderjährigen Kind gegenüber unterhaltspflichtig ist, ist dazu verpflichtet, seine beruflichen Möglichkeiten voll auszuschöpfen.

Das bedeutet auch, dass der Unterhaltspflichtige nicht einfach seinen Job wechseln darf, wenn dies dazu führt, dass er weniger verdient und damit weniger Unterhalt zahlen kann. Ein freiwilliger Jobwechsel ist nur dann zulässig, wenn es dafür wirklich gewichtige, zum Beispiel gesundheitliche, Gründe gibt. Wenn ein Unterhaltspflichtiger den Job aufgibt, um zu seinem neuen Partner in eine andere Stadt zu ziehen, in der es weniger Arbeitsmöglichkeiten gibt, gilt das zum Beispiel nicht als ein ausreichender Grund.

Wenn der Unterhaltspflichtige jedoch seinen Job verliert, weil der Arbeitgeber ihm gekündigt hat, sei es wegen Umstrukturierungen, Auftragsmangel oder sogar einer Insolvenz des Unternehmens, ist dies natürlich erst einmal unterhaltsrechtlich hinzunehmen. In einem solchen Fall wird der Unterhalt für einen gewissen Zeitraum an das geringere Einkommen angepasst.

Allerdings muss der Unterhaltspflichtige in Zeiten der Arbeitslosigkeit alles daransetzen, so schnell wie möglich wieder Arbeit zu finden. Das heißt konkret: Er muss sich intensiv und ernsthaft um eine neue Beschäftigung bemühen. Dabei wird von ihm nicht nur erwartet, dass er sich in seinem erlernten Beruf bewirbt. Er muss auch bereit sein, Tätigkeiten anzunehmen, die nicht unbedingt seiner Ausbildung oder seinem bisherigen Berufsweg entsprechen. In manchen Fällen kann das sogar bedeuten, dass der Unterhaltspflichtige sich auf Aushilfsjobs oder Tätigkeiten mit ungünstigeren Arbeitsbedingungen bewerben muss. Der Gesetzgeber erwartet schließlich, dass der Unterhaltspflichtige jeden zumutbaren Job in Betracht zieht, um den Mindestunterhalt für Kinder sicherzustellen.

Auch längere Fahrzeiten zu einer neuen Arbeitsstelle müssen in Kauf genommen werden, wenn dies nötig ist, um den Unterhalt zu sichern. Es gilt das Prinzip der Zumutbarkeit: Der Unterhaltspflichtige darf keine allzu hohen Ansprüche an den Job stellen, wenn die finanzielle Verantwortung gegenüber dem Kind auf dem Spiel steht.

Um diesen Anforderungen gerecht zu werden, muss sich der arbeitslose Unterhaltsschuldner auf viele verschiedene Stellen bewerben – mindestens eine Bewerbung pro Tag ist erforderlich, oft aber auch mehr, je nach Situation. In der Regel erwarten die Gerichte, dass der Unterhaltspflichtige monatlich um die 30 Bewerbungen nachweisen kann. Diese Bewerbungen müssen auf echte Stellenangebote zugeschnitten und sorgfältig dokumentiert sein.

Wenn Sie sich in einer solchen Situation als Unterhaltsschuldner befinden, sollten Sie eine chronologisch geordnete Liste führen, in der Sie alle Bewerbungen samt den dazugehörigen Unterlagen aufbewahren. Im Falle eines gerichtlichen Unterhaltsverfahrens wird diese Liste benötigt, um zu zeigen, dass Sie sich ausreichend um eine neue Anstellung bemüht haben.

Wenn der Unterhaltspflichtige wegen einer Krankheit nicht mehr in der Lage ist, einer Arbeit nachzugehen, muss er dies ebenfalls genau nachweisen. Es reicht nicht aus, eine Erwerbsunfähigkeit zu behaupten. Vielmehr muss konkret dargelegt werden, welche gesundheitlichen Probleme bestehen und wie genau diese die Erwerbsfähigkeit einschränken. Dazu gehört es, ärztliche Bescheinigungen oder Gutachten vorzulegen. Zudem wird in Krankheitsfällen erwartet, dass der Unterhaltspflichtige alles Erforderliche unternimmt, um wieder gesund und damit erwerbsfähig zu werden. Das kann zum Beispiel bedeuten, dass der

Unterhaltspflichtige an Therapien teilnehmen oder erforderliche Medikamente einnehmen muss, um seine Arbeitskraft möglichst schnell wiederherzustellen.

Wenn trotz aller Bemühungen keine realistische Chance besteht, dass Sie eine neue Anstellung finden, kann es sein, dass Ihnen keine fiktiven Einkünfte angerechnet werden. Das gilt jedoch nur in Ausnahmefällen. Für gesunde, erwerbsfähige Menschen wird in der Regel angenommen, dass sie auch in schwierigen Zeiten eine Arbeit finden können. Daher müssen Sie nachweisen, dass Sie wirklich alle zumutbaren Möglichkeiten ausgeschöpft haben.

Fiktive Hochrechnung des Einkommens

Wenn der Unterhaltspflichtige eine zumutbare Arbeit nicht ausübt, obwohl er dazu in der Lage wäre, kann das Gericht nicht nur ein tatsächlich vorhandenes Einkommen berücksichtigen, sondern auch ein fiktives Einkommen. (Mehr zu fiktiven Einkommen lesen Sie in Kapitel 3.) Das bedeutet, dass man so tut, als würde der Unterhaltspflichtige mehr verdienen, als es tatsächlich der Fall ist. Allerdings muss dieses fiktive Einkommen auch erreichbar sein. Dabei spielen verschiedene Faktoren eine Rolle, wie zum Beispiel Alter, Ausbildung, Berufserfahrung, Gesundheitszustand und ob es in der jeweiligen Region überhaupt entsprechende Arbeitsplätze gibt.

Man spricht in diesem Zusammenhang oft von der »realen Beschäftigungschance«. Das bedeutet: Nur wenn der Unterhaltspflichtige tatsächlich eine realistische Möglichkeit hat, eine bestimmte Summe zu verdienen, kann man ihm auch ein entsprechendes fiktives Einkommen zuschreiben. Wenn dem Unterhaltspflichtigen ein Einkommen angerechnet werden würde, das er realistisch gesehen gar nicht erzielen könnte, wäre das unzulässig. Das fiktive Einkommen muss sich also an dem orientieren, was der Unterhaltspflichtige aufgrund seiner Ausbildung und Berufserfahrung wirklich verdienen könnte.

Bei der Bemessung fiktiver Einkünfte können Tarifverträge helfen oder Lohnspiegel, die man im Internet findet, wie etwa auf `www.lohnspiegel.de` oder `www.boeckler.de`. Auch der Mindestlohn, der für viele Branchen gilt, kann als Maßstab genommen werden.

Fiktive Einkünfte können auch bei Selbstständigen relevant werden. Wenn ein selbstständiger Unterhaltspflichtiger über einen längeren Zeitraum kein ausreichendes Einkommen erwirtschaftet, kann ihm unter Umständen ein fiktives Einkommen aus einer regulären, also abhängigen Beschäftigung zugerechnet werden. Er muss sich dann so behandeln lassen, als hätte er einen Job als Angestellter, und zwar mit einem Einkommen, das in seiner Situation angemessen wäre.

Das soll verhindern, dass jemand sich auf Kosten des unterhaltsberechtigten Kindes in einer unlukrativen selbstständigen Tätigkeit verwirklichen möchte.

Die Pflicht zum Job neben dem Job

Sollte der Mindestunterhalt durch Ausübung einer Vollzeittätigkeit nicht sichergestellt werden können, kann je nach Einzelfall vom Unterhaltspflichtigen verlangt werden, zusätzlich eine Nebenerwerbstätigkeit auszuüben. Als mögliche Nebenerwerbsquellen sehen die Gerichte oft Tätigkeiten wie Zeitungsaustragen, Gartenarbeit, Kellnern oder Arbeit im Sicherheitsdienst an. Das Bundesverfassungsgericht hat die generelle Pflicht zur Ausübung einer Nebentätigkeit im Rahmen einer gesteigerten Unterhaltspflicht in vielen Fällen bestätigt.

Die Aufnahme einer Nebentätigkeit muss dem Pflichtigen jedoch zumutbar sein. Insbesondere muss die konkrete persönliche Situation des Unterhaltspflichtigen berücksichtigt werden. Eine zusätzliche Arbeit kann nur zugemutet werden, wenn sie im Einzelfall machbar und nicht zu belastend ist. Stellen Sie sich beispielsweise vor, der Unterhaltspflichtige arbeitet bereits in Vollzeit und betreut daneben noch eigene minderjährige Kinder in seinem Haushalt. In solchen Fällen könnte es schnell unzumutbar sein, dem Unterhaltspflichtigen zusätzlich noch eine Nebentätigkeit aufzubürden. Dieses gilt auch dann, wenn der Unterhaltspflichtige einen großzügigen Umgang mit den Kindern pflegt, also deutlich mehr Zeit mit den Kindern verbringt als üblich.

Besonders wichtig ist auch die Frage, wie belastend die Haupttätigkeit ist. Folgende Punkte können den Ausschlag dafür geben, dass die Aufnahme einer Nebentätigkeit als unzumutbar angesehen wird:

- ✔ Arbeit im Schichtdienst, an Wochenenden, Feiertagen oder im Nachtdienst
- ✔ Alter, Gesundheitszustand und die körperliche oder seelische Belastung durch den Hauptjob
- ✔ die Fahrzeit zwischen dem Arbeitsplatz und dem Zuhause oder zu einer möglichen Nebentätigkeit

Darüber hinaus gibt es gesetzliche Grenzen für die Arbeitszeit, die beachten werden müssen. Das Arbeitszeitgesetz (ArbZG) legt fest, dass die Arbeitszeit im Durchschnitt nicht mehr als acht Stunden pro Tag betragen darf, sodass die wöchentliche Arbeitszeit regelmäßig auf 48 Stunden begrenzt ist. Es muss auch beachtet werden, dass für die Ausübung einer Nebentätigkeit in der Regel die

Zustimmung des Arbeitgebers benötigt wird. Manche Arbeitgeber verlangen eine Genehmigung für eine Nebentätigkeit.

Die Pflicht zur Einleitung einer Privatinsolvenz

Wenn ein unterhaltspflichtiger Elternteil stark verschuldet ist und nicht genug Einkommen hat, um den Mindestunterhalt seiner Kinder vollständig zu zahlen (wenn also ein sogenannter Mangelfall vorliegt), kann es sein, dass er verpflichtet ist, ein Verbraucherinsolvenzverfahren zu beantragen. Ein solches Insolvenzverfahren hat für das unterhaltsberechtigte Kind einen Vorteil: Im Gegensatz zu anderen Gläubigern, die zum Beispiel offene Rechnungen von dem Unterhaltsschuldner eintreiben wollen, hat es mehr Rechte. Das liegt daran, dass der Unterhaltsgläubiger nach § 850d der Zivilprozessordnung (ZPO) in den sogenannten Vorrechtsbereich vollstrecken kann. Das bedeutet, dass er auf einen größeren Teil des Einkommens zugreifen kann als andere Gläubiger.

Ob der Unterhaltspflichtige tatsächlich ein Verbraucherinsolvenzverfahren beantragen muss, hängt immer vom Einzelfall ab. Es wird abgewogen, welche Interessen im Vordergrund stehen. Unzumutbar wäre die Einleitung eines Insolvenzverfahrens für den Unterhaltsschuldner zum Beispiel, wenn sein Arbeitsplatz durch das Verfahren gefährdet wäre. Wichtig ist auch, dass das Insolvenzverfahren die Zahlungsfähigkeit spürbar verbessern muss. Wenn der Unterhaltspflichtige seine Schulden so umschulden könnte, dass er im Ergebnis genauso leistungsfähig ist, als hätte er das Insolvenzverfahren durchgeführt, entfällt die Pflicht, das Verfahren einzuleiten.

Früher war es so, dass bei einer Restschuldbefreiung laut § 302 Nr. 1 der Insolvenzordnung (InsO) nur Schulden aus vorsätzlich begangenen unerlaubten Handlungen des Schuldners ausgenommen waren. Dies führte dazu, dass die bis zur Eröffnung des Insolvenzverfahrens fällig gewordenen Unterhaltsansprüche regelmäßig der Restschuldbefreiung unterfielen.

Mit der Neuregelung des § 302 Nr. 1 InsO hat sich das geändert: Nun sind auch Schulden aus gesetzlichem Unterhalt, die der Schuldner in der Vergangenheit vorsätzlich und pflichtwidrig nicht gezahlt hat, von der Restschuldbefreiung ausgeschlossen. Das bedeutet, dem Unterhaltsschuldner muss nicht mehr nachgewiesen werden, dass er eine Straftat durch die Verletzung seiner Unterhaltspflicht begangen hat, damit diese Schulden von der Restschuldbefreiung ausgenommen werden.

Wann die gesteigerte Unterhaltspflicht entfällt

Wie Sie bereits wissen, bedeutet eine gesteigerte Unterhaltspflicht unter anderem, dass dem barunterhaltspflichtigen Elternteil nur der notwendige Selbstbehalt zusteht. Im Gesetz, genauer gesagt in § 1603 Absatz 2 Satz 3 BGB, steht, dass diese gesteigerte Unterhaltspflicht aber dann entfällt, wenn ein anderer leistungsfähiger Verwandter vorhanden ist. Dies heißt Folgendes:

Die sogenannte *Ersatzhaftung* nach § 1603 Absatz 2 Satz 3 BGB bedeutet, dass unter bestimmten Umständen auch andere Verwandte finanziell für den Unterhalt eines Kindes einspringen müssen, falls der eigentliche barunterhaltspflichtige Elternteil zu Unterhaltszahlungen nicht ohne Beeinträchtigung seines angemessenen Selbstbehalts in der Lage wäre.

Der notwendige Selbstbehalt beträgt aktuell 1.200 Euro, wenn der Unterhaltspflichtige nicht erwerbstätig ist, und 1.450 Euro, wenn er erwerbstätig ist.

Der angemessene Selbstbehalt beläuft sich derzeit auf 1.750 Euro.

Auch der Elternteil, der das Kind betreut, kann als anderer unterhaltspflichtiger Verwandter in Betracht kommen. Das ist dann möglich, wenn der betreuende Elternteil neben der Kinderbetreuung auch den Barunterhalt leisten könnte – und zwar ohne dass dadurch sein eigener angemessener Selbstbehalt gefährdet wird.

Liegt der Fall also so, dass dem barunterhaltspflichtigen Elternteil bei Zahlung des Kindesunterhalts weniger verbleiben würde als der angemessene Selbstbehalt, während der betreuende Elternteil – weil diesem deutlich mehr Einkommen zur Verfügung steht – bei Zahlung des Kindesunterhalts der angemessene Selbstbehalt verbleiben würde, entfällt die gesteigerte Unterhaltspflicht. Dies bedeutet, dass der barunterhaltspflichtige Elternteil hier nicht auf seinen notwendigen Selbstbehalt beschränkt ist. Die allgemeine Unterhaltspflicht bleibt jedoch weiterhin bestehen und bezieht sich auf das Einkommen, das den angemessenen Selbstbehalt übersteigt.

Der fünfjährige Julian wohnt bei seinem Vater Tom, der ein Nettoeinkommen von 3.000 Euro hat. Julians Mutter Nele erzielt bei einer Vollzeittätigkeit ein Nettoeinkommen von 1.820 Euro.

Nele bleibt nach Abzug des angemessenen Selbstbehalts nur ein Betrag von 70 Euro, den sie für den Unterhalt aufbringen kann (1.820

Euro minus 1.750 Euro). Der Mindestunterhalt für Julian beträgt jedoch 354,50 Euro (erste Altersstufe). Damit verbleibt ein Fehlbetrag von 284,50 Euro, der durch den betreuenden Elternteil Tom übernommen werden muss. Tom hat ein Einkommen von 3.000 Euro, und selbst nach Abzug der 284,50 Euro bleiben ihm 2.715,50 Euro. Somit bleibt auch sein angemessener Selbstbehalt erhalten.

Umgekehrt gilt: Kann der barunterhaltspflichtige Elternteil den gesamten Kindesunterhalt leisten und dabei seinen eigenen angemessenen Selbstbehalt wahren, wird eine Haftung des betreuenden Elternteils für den Barunterhalt nur in sehr wenigen Ausnahmefällen in Betracht kommen. Ein solcher Ausnahmefall kann vorliegen, wenn der betreuende Elternteil mehr als das Dreifache des Nettoeinkommens des barunterhaltspflichtigen Elternteils verdient.

Verdient der betreuende Elternteil mehr als das Dreifache des eigentlich barunterhaltspflichtigen Elternteils, kann dies dazu führen, dass der betreuende Elternteil auch den Barunterhalt übernehmen muss.

IN DIESEM KAPITEL

Das Wechselmodell und wie es die Unterhaltspflichten beeinflusst

Regelungen für den Barunterhalt, wenn beide Elternteile die Betreuung teilen

Wie Einkünfte und Ausgaben zwischen den Eltern aufgeteilt werden

Geplante Reformen

Kapitel 10 Bäumchen wechsle dich – das Wechselmodell

»Der Weg ist das Ziel.« Dieses Sprichwort erinnert daran, dass der Prozess oft genauso wichtig ist wie das Ergebnis. Im Kontext des Wechselmodells ist dieser Gedanke besonders relevant. Wenn Eltern sich entscheiden, ihre Kinder im Wechselmodell zu betreuen, begeben sie sich auf eine gemeinsame Reise, bei der es darum geht, die Bedürfnisse ihrer Kinder in den Mittelpunkt zu stellen und gleichzeitig die Herausforderungen der Kinderbetreuung in gleichem Maße zu meistern. In diesem Kapitel erfahren Sie, was das Wechselmodell genau ist und wie sich das Wechselmodell auf die Berechnung des Kindesunterhalts auswirkt.

Wann man vom Wechselmodell spricht

Das Wechselmodell ist eine Betreuungsform nach der Trennung oder Scheidung von Eltern, bei der das Kind abwechselnd bei beiden Elternteilen lebt. Anstatt dass ein Elternteil die Hauptverantwortung übernimmt und der andere nur Besuchszeiten hat, teilen sich beide Eltern die Betreuungszeiten und die Verantwortung für das Kind gleichmäßig.

Im Wechselmodell wechselt das Kind regelmäßig zwischen den Haushalten der Eltern. Dabei kann der Wechsel zum Beispiel wöchentlich, alle zwei Wochen oder auch tageweise erfolgen. Es gibt viele Möglichkeiten, das zu gestalten, aber der Grundgedanke bleibt derselbe: beide Eltern verbringen gleich viel Zeit mit dem Kind.

Bei einem Wechselmodell muss das Betreuungsverhältnis strikt bei 50:50 liegen. Selbst wenn einer der Eltern das Kind etwas mehr betreut, etwa im Verhältnis 45:55, wird das noch nicht als echtes Wechselmodell angesehen.

Damit ein echtes Wechselmodell vorliegt, müssen beide Eltern gleich viel Verantwortung übernehmen, und das betrifft nicht nur die Betreuungszeit. Beide Eltern müssen sich zudem gleichwertig in alle relevanten Lebensbereiche des Kindes einbringen. Dazu gehört zum Beispiel, dass beide Eltern sich für schulische Fragen interessieren, wie die Hausaufgaben oder Gespräche mit Lehrern. Auch im Bereich der Gesundheit müssen sie gemeinsam handeln, indem sie Arztbesuche organisieren oder bei Krankheiten Verantwortung übernehmen.

Das Wechselmodell kann in der Praxis gut funktionieren, wenn

- ✔ die Eltern gut miteinander über die Kindesbelange sprechen können,
- ✔ die Eltern nicht weit voneinander entfernt wohnen,
- ✔ das Kind sich mit zwei Lebensmittelpunkten wohlfühlt.

Die Berechnung des Kindesunterhalts beim klassischen Wechselmodell

Die Berechnung des Kindesunterhalts beim Wechselmodell kann ganz schön kompliziert sein und hängt von vielen Faktoren ab. Aber keine Sorge, wir führen Sie anhand eines konkreten Beispiels sicher durch die Rechnung.

Die Ausgangslage

Tom und Jenny haben sich getrennt, aber sie möchten ihr neunjähriges Kind Karl gemeinsam betreuen. Anstatt weit voneinander wegzuziehen, entscheiden sich beide für Wohnungen in der Nähe der Grundschule von Karl. Jetzt wechselt Karl regelmäßig zwischen den Haushalten: Eine Woche nach der Schule geht's zu Tom, die Woche danach zu Jenny. Beide Eltern haben ihre Arbeit so geregelt, dass sie in ihrer jeweiligen »Kinderwoche« nach der Schule Zeit für Karl haben.

Das heißt, sie übernehmen Hausaufgaben, Arzttermine, Fahrten zum Sport, zur Musikschule und zu Freunden – und natürlich auch den Alltag mit Kochen, Aufräumen und Einkaufen.

Nun kommt bei Tom und Jenny die Frage auf: Was heißt dieses Wechselmodell eigentlich für den Kindesunterhalt? Die beiden haben bereits recherchiert und festgestellt, dass die Düsseldorfer Tabelle nicht zum Wechselmodell passt, da diese davon ausgeht, dass das Kind hauptsächlich bei einem betreuenden Elternteil wohnt und den anderen Elternteil nur ab und zu im Rahmen des Umgangsrechts besucht. Aber beim Wechselmodell lebt das Kind ja in etwa gleich viel bei beiden Elternteilen, und das stellt natürlich ganz andere Anforderungen an die Unterhaltsregelung.

Die konkrete Berechnung

Im Wechselmodell sind beide Elternteile verpflichtet, für den Barunterhalt des Kindes anteilig aufzukommen. Es ist also im obigen Beispielsfall nicht so, dass nur Tom oder nur Jenny den Barunterhalt zahlen müsste, wie dies beim Residenzmodell der Fall wäre, also wenn Karl seinen Lebensmittelpunkt ausschließlich bei einem Elternteil hätte.

Der Unterhaltsbedarf von Karl wird daher auf der Grundlage des zusammengerechneten Einkommens von Tom und Jenny ermittelt und dann anhand der Düsseldorfer Tabelle berechnet. Im Gegensatz zum Residenzmodell kommen hier jedoch noch zusätzliche Kosten hinzu, wie die Wohnkosten für ein Kinderzimmer bei beiden Eltern und höhere Fahrtkosten, die etwa durch das Hin- und Herwechseln des Kindes zwischen den Haushalten entstehen. Diese Zusatzkosten führen dazu, dass der Unterhaltsbedarf beim Wechselmodell in der Regel höher ist als im traditionellen Residenzmodell.

Weil beide Eltern beim Wechselmodell grundsätzlich zur vollzeitigen Erwerbstätigkeit verpflichtet sind, kann der Unterhaltsbedarf des Kindes auch auf der Grundlage eines fiktiven Einkommens berechnet werden.

Einwände wie etwa »Ich kann nicht voll arbeiten, weil ich das Kind betreuen muss« oder »Ich kann doch nicht jede zweite Woche anders arbeiten« haben wenig Aussicht auf Erfolg, wenn es darum geht, eine vollschichtige Erwerbstätigkeit abzuwehren. Die Gerichte gehen beim Wechselmodell davon aus, dass beide Elternteile nicht nur zur gemeinsamen Betreuung, sondern auch zur gleichmäßigen finanziellen Versorgung des Kindes beitragen. Daher wird erwartet, dass beide

Eltern ihre Arbeitszeiten entsprechend anpassen und vollschichtig arbeiten, um den Unterhalt sicherzustellen.

Die Anteile, mit denen sich Tom und Jenny jeweils am Unterhaltsbedarf von Karl zu beteiligen haben, werden nach dem Verhältnis ihrer Einkünfte berechnet, wobei die Haftungsanteile nach Abzug des angemessenen Selbstbehalts gebildet werden.

Die Haftungsanteile beider Elternteile für den Unterhalt des Kindes werden miteinander verrechnet. Am Ende bleibt der sogenannte »Spitzenbetrag«, der nach dieser Verrechnung noch übrig ist, und dieser ist – in aller Regel vom besser verdienenden Elternteil – an den anderen Elternteil zu zahlen.

Die Kindergeldanrechnung beim Wechselmodell

Nun geht es noch um die Aufteilung des Kindergeldes. Beim Wechselmodell erhält nämlich nicht jeder Elternteil automatisch die Hälfte vom Kindergeld. Stattdessen richtet sich die Verteilung nach den Beiträgen, die jeder Elternteil zum Kindesunterhalt leistet.

Beim Wechselmodell wird das Kindergeld so aufgeteilt, dass eine Hälfte den Betreuungsaufwand und die andere Hälfte den Barunterhalt abdeckt.

Hier die einfache Regel: Die eine Hälfte des Kindergeldes (also aktuell 127,50 Euro) ist der Beitrag zur Betreuung des Kindes. Da sich die Eltern die Betreuung gleichmäßig teilen, erhält jeder von ihnen 63,75 Euro davon.

Die andere Hälfte des Kindergeldes, also noch einmal 127,50 Euro, dient dazu, die Eltern finanziell zu entlasten. Da die finanzielle Belastung bei den Eltern unterschiedlich hoch sein kann – außer sie verdienen exakt gleich viel –, wird diese Hälfte nicht einfach 50:50 aufgeteilt. Der Elternteil, der mehr zum Unterhalt beiträgt, erhält einen größeren Anteil dieser zweiten Kindergeld-Hälfte. Diese wird im gleichen Verhältnis aufgeteilt, wie sich der gesamte Unterhaltsbedarf des Kindes auf die Eltern verteilt.

Die einzelnen Berechnungsschritte

Da die Unterhaltsberechnung im Rahmen des Wechselmodells zugegebenermaßen etwas schwierig ist, können Sie zum besseren Verständnis hier nochmals Schritt für Schritt die detaillierte Berechnung nachvollziehen:

Gehen Sie dabei entsprechend dem eingangs gewählten Beispielsfalls davon aus, dass Tom und Jenny für ihren neunjährigen Sohn Karl ein Wechselmodell praktizieren. Für Tom entstehen durch das Wechselmodell erhöhte Wohnkosten von

60 Euro monatlich, für Jenny solche in Höhe von 40 Euro. Zudem fallen für die Nachmittagsbetreuung von Karl monatlich Kosten in Höhe von 200 Euro an. Diese zahlt Jenny, die auch das Kindergeld bezieht. Das monatliche Nettoeinkommen von Tom beträgt 3.800 Euro während Jenny ein Nettoeinkommen von 2.400 Euro hat.

Schritt 1: Berechnung des Bedarfs von Karl

Der Regelbedarf für Karl berechnet sich nach den zusammengerechneten Einkünften von Tom und Jenny.

Einkommen Tom:	3.800 Euro
Einkommen Jenny:	2.400 Euro
Gesamteinkommen:	6.200 Euro

Dies entspricht einem Einkommen der elften Einkommensgruppe der Düsseldorfer Tabelle. Aus dieser Einkommensgruppe und der zweiten Altersstufe der Düsseldorfer Tabelle ergibt sich ein Bedarf in Höhe von 931 Euro.

Zusätzlich zum Regelbedarf kommen die folgenden Mehrbedarfe (Zusatzkosten des Wechselmodells) hinzu:

Wohnkosten Tom:	60 Euro
Wohnkosten Jenny:	40 Euro
Nachmittagsbetreuungskosten:	200 Euro

Dem Regelbedarf nach der Düsseldorfer Tabelle von 931 Euro ist also ein Mehrbedarf in Höhe von insgesamt 300 Euro hinzuzurechnen, sodass sich insgesamt ein Bedarf für Karl von 1.231 Euro ergibt.

Schritt 2: Ermittlung der Haftungsquoten der Eltern

Nun berechnen Sie die Haftungsquoten der Eltern. Dazu ziehen Sie zunächst vom jeweiligen Nettoeinkommen den angemessenen Selbstbehalt von 1.750 Euro ab.

Tom:	3.800 Euro – 1.750 Euro = 2.050 Euro
Jenny:	2.400 Euro – 1.750 Euro = 650 Euro

Jetzt setzen Sie die einsetzbaren Einkommen, die nach Abzug des angemessenen Selbstbehalts verbleiben, ins Verhältnis und ermitteln so die jeweilige prozentuale Haftungsquote:

Gesamtbetrag der einsetzbaren Einkommen:	2.700 Euro
Anteil Tom:	2.050 Euro : 2.700 Euro = 0,7593
Anteil Jenny:	650 Euro : 2.700 Euro = 0,2407

Toms Anteil beläuft sich auf 75,93 Prozent.

Jennys Anteil beträgt 24,07 Prozent.

Schritt 4: Aufteilung des Bedarfs nach Haftungsquoten

Nun berechnen Sie, wie viel jeder Elternteil konkret vom Bedarf zu übernehmen hat.

Gesamtbedarf von Karl:	1.231 Euro
Anteil Tom: (1.231 Euro x 75,93 %)	934,70 Euro
Anteil Jenny (1.231 Euro x 24,07 %)	296,30 Euro

Schritt 5: Anrechnung erbrachter Leistungen

Im folgenden Schritt ziehen Sie die jeweils erbrachten Mehrbedarfsleistungen von den jeweiligen Anteilen ab.

Unterhaltsanteil Tom:	934,70 Euro
abzgl. erhöhte Wohnkosten:	– 60,00 Euro
verbleiben für Tom anzurechnen:	874,70 Euro

Unterhaltsanteil Jenny:	296,30 Euro
abzgl. erhöhte Wohnkosten:	– 40,00 Euro
abzgl. Nachmittagsbetreuung:	– 200,00 Euro
verbleiben für Jenny anzurechnen:	56,30 Euro

Die Differenz der verbleibenden anzurechnenden Beträge beläuft sich auf 818,40 Euro.

Der Ausgleichsanspruch beträgt die halbe Differenz, also 409,20 Euro.

Als Zwischenergebnis muss Tom also an Jenny 409,20 Euro ausgleichen.

Schritt 6: Verrechnung des Kindergeldes

Im letzten Schritt wird das Kindergeld verrechnet, welches Jenny bezieht.

Kindergeld insgesamt:	255 Euro

Betreuungsanteil Jenny am Kindergeld (127,50 Euro x 1/2):	63,75 Euro
Kostenanteil Jenny am Kindergeld (127,50 Euro x 24,07 %):	30,69 Euro
Gesamtanteil Kindergeld Jenny:	94,44 Euro

Betreuungsanteil Tom am Kindergeld (127,50 Euro x 1/2):	63,75 Euro
Kostenanteil Tom am Kindergeld (127,50 Euro x 75,93 %):	96,81 Euro
Gesamtanteil Kindergeld Tom:	160,56 Euro

Jenny bezieht das Kindergeld.

Jennys Ausgleichsanspruch:	409,20 Euro
Kindergeldanteil an Tom abzuführen:	– 160,56 Euro
verbleiben:	248,64 Euro

Ergebnis: Tom muss an Jenny 248,64 Euro zahlen.

Das neue asymmetrische Wechselmodell

Seit Jahren sind sich die Familienrechtsexpertinnen und -experten einig: Die aktuellen Regelungen passen einfach nicht mehr zu der Lebenssituation vieler Trennungsfamilien. Statt klarer, hilfreicher Vorgaben bleibt das Gesetz oft schwammig, was zu Frust und Konflikten führt. Doch das soll sich bald ändern! Eine konkrete Reform ist in Sicht – und sie bringt frische Ideen ins Unterhaltsrecht. Das alles läuft unter dem Stichwort *asymmetrisches Wechselmodell.*

Im Fokus stehen hier vor allem Familien, in denen beide Eltern auch nach einer Trennung gemeinsam Verantwortung für die Kinder übernehmen möchten. Das Problem? Das derzeitige Unterhaltsrecht spiegelt das kaum wider, weil es immer noch von einem veralteten »Einer betreut, einer zahlt«-Modell ausgeht. Wenn die Betreuung anders geregelt ist, müssen sich Familien und Gerichte oft allein durch den Dschungel der möglichen Lösungen kämpfen. Die Folge? Für den Elternteil, bei dem das Kind nicht seinen Lebensmittelpunkt hat, macht es bei den Unterhaltszahlungen oft keinen Unterschied, ob er nur jedes zweite Wochenende mit dem Kind verbringt oder mehrmals die Woche Betreuung übernimmt.

Die geplante Reform des Kindesunterhaltsrechts soll das ändern und sicherstellen, dass die Betreuungsleistung von Eltern beim Kindesunterhalt fair berücksichtigt wird – zumindest dann, wenn diese Betreuungsleistung wirklich ins Gewicht fällt.

Was konkret geplant ist

Die Reformvorschläge zum Kindesunterhalt sollen dabei helfen, fairere Lösungen zu finden, wenn beide Eltern an der Betreuung beteiligt sind, sich aber nicht exakt zur Hälfte kümmern. Die Idee ist, dass die Unterhaltslasten besser verteilt werden und klar geregelt ist, wann und um wie viel die Betreuungsleistung des »mitbetreuenden« Elternteils den Unterhalt senken kann.

Von einem »asymmetrischen Wechselmodell« wird dabei ausgegangen, sobald der mitbetreuende Elternteil zwischen 30 Prozent und 49 Prozent der Betreuung übernimmt. Eine solche Betreuungsleistung soll sich künftig deutlich auf den Unterhaltsbeitrag auswirken. So soll die finanzielle Last fairer verteilt und die Betreuungsleistung des mitbetreuenden Elternteils besser anerkannt werden. Die Ermittlung des Betreuungsanteils erfolgt dabei in der Regel durch Zählung der Übernachtungen.

Wie die Betreuungsanteile berechnet werden

Die Berechnung der Betreuungsquoten beim asymmetrischen Wechselmodell basiert auf folgenden Grundsätzen:

- ✔ Gezählt werden die Übernachtungen des Kindes bei jedem Elternteil.
- ✔ Die Schulferien (14 Wochen pro Jahr) werden gleichmäßig zwischen den Eltern aufgeteilt. Das bedeutet, dass jeder Elternteil das Kind während sieben Ferienwochen betreut, was 49 Nächten entspricht (7 Wochen × 7 Nächte).

In Tabelle 10.1 wird dargestellt, wie die Betreuungszeit prozentual berechnet wird.

Aufteilung der Betreuung zwischen den Ferien	Anzahl der Nächte zusätzlich zu den Ferien	Prozentualer Betreuungsanteil
jedes zweite Wochenende von Freitag bis Sonntag	19 Wochenenden à 2 Nächte = 38 Nächte	49 + 38 = 87 / 365 = 0,238 oder ≈ 24%
jedes zweite Wochenende von Freitag bis Montag oder Freitag bis Sonntag plus eine Nacht in der dazwischenliegenden Woche	19 Wochenenden à 3 Nächte oder 19 Wochenenden à 2 Nächte + 19 Wochen à 1 Nacht = 57 Nächte	49 + 57 = 106 / 365 = 0,29 oder 29%

Aufteilung der Betreuung zwischen den Ferien	Anzahl der Nächte zusätzlich zu den Ferien	Prozentualer Betreuungsanteil
jedes zweite Wochenende von Freitag bis Sonntag und zwei Nächte in der dazwischenliegenden Woche	19 Wochenenden à 2 Nächte +19 Wochen à 2 Nächte = 76 Nächte	$49+76=125/365$ $=0,342$ oder $\approx 34\%$
jede zweite Woche Freitag bis Mittwoch plus die letzten zwei Schultage vor den Sommerferien	19 Wochen à 5 Nächte = 97 Nächte	$49+97=146/365$ $=0,4$ oder 40%
jede zweite Woche Freitag bis Donnerstag	19 Wochen à 6 Nächte = 114 Nächte	$49+114=163/365$ $=0,446$ oder $\approx 45\%$

Tabelle 10.1: Berechnung der Betreuungszeiten im asymmetrischen Wechselmodell

Die einzelnen Berechnungsschritte

Das neue Rechenmodell zur Ermittlung des Kindesunterhalts im asymmetrischen Wechselmodell sieht folgende Schritte vor:

✔ **Schritt 1: Bedarf des Kindes bestimmen**

Der Gesamtbedarf des Kindes wird anhand der Einkünfte beider Eltern und der Düsseldorfer Tabelle berechnet.

✔ **Schritt 2: Pauschaler Abzug für Mitbetreuung**

Ein Abschlag von 15 Prozent des Kindesbedarfs wird vorgenommen, um die wesentliche Mitbetreuung zu berücksichtigen. Damit wird anerkannt, dass Kosten für Nahrung, Verkehr und Freizeit teilweise auch vom mitbetreuenden Elternteil übernommen werden, was wiederum den hauptbetreuenden Elternteil entlastet.

✔ **Schritt 3: Ermittlung der Haftungsanteile**

Hier wird der Haftungsanteil jedes Elternteils anhand der individuellen Leistungsfähigkeit bestimmt. Dabei bleibt jedem Elternteil der angemessene Selbstbehalt von 1.750 Euro erhalten und der Haftungsanteil wird entsprechend der üblichen Methode berechnet.

✔ **Schritt 4: Anpassung der Haftungsanteile für Betreuungskosten**

Der Haftungsanteil wird mit einem Betreuungsanteil kombiniert. Ein Drittel des Betreuungsanteils (33 Prozent) wird hier pauschal angerechnet, um die höheren Kosten des mitbetreuenden Elternteils einzubeziehen.

✔ **Schritt 5: Berechnung des geschuldeten Betrags**

Der durch die Schritte modifizierte Haftungsanteil wird mit dem ebenfalls angepassten Kindesbedarf multipliziert. Dies ergibt den tatsächlichen Unterhaltsbetrag, der zu zahlen ist.

✔ **Schritt 6: Kindergeld abziehen**

Abschließend wird die Hälfte des Kindergeldes vom Haftungsanteil abgezogen, falls es dem hauptbetreuenden Elternteil ausgezahlt wird, und zwischen den Eltern aufgeteilt.

Tom betreut seinen neunjährigen Sohn Karl zu 33 Prozent. Er erzielt ein Einkommen von 3.800 Euro netto, die Mutter Jenny ein Einkommen von 2.400 Euro netto. Das Kindergeld bezieht Jenny.

Schritt 1: Bedarf des Kindes bestimmen

Einkommen Tom + Einkommen Jenny:
3.800 Euro + 2.400 Euro = 6.200 Euro

Daraus ergibt sich nach Düsseldorfer Tabelle ein Bedarf von Karl von 931 Euro.

Schritt 2: Pauschaler Abzug für Mitbetreuung

Vom Bedarf werden pauschal 15 Prozent abgezogen.

931 Euro – (15% von 931 Euro; das sind) 139,65 Euro = 791,35 Euro

Schritt 3: Ermittlung der Haftungsanteile

Berechnung Haftungsanteile

Tom: 3.800 Euro – 1.750 Euro = 2.050 Euro

Jenny: 2.400 Euro – 1.750 Euro = 650 Euro

Jetzt setzen Sie die einsetzbaren Einkommen, die nach Abzug des angemessenen Selbstbehalts verbleiben, ins Verhältnis und ermitteln so die jeweilige prozentuale Haftungsquote:

Gesamtbetrag der einsetzbaren Einkommen: 2.700 Euro

Anteil Tom: 2.050 Euro : 2.700 Euro = 0,7593

Anteil Jenny: 650 Euro : 2.700 Euro = 0,2407

Schritt 4: Anpassung der Haftungsanteile für Betreuungskosten

Haftungsanteil Tom nach Schritt 3 (hier rund 0,76) + Betreuungsanteil, das Ergebnis geteilt durch 2.

$$\left(0{,}76+0{,}67=1{,}43\right)/\,2=0{,}715$$

Schritt 5: Berechnung des geschuldeten Betrags

Ergebnis aus Schritt 4 multipliziert mit Ergebnis aus Schritt 2.

$$0{,}715\times 791{,}35\,\text{Euro}=565{,}82\,\text{Euro}$$

Schritt 6: Kindergeld abziehen

Von dem in Schritt 5 ermittelten Betrag wird nunmehr das halbe Kindergeld abgezogen.

Das Ergebnis ist der Betrag, den der andere Elternteil – also Jenny – erhält:

$$565{,}82\,\text{Euro}-127{,}50\,\text{Euro}=438{,}32\,\text{Euro}$$

Zum Vergleich:

Würden Jenny und Tom das klassische Wechselmodell praktizieren, läge der von Tom an Jenny zu zahlende Kindesunterhalt bei 248,64 Euro, wie Sie dem obigen Beispielsfall zum Wechselmodell entnehmen können.

Nach der aktuellen Gesetzeslage müsste Tom an Jenny einen Kindesunterhalt in Höhe von 582,50 Euro zahlen (ohne Abgruppierung in eine Einkommensstufe), weil gemäß der aktuellen Gesetzeslage alles, was kein 50:50-Wechselmodell ist, als Residenzmodell gewertet beziehungsweise entsprechend berechnet wird.

Auch wenn die geplanten Gesetzesänderungen zum asymmetrischen Wechselmodell schon sehr konkret sind, wurde ein konkretes Einführungsdatum bislang nicht festgelegt. Ob und wann diese Änderungen in Kraft treten, hängt vom weiteren Gesetzgebungsverfahren ab.

Für bestehende Fälle, die aktuell nach dem Residenzmodell berechnet werden, obwohl faktisch ein asymmetrisches Wechselmodell vorliegt, könnte die Neuregelung eine Anpassung der Unterhaltsberechnung bedeuten. Es ist daher ratsam, die weitere Entwicklung aufmerksam zu verfolgen und sich bei Inkrafttreten der Gesetzesänderung rechtlich beraten zu lassen, um mögliche Auswirkungen auf individuelle Unterhaltsverpflichtungen zu klären.

Teil IV

Endlich 18 – und jetzt? Ansprüche des volljährigen Kindes

IN DIESEM TEIL …

In diesem Teil dreht sich alles um die Rechte und Pflichten, die mit der Volljährigkeit eines Kindes einhergehen. Sie erfahren, welche rechtlichen Änderungen ab dem 18. Geburtstag relevant sind und wie sich diese auf den Unterhalt und die Verantwortlichkeiten der Eltern auswirken. Zusätzlich beleuchten wir die Unterschiede zwischen privilegierten und nicht privilegierten volljährigen Kindern, geben praktische Hinweise zur Berechnung des Unterhalts bei volljährigen Kindern und erläutern, welche Rolle das Einkommen und Vermögen des Kindes spielt. So sind Sie bestens vorbereitet, um die Herausforderungen rund um den Unterhalt für volljährige Kinder zu meistern.

IN DIESEM KAPITEL

Welche rechtlichen Änderungen mit der Volljährigkeit eintreten

Unterschiede zwischen privilegierten und nicht privilegierten volljährigen Kindern

Die Berechnung der Unterhaltsansprüche nach der Volljährigkeit

Kapitel 11
Was sich ab 18 ändert

Mit Erreichen der Volljährigkeit ändern sich die rechtlichen Rahmenbedingungen für den Kindesunterhalt. Der Übergang ins Erwachsenenalter bringt nicht nur eine veränderte Lebenssituation mit sich, sondern hat auch spürbare Auswirkungen auf die unterhaltsrechtlichen Ansprüche und Pflichten des Kindes. Alles Wichtige dazu erfahren Sie im Folgenden.

Privilegierte und nicht privilegierte Volljährige

Beim Kindesunterhalt werden nicht alle volljährigen Kinder gleichbehandelt. Es wird zwischen privilegierten und nicht privilegierten volljährigen Kindern unterschieden. Die Unterscheidung ist wichtig, da nach § 1603 Absatz 2 Satz 2 BGB privilegierte volljährige Kinder weiterhin unterhaltsrechtlich wie minderjährige Kinder behandelt werden.

Der Begriff »privilegierte volljährige Kinder« ist Ihnen bereits in Kapitel 1 im Abschnitt »Vorrang Kindesunterhalt« begegnet.

Man spricht von »privilegierten volljährigen Kindern«, wenn folgende Bedingungen erfüllt sind:

- ✔ Das Kind ist unverheiratet,
- ✔ es hat das 21. Lebensjahr noch nicht vollendet,

- ✔ es lebt im Haushalt der Eltern oder eines Elternteils,
- ✔ es befindet sich in einer allgemeinen Schulausbildung.

Nicht privilegierte volljährige Kinder sind im Umkehrschluss alle anderen volljährigen Kinder, zum Beispiel solche, die verheiratet sind, älter als 21 Jahre sind, sich nicht mehr in der allgemeinen Schulausbildung befinden oder nicht mehr bei den Eltern wohnen.

Ein häufiger Streitpunkt in der Praxis ist die Frage, was genau unter einer »allgemeinen Schulausbildung« zu verstehen ist.

Der Bundesgerichtshof hat für die allgemeine Schulausbildung folgende Kriterien aufgestellt:

1. **Ziel der Ausbildung:** Die Ausbildung muss darauf abzielen, einen allgemeinen Schulabschluss zu erreichen, der Voraussetzung für eine Berufsausbildung oder ein Studium ist. Dazu zählen der Hauptschulabschluss, die Mittlere Reife, die Fachhochschulreife und das Abitur. Schulen, die neben allgemeinen Inhalten schon gezielt auf ein bestimmtes Berufsbild vorbereiten, fallen nicht unter diesen Begriff.
2. **Zeitlicher Aufwand:** Die Schulausbildung muss die Zeit und Energie des Kindes so beanspruchen, dass eine Erwerbstätigkeit, um den Lebensunterhalt selbst zu sichern, daneben nicht möglich ist. Die Schule muss also im Mittelpunkt stehen.
3. **Organisation der Schule:** Die Schule muss einen geregelten und kontrollierten Unterricht anbieten. Eine Teilnahme, die allein vom Willen des Schülers abhängt, reicht nicht aus. Die Organisation muss sicherstellen, dass die Ausbildung regelmäßig und verlässlich erfolgt, so wie es bei einem klassischen Schulbesuch üblich ist.

Anspruch gegen beide Elternteile

Sobald ein Kind volljährig wird, endet die elterliche Sorge im rechtlichen Sinne. Dazu gehört auch die Pflicht, das Kind im Rahmen der Personensorge zu pflegen und zu erziehen (§§ 1626, 1631 BGB). Mit diesem Stichtag entfällt die gesetzliche Grundlage dafür, dass die Betreuung durch einen Elternteil und der Barunterhalt des anderen Elternteils unterhaltsrechtlich gleichwertig behandelt werden. Das gilt auch dann, wenn das volljährige Kind noch Schüler ist, weiterhin im Haushalt eines Elternteils lebt und dort gelegentlich Betreuungsleistungen erhält. Der Gesetzgeber sieht hierfür keinen besonderen Schutz vor, da die Volljährigkeit das Ende der elterlichen Verantwortung in diesem Bereich markiert.

Von diesem Zeitpunkt an gibt es keinen rechtlichen Grund mehr, nur den bisher barunterhaltspflichtigen Elternteil allein für den gesamten Barunterhalt des volljährigen Kindes heranzuziehen. Vielmehr müssen nun beide Elternteile ihren Teil am Barunterhalt leisten, wenn auch der bisher betreuende Elternteil über ein ausreichendes Einkommen verfügt. Für den Unterhalt des volljährigen Kindes haften beide Elternteile anteilig. Das bedeutet: Jeder Elternteil trägt den Unterhalt in dem Verhältnis, das seinen bereinigten Einkünften entspricht.

Gesteigerte Unterhaltsverpflichtung oder nicht?

Mit Eintritt der Volljährigkeit des Kindes entfällt grundsätzlich die gesteigerte Unterhaltspflicht der Eltern, soweit es sich nicht um privilegierte Volljährige handelt.

Gesteigerte Unterhaltspflicht bedeutet, dass Eltern alle verfügbaren Mittel ausschöpfen müssen, die ihnen zur Verfügung stehen, um den Kindesunterhalt – insbesondere in Höhe des Mindestunterhalts – sicherzustellen. Was genau die gesteigerte Unterhaltspflicht bedeutet, können Sie in Kapitel 9 nachlesen.

Dies gilt jedoch nicht für privilegierte volljährige Kinder. Bei diesen gilt weiterhin – wie bei minderjährigen Kindern – eine gesteigerte Unterhaltspflicht der Eltern.

Bedarf des volljährigen Kindes

Der Unterhaltsbedarf eines volljährigen Kindes hängt davon ab, ob es noch bei einem Elternteil lebt oder bereits einen eigenen Haushalt führt.

Lebt das Kind im Haushalt eines Elternteils, wird das unterhaltsrelevante Einkommen beider Elternteile zusammengerechnet. Auf dieser Grundlage wird der Unterhaltsbedarf des Kindes mithilfe der Düsseldorfer Tabelle ermittelt.

Lisa ist 19 Jahre alt und macht gerade eine schulische Ausbildung. Ihre Eltern sind geschieden, Lisa wohnt noch zu Hause bei ihrer Mutter. Ihr Vater hat ein bereinigtes Monatseinkommen von 2.800 Euro und ihre Mutter eines von 2.200 Euro, zusammen also 5.000 Euro. Der Unterhaltsbedarf von Lisa beläuft sich entsprechend der neunten Einkommensgruppe und vierten Altersstufe der Düsseldorfer Tabelle auf 1.054 Euro im Monat.

Hat das Kind einen eigenen Hausstand, etwa weil es studiert und in einer eigenen Wohnung lebt, gilt in der Regel ein pauschaler Unterhaltsbedarf. Dieser pauschale Unterhaltsbedarf beläuft sich aktuell auf 990 Euro monatlich. Darin sind 440 Euro für Wohnkosten (inklusive Nebenkosten und Heizung) enthalten. Dieser Bedarf ist unabhängig vom Einkommen der Eltern und wird auch dann angewandt, wenn das Kind außerhalb eines Studiums einen eigenen Haushalt führt.

Allerdings kann dieser pauschale Bedarfsbetrag bei bestimmten Umständen nach oben angepasst werden.

- ✔ **Erhöhter Bedarf aufgrund der Wohnsituation:** Wenn das Kind an seinem Studienort höhere Mietkosten hat und mit den vorgesehenen 440 Euro für Warmmiete nicht auskommt, kann ein höherer Unterhaltsbedarf geltend gemacht werden. Dies berücksichtigt die realen Lebenshaltungskosten des Kindes.
- ✔ **Lebensstellung der Eltern:** Kinder aus Haushalten mit überdurchschnittlichem Einkommen der Eltern können ebenfalls unter Umständen einen höheren Unterhaltsbedarf geltend machen, da die Lebensstellung der Eltern bei der Bedarfsermittlung berücksichtigt wird. Ein Vergleich mit den Bedarfsbeträgen für volljährige Kinder, die noch bei einem Elternteil leben, zeigt, dass in höheren Einkommensgruppen der Eltern (ab der achten Einkommensgruppe) bereits ein höherer Bedarfssatz von 998 Euro gilt. Es wäre dann unlogisch, wenn ein Kind, das noch zu Hause bei einem Elternteil lebt, einen höheren Bedarf haben soll als ein Kind mit einem eigenen Hausstand.

Änderungen beim Selbstbehalt und Kindergeld

Auch bei der Anrechnung des Kindergeldes gibt es eine wichtige Änderung. Nach § 1612b Absatz 1 Nr. 2 BGB wird das Kindergeld in voller Höhe auf den Bedarf des volljährigen Kindes angerechnet. Das bedeutet: Anders als bei minderjährigen Kindern, bei denen das Kindergeld nur hälftig vom Unterhaltsbedarf abgezogen wird, wird es bei volljährigen Kindern vollständig vom Bedarf abgezogen, da ein volljähriges Kind einen Anspruch auf Auszahlung des Kindergeldes hat.

Lisa hat einen Unterhaltsbedarf in Höhe von 1.054 Euro. Abzüglich des vollen Kindergeldes von 255 Euro verbleibt ein Restbedarf von 799 Euro.

Mit Eintritt der Volljährigkeit geht auch eine Anpassung des Selbstbehalts einher. Gegenüber volljährigen Kindern steht den Eltern in der Regel der höhere angemessene Selbstbehalt zu, der sich aktuell auf 1.750 Euro beläuft.

Gegenüber privilegierten volljährigen Kindern gilt weiterhin der notwendige Selbstbehalt von derzeit 1.450 Euro (oder 1.200 Euro für den nicht erwerbstätigen Unterhaltspflichtigen).

Die Berechnung der Haftungsanteile der Eltern

Nachdem Sie den Unterhaltsbedarf des volljährigen Kindes nach den oben erläuterten Grundsätzen ermittelt haben, können die Haftungsanteile der Eltern berechnet werden.

Wie Sie bereits erfahren haben, ist von dem ermittelten Bedarf zunächst das volle Kindergeld abzuziehen. Erhält das Kind bereits eine Ausbildungsvergütung, ist auch diese – bereinigt um pauschale ausbildungsbedingte Aufwendungen von 100 Euro – in Abzug zu bringen. (Wie genau sich die Ausbildungsvergütung auf den Unterhalt auswirkt, erfahren Sie in Kapitel 13.)

Der dann noch verbleibende Restbedarf ist unter den Eltern entsprechend ihren Einkommensverhältnissen aufzuteilen. Dabei wird zunächst jedem Elternteil der angemessene Selbstbehalt vom unterhaltsrelevanten Einkommen abgezogen. Der verbleibende Betrag wird dann anteilig auf beide Elternteile verteilt.

Das klang jetzt zugegebenermaßen etwas kompliziert. Daher hier nochmals die Berechnung Schritt für Schritt:

✔ **Schritt 1: Bestimmung des Unterhaltsbedarfs**

Wohnt das Kind bei einem Elternteil, wird der Bedarf anhand der zusammengerechneten unterhaltsrelevanten Einkommen beider Eltern nach der Düsseldorfer Tabelle ermittelt.

Wohnt das Kind nicht mehr im elterlichen Haushalt, etwa weil es studiert, gilt ein pauschaler Bedarfssatz von 990 Euro monatlich (inklusive Wohnkosten).

✔ **Schritt 2: Anrechnung des vollen Kindergeldes und des eigenen Einkommens**

Von dem ermittelten Bedarf wird das Kindergeld in voller Höhe abgezogen.

Einkünfte des Kindes aus einer Ausbildungsvergütung werden ebenfalls berücksichtigt. Dabei wird eine Ausbildungsvergütung vorab um 100 Euro bereinigt, um ausbildungsbedingte Mehrkosten zu decken.

✔ Schritt 3: Verteilung des verbleibenden Bedarfs

Der Restbedarf, der nach Abzug des Kindergeldes und einer gegebenenfalls vorhandenen Ausbildungsvergütung verbleibt, wird anteilig auf beide Elternteile verteilt.

Die Haftungsanteile richten sich nach dem Einkommen der Eltern, das über den angemessenen Selbstbehalt hinausgeht. Dieser angemessene Selbstbehalt liegt bei 1.750 Euro. Die Quoten ergeben sich dann aus dem Verhältnis der verfügbaren Einkommen beider Eltern.

Die 20-jährige Ella lebt bei ihrem Vater Markus. Markus hat ein bereinigtes Einkommen von 3.600 Euro. Ihre Mutter Kathrin verfügt über ein bereinigtes Einkommen von 3.000 Euro. Zusammengerechnet beläuft sich das Einkommen der Eltern also auf 6.600 Euro, sodass Ella einen Unterhaltsbedarf in Höhe von 1.220 Euro hat.

Das volle Kindergeld in Höhe von 255 Euro wird auf ihren Bedarf angerechnet. Der verbleibende Restbedarf beträgt somit 1.220 Euro – 255 Euro = 965 Euro.

Ellas Eltern, Vater Markus und Mutter Kathrin, sind anteilig für diesen Restbedarf verantwortlich. Ihr Anteil richtet sich nach ihrem jeweiligen verfügbaren Einkommen, das über den angemessenen Selbstbehalt von 1.750 Euro hinausgeht.

Nach Abzug des Selbstbehalts verbleiben bei Markus 1.850 Euro als verfügbares Einkommen. Kathrin verbleiben nach Abzug des Selbstbehalts 1.250 Euro. Das gesamte verfügbare Einkommen der Eltern beträgt somit 1.850 Euro + 1.250 Euro = 3.100 Euro.

Die Haftungsquote der Eltern wird entsprechend ihrem Anteil am gesamten verfügbaren Einkommen berechnet. Markus trägt mit 1.850 Euro einen Anteil von etwa 59,68 Prozent, während Kathrin mit 1.250 Euro einen Anteil von etwa 40,32 Prozent übernimmt.

Der Restbedarf von 965 Euro wird also anteilig wie folgt aufgeteilt:

Markus übernimmt 59,68 Prozent von 965 Euro, also rund 575,91 Euro.

Kathrin trägt 40,32 Prozent von 965 Euro, was rund 389,09 Euro entspricht.

Markus muss demnach 575,91 Euro und Kathrin 389,09 Euro Unterhalt an Ella zahlen.

Ein Elternteil ist nie verpflichtet, mehr zu zahlen, als er bei alleiniger Haftung nach seinem Einkommen schulden würde. Ein Elternteil, der auf Unterhalt für ein volljähriges Kind in Anspruch genommen wird, sollte daher unbedingt eine Kontrollberechnung durchführen, um sicherzustellen, dass die Unterhaltsforderung korrekt ist.

Hier die Kontrollberechnung für das vorherige Beispiel: Bei alleiniger Haftung würde sich Markus' Unterhaltsverpflichtung gegenüber Ella wie folgt berechnen: Nach seinem alleinigen Einkommen von 3.600 Euro läge der Unterhaltsbedarf von Ella bei 832 Euro. Abzüglich des Kindergeldes von 255 Euro ergäbe sich ein Zahlbetrag von 577 Euro. Dieser Betrag liegt höher als sein errechneter Anteil in Höhe von 575,91 Euro, sodass Markus den vollen Anteil von 575,91 Euro leisten muss.

Das volljährige Kind muss seinen Unterhaltsanspruch darlegen

Sobald ein Kind volljährig ist, trägt es die Verantwortung dafür, seinen Unterhaltsanspruch eigenständig geltend zu machen.

Die schlüssige Unterhaltsforderung eines volljährigen Kindes erfordert dabei nicht nur die Angabe der eigenen finanziellen Situation – etwa Einkünfte aus Ausbildung, BAföG oder Nebenjobs –, sondern auch eine umfassende Darlegung der unterhaltsrelevanten Einkünfte beider Elternteile. Da beide Eltern ab Volljährigkeit anteilig nach ihrer finanziellen Leistungsfähigkeit haften, kann der bisher allein barunterhaltspflichtige Elternteil von dem Kind verlangen, dass der Unterhaltsbedarf und die Bedürftigkeit neu dargelegt werden.

Damit das volljährige Kind seiner Darlegungspflicht nachkommen kann, stehen ihm Auskunfts- und Belegansprüche gegen die Eltern zu. Die Einzelheiten hierzu lernen Sie in Kapitel 5 kennen.

Besonders relevant wird diese Pflicht zur Darlegung, wenn der Elternteil, der bisher den gesamten Barunterhalt geleistet hat, mit Eintritt der Volljährigkeit eine Neuberechnung oder Reduzierung seiner Zahlungen fordert. Er kann sich dabei auf die Mithaftung des früheren Betreuungselternteils berufen, da nun beide Eltern gemeinsam für den Unterhalt verantwortlich sind.

In einem solchen Fall liegt es am volljährigen Kind, nachzuweisen, wie sich die Unterhaltslast auf beide Eltern nach § 1606 Absatz 3 Satz 1 BGB verteilt. Dazu muss es die Einkommens- und Vermögensverhältnisse beider Eltern offenlegen. Daher ist es für volljährige Kinder entscheidend, frühzeitig und umfassend alle relevanten Informationen und Nachweise zu sammeln, um den eigenen Unterhaltsanspruch erfolgreich darlegen und durchsetzen zu können.

Da der Unterhaltsbedarf mit Eintritt der Volljährigkeit grundsätzlich steigt, kann es natürlich auch sein, dass der zu zahlende Unterhalt steigt, insbesondere wenn der andere Elternteil nur über geringe Einkünfte verfügt und daher nichts oder nur wenig zum Kindesunterhalt beisteuern kann.

Gelingt es dem volljährigen Kind nicht, den eigenen Bedarf sowie die eigene Bedürftigkeit nachvollziehbar darzulegen, kann der bisher zahlende Elternteil eine Herabsetzung oder sogar Einstellung der Unterhaltszahlungen erreichen. Wenn bereits ein Unterhaltstitel existiert, wie etwa ein gerichtlicher Beschluss oder eine Jugendamtsurkunde, muss der Unterhaltspflichtige dafür ein Abänderungsverfahren beim Familiengericht führen.

IN DIESEM KAPITEL

Anspruch auf Unterhalt während der Ausbildung

Pflichten für Eltern und Kind im Rahmen des Ausbildungsunterhalts

Wie sich eine Verzögerung der Ausbildung auf den Unterhaltsanspruch auswirkt

Wann Eltern für eine zweite Ausbildung aufkommen müssen

Kapitel 12
Das Kind in der Ausbildung

Kinder haben einen Anspruch auf eine angemessene Ausbildung, die ihren Talenten, Fähigkeiten und Interessen entspricht – das regelt § 1610 Absatz 2 BGB. Doch was bedeutet das genau?

Eine Ausbildung ist angemessen, wenn sie zu den Begabungen und Fähigkeiten des Kindes passt. Das Kind muss die nötigen schulischen und persönlichen Voraussetzungen mitbringen, die einen erfolgreichen Abschluss der Ausbildung zumindest möglich erscheinen lassen. Wenn das Kind beispielsweise so schlechte Schulnoten hat, dass ein erfolgreiches Studium kaum realistisch erscheint, kann die Pflicht der Eltern, dafür Unterhalt zu zahlen, entfallen. Andererseits dürfen die Eltern auch keine zu hohen Erwartungen an die Fähigkeiten ihres Kindes haben.

Das Kind ist grundsätzlich in seiner Berufswahl frei, muss aber Rücksicht auf die wirtschaftliche Lage der Eltern nehmen. Es kann nicht einfach auf eine teure Privatuniversität oder zum Studium ins Ausland gehen und erwarten, dass die Eltern alles zahlen. Auch ein Auslandssemester oder andere kostspielige Wünsche müssen gut begründet sein. Wenn der Studiengang jedoch sinnvoll ist und zu besseren Berufsaussichten führt, können solche Kosten unter Umständen angemessen sein – vorausgesetzt, die Eltern haben genug Geld.

Von Bedeutung sind dabei auch die schutzwürdigen Interessen der Geschwister, ebenfalls eine angemessene Ausbildung zu erhalten. Wer viele Geschwister hat, muss unter Umständen faktische Einschränkungen seiner Unterhaltsansprüche hinnehmen.

Rechte und die lieben Pflichten

Dieser sogenannte *Ausbildungsunterhaltsanspruch* ist jedoch an Bedingungen geknüpft, da er auf einem Gegenseitigkeitsprinzip basiert: Während die Eltern finanziell unterstützen müssen, hat auch das Kind gewisse Verpflichtungen. Diese stellen wir in den folgenden Abschnitten vor.

Keine Zeit verlieren: Pflicht zum rechtzeitigen Ausbildungsbeginn

Zunächst ist das Kind verpflichtet, seine Ausbildung in einer angemessenen Zeit zu beginnen. Es kann nicht jahrelang untätig bleiben und trotzdem erwarten, dass die Eltern später noch für eine Ausbildung zahlen. Das Gesetz gibt keine feste Altersgrenze vor, bis wann eine Ausbildung begonnen oder abgeschlossen sein muss. Es kommt immer auf den Einzelfall an. Eltern müssen sich jedoch nicht unbegrenzt bereithalten, Ausbildungsunterhalt zu zahlen. Wenn Eltern längere Zeit keinen Hinweis darauf erhalten, dass ihr Kind eine Ausbildung plant, können sie davon ausgehen, dass keine weitere Unterstützung nötig ist. Ihre eigenen Pläne und finanzielle Situation dürfen nicht dauerhaft durch unklare Entscheidungen des Kindes beeinträchtigt werden.

Je älter das Kind ist und je eigenständiger es lebt, desto mehr rückt die Verantwortung der Eltern in den Hintergrund. Das bedeutet: Mit zunehmendem Alter wird das Kind immer mehr selbst für seinen Lebensunterhalt verantwortlich. So hat ein Kind beispielsweise keinen Anspruch mehr auf Ausbildungsunterhalt, wenn es nach einem Schulabbruch mehrere Jahre lang kaum etwas unternommen hat, um eine neue Ausbildung zu beginnen. Es muss sich in dieser Zeit aktiv um eine berufliche Perspektive bemühen. Wer einfach längere Zeit abwartet, verliert seinen Anspruch auf finanzielle Unterstützung durch die Eltern.

Wenn Verzögerungen auftreten, sind die Hintergründe zu berücksichtigen. Manchmal können Verzögerungen nachvollziehbar sein, zum Beispiel

- ✔ wenn das Kind wegen schlechterer Schulnoten Zeit braucht, um sich über Praktika oder Nebenjobs zu beweisen.

- ✔ wenn das Kind durch eine Krankheit oder andere unverschuldete Umstände am Beginn der Ausbildung gehindert wird.
- ✔ wenn das Kind keinen Studienplatz erhält, etwa wegen eines Numerus clausus, und sich aktiv um Alternativen bemüht.

In solchen Fällen besteht weiterhin ein Unterhaltsanspruch.

Leonie hat ihr Abitur im Sommer gemacht und möchte ein Studium beginnen. Da sie wegen eines Numerus clausus nicht sofort einen Studienplatz erhält, überbrückt sie die Zeit mit einem Praktikum in ihrem Wunschbereich und bewirbt sich weiter auf Studienplätze. Ihre Eltern sind weiterhin unterhaltspflichtig, da Leonie ihre Zeit sinnvoll nutzt und sich um ihre Ausbildung bemüht.

Ohne Fleiß kein Unterhalt: Das Studium durchziehen

Die Unterstützung durch die Eltern wird nicht bedingungslos gewährt.

Kinder, die von ihren Eltern Unterhalt bekommen, müssen sich aktiv und zielstrebig um ihre Ausbildung kümmern. Diese Verpflichtung beinhaltet insbesondere

- ✔ den regelmäßigen Besuch von Vorlesungen, Seminaren oder Unterricht,
- ✔ die ordnungsgemäße Teilnahme an Prüfungen.

Ein Bummelstudium, bei dem sich die Studienzeit ohne triftigen Grund in die Länge zieht, müssen Eltern nicht finanzieren. Auch wer die Ausbildung häufig unterbricht oder ständig wechselt, riskiert den Verlust des Unterhaltsanspruchs.

Max studiert Soziologie und ist mittlerweile im fünften Semester. Er ist bereits durch mehrere Prüfungen gefallen und kann auch nicht die angeforderten Modulbescheinigungen vorlegen. Max argumentiert, dass er Zeit für seine »Selbstfindung« brauche.

Da Max seine Verpflichtung zur ordnungsgemäßen Betreibung des Studiums verletzt hat, verliert er seinen Unterhaltsanspruch.

Natürlich kann es immer mal wieder zu Verzögerungen kommen. Das Leben läuft schließlich nicht immer nach Plan. Krankheiten, familiäre Probleme oder schwierige Phasen können den Ausbildungsweg verlängern. Manchmal stellt sich auch heraus, dass der gewählte Beruf oder das gewählte Studium doch nicht das Richtige ist. Das passiert bei jungen Menschen. Ein Ausbildungswechsel innerhalb der sogenannten Orientierungsphase ist daher aus unterhaltsrechtlicher Sicht nicht zu beanstanden. Solche Verzögerungen sind in der Regel zu akzeptieren, wenn das Kind plausibel Gründe dafür darlegen kann. Die Eltern müssen zudem Verzögerungen hinnehmen, die auf ein vorübergehendes Versagen des Kindes zurückzuführen sind.

Studiert das Kind, ist die *Regelstudienzeit* der Maßstab für eine angemessene Ausbildungszeit. Ein oder zwei Semester über der Regelstudienzeit gelten meist noch als akzeptabel – vor allem, wenn es dafür nachvollziehbare Gründe gibt. Bei einer deutlich längeren Studiendauer wird es jedoch kritisch. Das Kind muss dann genau erklären können, warum es die Ausbildung nicht schneller abschließen konnte.

Auch Zusatzanforderungen wie ein verpflichtendes Auslandssemester können zu einer längeren Studiendauer führen – das ist unter bestimmten Umständen hinnehmbar.

Anna studiert Sinologie und muss für ihr Studium ein Jahr in China verbringen. Da sie aufgrund von Visaproblemen später als geplant reisen konnte, verzögert sich ihr Studium um ein Semester. Ihre Eltern müssen dies hinnehmen, da die Verzögerung nicht auf Annas Schuld zurückzuführen ist.

Im Bilde bleiben: Informieren ist Pflicht!

Eltern, die Kindesunterhalt zahlen, haben das Recht, sich über den Fortschritt der Ausbildung zu informieren. Eltern dürfen daher vom Kind Nachweise verlangen, die zeigen, dass die Ausbildung planmäßig verläuft. Dazu gehören insbesondere:

- ✔ Zeugnisse über bestandene Zwischenprüfungen,
- ✔ Bescheinigungen über die Teilnahme an Übungen oder Seminaren,
- ✔ Studienbescheinigungen, die den aktuellen Ausbildungsstatus bestätigen.

Diese Unterlagen helfen den Eltern, den Fortschritt der Ausbildung zu bewerten. Anhand der Nachweise können die Eltern nachvollziehen, ob das Kind die Ausbildung ernsthaft und zielstrebig verfolgt.

Wenn sich die Ausbildung verzögert, hat das Kind die Pflicht, die Eltern darüber zu informieren und die Gründe zu nennen.

Wenn das Kind seine Informationspflicht verletzt, verliert es nicht automatisch seinen Unterhaltsanspruch. Die Eltern haben dann jedoch das Recht, die

Unterhaltszahlungen vorerst zurückzuhalten, bis das Kind die notwendigen Informationen und Nachweise vorlegt. Es besteht ein sogenanntes *Zurückbehaltungsrecht*. Kommt das Kind dann seiner Pflicht nach, müssen die Eltern den einbehaltenen Unterhalt nachzahlen.

Kinder, die Unterhalt von ihren Eltern erhalten, sollten ihrer Auskunftspflicht ungefragt nachkommen und Verzögerungen erklären. So bleiben Missverständnisse aus, und die finanzielle Unterstützung ist gesichert. Wer hingegen Informationen verweigert oder die Ausbildung schleifen lässt, riskiert seinen Unterhaltsanspruch.

Welche Ausbildung von den Eltern finanziert werden muss

Grundsätzlich gilt: Wenn die Eltern ihrem Kind eine angemessene Erstausbildung finanziert haben, ist ihre Unterhaltspflicht erfüllt. Eine Zweitausbildung müssen sie grundsätzlich nicht finanzieren. Das Kind soll nach der ersten Ausbildung auf eigenen Beinen stehen. Aber wie so oft gibt es auch hier Abgrenzungsprobleme und Ausnahmen!

Eine Ausbildung reicht – aber nicht immer

Eltern können verpflichtet sein, eine weitere Ausbildung zu finanzieren, wenn

- ✔ **die Erstausbildung nicht angemessen war,** zum Beispiel, wenn das Kind in einen Beruf gedrängt wurde, der nicht seinen Fähigkeiten oder Interessen entspricht.
- ✔ **ein Fehler bei der ersten Berufswahl vorlag.** Wurde die Begabung des Kindes völlig falsch eingeschätzt, kann eine Korrektur nötig sein.
- ✔ **gesundheitliche Gründe vorliegen.** Muss die Ausbildung aufgrund einer Erkrankung gewechselt werden, müssen Eltern ebenfalls einspringen.

Eine Zweitausbildung kann unterhaltsrechtlich zu akzeptieren sein, wenn sie als Weiterbildung betrachtet werden kann. Das ist der Fall, wenn die zweite Ausbildung direkt auf die erste folgt und ein fachlicher Zusammenhang besteht. Darüber hinaus muss die Zweitausbildung den Eltern zumutbar sein. Folgende Punkte werden dabei insbesondere berücksichtigt:

- ✔ **Kosten der Erstausbildung:** War diese günstig oder sogar kostenfrei (etwa in einem dualen Ausbildungssystem), ist die Zweitausbildung eher zumutbar.

- **Zeitraum der Weiterbildung:** Je kürzer die zweite Ausbildung dauert, desto eher müssen die Eltern zahlen.
- **Vorteile für das Kind:** Wenn die Weiterbildung die beruflichen Chancen des Kindes erheblich verbessert und ein höheres Einkommen verspricht, kann das ein starkes Argument sein.

Abitur-Lehre-Studium: Unterhalt für alle Fälle?

In Fällen, in denen ein Kind nach dem Abitur zunächst eine praktische Ausbildung (Lehre) absolviert und anschließend ein Studium beginnt, spricht man von den sogenannten Abitur-Lehre-Studium-Fällen. Hier sind Eltern grundsätzlich verpflichtet, die Kosten für beide Ausbildungsabschnitte zu übernehmen – aber nur unter bestimmten Bedingungen.

Damit Eltern auch das Studium finanzieren müssen, müssen Lehre und Studium in einem engen sachlichen und zeitlichen Zusammenhang stehen. Das bedeutet:

- **Sachlich:** Das Studium baut auf die Lehre auf oder ergänzt diese sinnvoll.
- **Zeitlich:** Das Studium wird zeitnah nach Abschluss der Lehre begonnen. Eine längere Unterbrechung stellt die Einheitlichkeit der Ausbildung infrage.

Sophie hat nach dem Abitur eine Ausbildung zur Bauzeichnerin begonnen und erfolgreich abgeschlossen. Während der Ausbildung hat sie erkannt, dass sie sich stärker für die planerischen und gestalterischen Aspekte der Bauprojekte interessiert als für die technische Zeichnung allein. Sie merkt, dass ein Architekturstudium ihre Fähigkeiten und Interessen besser widerspiegelt und ihre beruflichen Möglichkeiten erheblich erweitert.

Direkt nach Abschluss der Lehre bewirbt sich Sophie für ein Architekturstudium. Das Studium baut fachlich auf ihrer bisherigen Ausbildung auf, da die Kenntnisse als Bauzeichnerin – wie technisches Zeichnen, Baustatik und Materialkunde – eine sinnvolle Grundlage für das Architekturstudium darstellen.

Da zwischen der Ausbildung und dem Studium ein enger zeitlicher und fachlicher Zusammenhang besteht, hat Sophie auch weiterhin für die Dauer des Studiums einen Unterhaltsanspruch gegen ihre Eltern.

Hier ein paar weitere typische Beispiele, bei denen Gerichte einen engen fachlichen Zusammenhang zwischen der Lehre und einem Studium anerkannt haben:

- **Kfz-Lehre und Maschinenbaustudium:** Wer in der Kfz-Ausbildung gelernt hat, wie Motoren und Technik funktionieren, hat eine solide Grundlage für ein Studium, das Maschinenbau vertieft.
- **Elektroinstallateur und Elektroingenieur:** Nach der praktischen Arbeit mit Stromleitungen und Anlagen macht das Studium den Weg frei für die Planung und Entwicklung komplexer Systeme.
- **Landwirtschaftslehre und Agrarwissenschaften:** Erst die Arbeit auf dem Feld, dann die Forschung im Labor – dieses Studium baut direkt auf der Ausbildung auf.
- **Banklehre und Jurastudium:** Der tägliche Umgang mit Verträgen und rechtlichen Fragestellungen in der Bankausbildung passt gut zu einem Studium der Rechtswissenschaften.
- **Industriemechaniker und Maschinenbaustudium:** Nach der handwerklichen Ausbildung vertieft das Studium das Verständnis für Maschinen und Anlagen.

Hier einige Beispiele, bei denen Gerichte *keinen* engen fachlichen Zusammenhang gesehen haben:

- **Industriekaufmann und Medizinstudium:** Der Büroalltag bereitet nicht auf das Studium der menschlichen Anatomie und Heilung vor.
- **Speditionskaufmann und Jurastudium:** Logistik und Transport haben wenig gemeinsam mit rechtlichen Prüfungen und Gesetzestexten.
- **Finanzinspektor und Psychologiestudium:** Verwaltungsaufgaben in der Finanzbehörde sind keine Grundlage für das Studium menschlicher Verhaltensweisen.
- **Industriekaufmann und Maschinenbaustudium:** Die kaufmännische Ausbildung vermittelt zwar Organisation, aber keine technischen Grundlagen für Maschinenbau.
- **Kauffrau für Büromanagement und Informatikstudium:** Schreibarbeiten und Büroorganisation bereiten nicht auf die komplexe Welt der Programmierung und Softwareentwicklung vor.

Bachelor-Master-Ausbildung

Wenn ein Kind nach dem Bachelorabschluss direkt ein Masterstudium aufnimmt, gilt das nicht als Zweitausbildung. Stattdessen wird das Bachelor- und Masterstudium als eine einheitliche, mehrstufige Berufsausbildung angesehen.

Warum? Weil das Masterstudium auf dem Bachelorabschluss aufbaut und dieser eine zwingende Voraussetzung für die Aufnahme des Masterstudiums ist – und weil man in einigen Fällen nur mit einem Bachelorabschluss gar nicht im angestrebten Beruf arbeiten kann, zum Beispiel als Lehrerin oder Psychotherapeut.

Der Bachelorabschluss qualifiziert das Kind zwar bereits für eine berufliche Tätigkeit, aber das Masterstudium vertieft die fachlichen Kenntnisse und bereitet auf anspruchsvollere, wissenschaftlich fundierte Berufe vor. Kurz gesagt: Bachelor und Master gehören zusammen, und Eltern sind grundsätzlich verpflichtet, die gesamte Ausbildung zu finanzieren – sofern es ihren finanziellen Möglichkeiten entspricht.

Promotion

Die Promotion stellt in der Regel keine Ausbildung dar, für die die Eltern unterhaltsrechtlich verantwortlich sind. Das Kind wird in der Regel in der Lage sein, seinen Lebensunterhalt durch Teilzeitarbeit oder ein Stipendium während der Promotion selbst zu finanzieren.

Eine Ausnahme kann jedoch dann bestehen, wenn die Promotion in engem zeitlichem Zusammenhang mit dem Hochschulstudium steht und in dem betreffenden Beruf ein Promotionsabschluss notwendig ist, um wettbewerbsfähig zu bleiben, zum Beispiel in der Medizin oder den Naturwissenschaften. In solchen Fällen kann die Promotion unter Umständen als Teil der Berufsausbildung anerkannt werden, und die Eltern wären verpflichtet, auch für die Dauer der Promotion Unterhalt zu zahlen.

Warteschleife: Unterhalt zwischen den Ausbildungen

Zwischen verschiedenen Ausbildungsabschnitten stellt sich die Frage des Unterhaltsanspruchs in der Übergangszeit, insbesondere wenn ein Kind nach der Schule eine praktische Berufsausbildung oder ein Studium aufnehmen möchte. In der Praxis entstehen oft zeitliche Lücken zwischen dem Abschluss der Schulausbildung und dem Beginn einer weiterführenden Ausbildung oder eines Studiums. Während dieser Übergangsphase stellt sich die Frage, ob das Kind weiterhin Anspruch auf Unterhalt von seinen Eltern hat und welche Bedingungen dafür erfüllt sein müssen.

Erholungs- und Orientierungsphase nach dem Schulabschluss

Nach dem Schulabschluss kann dem Kind eine Orientierungs- und Erholungsphase zustehen, die jedoch nicht unbegrenzt ist. Diese Phase dient dazu, sich von der schulischen Ausbildung zu erholen, bevor eine weiterführende Ausbildung oder ein Studium aufgenommen wird. Die Dauer der Erholungsphase ist jedoch von den Umständen des Einzelfalls abhängig. Sie umfasst in der Regel auch nur wenige Monate, vor allem wenn das Kind nach dem Abitur studieren oder eine Ausbildung beginnen möchte und bis zum Beginn der weiteren Ausbildung wenige Monate vergehen.

Sophie hat im Juni ihr Abitur bestanden und möchte ab dem Wintersemester Biologie studieren. Leider beginnen die meisten Studiengänge erst im Oktober, sodass zwischen dem Schulabschluss und dem Studienbeginn eine Wartezeit von vier Monaten entsteht. Sophie hat sich bereits rechtzeitig um einen Studienplatz beworben und alle erforderlichen Unterlagen eingereicht.

Da Sophie die Wartezeit nicht durch eigenes Verschulden herbeigeführt hat und sie sich in dieser Übergangsphase auf den bevorstehenden Studienbeginn vorbereitet, steht ihr auch während dieser Zeit Unterhalt von ihren Eltern zu. Der Unterhaltsanspruch bleibt bestehen, weil die Wartezeit als angemessene Überbrückungsphase anerkannt wird.

Erwerbsobliegenheit bei beengten wirtschaftlichen Verhältnissen

In bestimmten Fällen, vor allem bei beengten wirtschaftlichen Verhältnissen, können die Eltern jedoch erwarten, dass das Kind in der Übergangszeit zwischen den Ausbildungsabschnitten selbstständig einer Erwerbstätigkeit nachgeht, um seinen Unterhalt zu sichern. Dies gilt insbesondere dann, wenn ohne große Schwierigkeiten die Möglichkeit besteht, eine Erwerbstätigkeit zu finden. Wenn das Kind sich in solchen Fällen nicht um eine Arbeit bemüht, besteht grundsätzlich kein Unterhaltsanspruch während der Übergangszeit gegenüber den Eltern.

Unterhaltsanspruch bei längeren Wartezeiten

Wenn zwischen dem Abschluss der vorherigen Ausbildung und dem Beginn der nächsten Ausbildung eine längere Wartezeit entsteht, ist das Kind grundsätzlich verpflichtet, seinen Unterhalt während dieser Zeit durch eigene Erwerbstätigkeit zu sichern. In solchen Fällen ist eine Erwerbstätigkeit des Kindes zu erwarten, insbesondere wenn das Kind keine besondere Auszeit für Erholung benötigt oder wenn die finanziellen Verhältnisse dies erfordern.

Übergangszeit nach Beendigung einer Ausbildung

Nach dem Abschluss einer Ausbildung oder eines Studienabschnitts kann das Kind unter bestimmten Bedingungen weiterhin Unterhalt von seinen Eltern verlangen, wenn es trotz ausreichender Bemühungen keine Arbeit findet. Während einer Übergangszeit nach der Beendigung einer Ausbildung – etwa beim Übergang vom Studium in den Beruf – steht dem Kind grundsätzlich noch ein Anspruch auf Unterhalt zu, sofern die Suche nach einer Anstellung noch nicht zu einem Erfolg geführt hat und das Kind aktiv nach Arbeit sucht. Eine gewisse Übergangszeit ist hier gegeben, doch die Dauer und die Voraussetzungen sind von den Umständen des Einzelfalls abhängig.

Freiwilliges Soziales Jahr und Unterhalt

Ein Freiwilliges Soziales Jahr (FSJ) ist eine freiwillige Tätigkeit, die ohne Gehalt, aber mit vergleichbaren Anforderungen einer Vollzeitarbeit geleistet wird. Während dieser Zeit erhält das Kind in der Regel ein Taschengeld sowie in manchen Fällen Unterkunft und Verpflegung, sodass oft schon ein Großteil des Lebensunterhalts abgedeckt ist. Doch was passiert, wenn diese Leistungen nicht ausreichen? Haben die Eltern dann noch Unterhaltspflichten?

Grundsätzlich kann ein volljähriges Kind während eines FSJ einen Anspruch auf Unterhalt haben. Wenn jedoch Unterkunft, Verpflegung und andere Leistungen bereits durch den Träger des FSJ bereitgestellt werden, kann der Unterhaltsbedarf des Kindes oft als gedeckt angesehen werden. Eventuell bleibt nur ein kleiner Restbetrag offen, den die Eltern tragen müssten.

Einige Gerichte sehen einen Unterhaltsanspruch generell nur dann als gegeben, wenn das FSJ für eine zukünftige Ausbildung notwendig ist – zum Beispiel bei sozialen Berufen wie Krankenpfleger oder Erzieher. Die meisten Gerichte erkennen das FSJ aber mittlerweile auch dann als unterhaltsrelevant an, wenn es nicht zwingend für eine spätere Ausbildung erforderlich ist. Es wird oft als Orientierungsphase bewertet, die jungen Erwachsenen hilft, berufliche Erfahrungen zu sammeln und Schlüsselkompetenzen zu entwickeln. Das kann auch die Arbeitsmarktchancen verbessern.

Nach dem Abschluss eines Freiwilligen Sozialen Jahrs besteht jedoch in jedem Fall kein Anspruch mehr auf eine zusätzliche »Erholungsphase«. Eine Orientierungszeit wird grundsätzlich nur direkt nach der Schulzeit anerkannt. Danach müssen sich junge Erwachsene aktiv um eine Ausbildung oder eine Arbeit bemühen, um ihre Eigenständigkeit zu erreichen, beziehungsweise eine eventuelle Wartezeit mit Nebenjobs überbrücken.

Dieselben Erwägungen gelten für ein vergleichbares Freiwilliges Ökologisches Jahr (FÖJ) und den Bundesfreiwilligendienst (BFD).

IN DIESEM KAPITEL

Wie eigene Einkünfte des Kindes die Unterhaltsansprüche beeinflussen

Regelungen für das eigene Einkommen des Kindes

BAföG und andere Leistungen

Was gilt, wenn das Kind über Vermögen verfügt

Kapitel 13
Einkünfte und Vermögen des volljährigen Kindes

Eltern sind grundsätzlich verpflichtet, ihren Kindern Unterhalt zu gewähren. Doch was gilt, wenn das Kind eigenes Einkommen erzielt oder über Vermögen verfügt? Verringert sich der Unterhaltsanspruch oder entfällt er sogar ganz?

In diesem Kapitel erfahren Sie, wie sich eigene Einkünfte oder eigene Vermögensreserven des Kindes auf den Unterhaltsanspruch auswirken. Es liefert Ihnen eine praxisnahe Orientierung zu einem Thema, das in der familienrechtlichen Praxis häufig zu Streitigkeiten führt. Mit verständlichen Erläuterungen und anschaulichen Beispielen erfahren Sie, wann und in welchem Umfang Eltern weiterhin unterhaltspflichtig sind – und wann das Kind selbst für seinen Lebensunterhalt aufkommen muss.

Wie sich eigene Einkünfte auf die Bedürftigkeit auswirken

Das Prinzip der Eigenverantwortung, das sich aus § 1602 Absatz 1 BGB ergibt, besagt, dass volljährige Kinder grundsätzlich verpflichtet sind, sich selbst zu unterhalten, sofern sie in der Lage dazu sind. Diese Verpflichtung entfällt nur dann, wenn das Kind in einer angemessenen Ausbildung ist oder wenn es aufgrund von Krankheit oder Behinderung erwerbsunfähig ist.

Wenn das unterhaltsberechtigte Kind eigenes Einkommen erzielt, wird dieses Einkommen grundsätzlich auf den Unterhaltsanspruch angerechnet. Anders gesagt: Wer Geld verdient, kann keinen Unterhalt verlangen, soweit er seinen Lebensbedarf durch eigene Einkünfte selbst decken kann. Das bedeutet, dass eine unterhaltsrechtliche Bedürftigkeit des Kindes entfällt, wenn es eigene Einkünfte erzielt. Es kann jedoch einige Ausnahmen zu diesem Grundsatz geben, insbesondere wenn das Kind überobligatorische Einkünfte erzielt, etwa durch eine Nebenbeschäftigung während einer Vollzeitausbildung.

Einkünfte aus überobligatorischer Tätigkeit

Ein volljähriges Kind, das sich in einer vollzeitigen ersten Ausbildung befindet, ist grundsätzlich nicht verpflichtet, eine Erwerbstätigkeit auszuüben, da sich die Ausbildung vorrangig auf den Erwerb von Qualifikationen konzentrieren soll. Sollte das Kind dennoch zusätzlich eine Erwerbstätigkeit ausüben, handelt es sich in der Regel um Einkünfte aus überobligatorischer Tätigkeit, die nur auf den Unterhalt angerechnet werden, wenn es dem Kind zuzumuten ist.

Dies betrifft oft Studenten, die neben ihrem Studium einen Nebenjob ausüben. Wenn ein Kind studiert, ist seine Hauptaufgabe, das Studium zügig und mit vollem Einsatz zu absolvieren. Nebenjobs oder Ferienarbeit sind zwar erlaubt, sie zählen aber nicht zu den Pflichten eines Studenten und sind überobligatorisch. Deshalb wird das Einkommen aus solchen Tätigkeiten in der Regel nicht oder nur teilweise auf den Unterhalt angerechnet. Auch ein während der Semesterferien erzielter Verdienst bleibt grundsätzlich unangetastet, solange der Nebenjob den Studienverlauf nicht behindert.

Anders sieht es aus, wenn Kinder ein Praktikum absolvieren. Praktika gehören oft zum Studium dazu. Deshalb wird das dadurch erzielte Einkommen auf den Unterhalt angerechnet.

Nur in besonderen Fällen wird Einkommen von Studenten aus Nebenjobs unterhaltsrechtlich berücksichtigt. Das passiert zum Beispiel, wenn ein Kind so viel arbeitet, dass sein Studium darunter leidet oder wenn die Einkünfte eine gewisse Höhe überschreiten. Auch wenn ein Kind noch bei den Eltern wohnt und dadurch weniger Ausgaben hat, kann das eigene Einkommen eher angerechnet werden. Wenn ein Kind dagegen neben dem Studium arbeitet, um Sonderausgaben wie einen Führerschein, ein Auto oder ein Auslandssemester zu finanzieren, bleibt dieses Einkommen in der Regel unberücksichtigt.

Lisa, 21 Jahre alt, studiert Medizin und lebt in einer kleinen Studentenwohnung. Sie erhält monatlich Unterhalt von ihren Eltern, der ihre Miete, Lebensmittel und Studienmaterialien deckt. Zusätzlich arbeitet sie jeden Samstag in einem Café und verdient dort 400 Euro im Monat. Mit diesem Geld spart sie für ein Auslandssemester.

Da Lisa den Nebenjob aufgenommen hat, um die zusätzlichen Kosten für das Auslandssemester zu finanzieren, werden ihre Einkünfte aus dem Café nicht auf den Unterhalt angerechnet. Außerdem hat Lisa sichergestellt, dass der Job ihr Studium nicht beeinträchtigt. Sie arbeitet nur an einem festen Tag in der Woche und nutzt den Rest ihrer Zeit, um sich voll auf das Studium zu konzentrieren. Ihr Studienfortschritt ist nicht gefährdet, sodass auch dieser Aspekt gegen eine Anrechnung spricht.

Ausbildungsvergütung

Die Ausbildungsvergütung eines volljährigen Kindes wird grundsätzlich in voller Höhe auf seinen Unterhaltsbedarf angerechnet, wobei ausbildungsbedingte Mehraufwendungen berücksichtigt werden können. Die Unterhaltsleitlinien der Oberlandesgerichte sehen dabei eine pauschale Kürzung der Ausbildungsvergütung um einen Betrag vor, der dem ausbildungsbedingten Mehrbedarf entspricht. Dieser Mehrbedarf beläuft sich auf 100 Euro. Diese Pauschale für den ausbildungsbedingten Mehrbedarf rechtfertigt sich durch Kosten, die ein Kind in einer Ausbildung im Vergleich zu einem normalen Arbeitnehmer zusätzlich trägt, etwa für Anschaffung von Büchern und Lernmitteln oder notwendige Einrichtungsgegenstände für die Ausbildung.

Es handelt sich hierbei nicht um eine Pauschale für berufsbedingte Aufwendungen, sondern speziell um den Mehrbedarf, der durch die Ausbildung entsteht. Eine Verrechnung mit Fahrtkosten erfolgt hierbei nicht, das bedeutet, dass Fahrtkosten, die durch die Fahrt mit dem Auto entstehen (zum Beispiel zwischen Wohnort und Ausbildungsstätte), separat in voller Höhe bei der Berechnung des Unterhaltsbedarfs berücksichtigt werden können.

Anna ist 19 Jahre alt und wohnt bei ihrer Mutter. Sie macht eine Ausbildung im ersten Lehrjahr, für die sie eine Ausbildungsvergütung von 850 Euro monatlich erhält. Ihr Unterhaltsbedarf beträgt laut der Düsseldorfer Tabelle 1.054 Euro. Da Anna volljährig ist, wird das Kindergeld in Höhe von 255 Euro direkt vom Bedarf abgezogen, sodass ein verbleibender Bedarf von 799 Euro entsteht.

Zusätzlich zur Pauschale für ausbildungsbedingte Kosten von 100 Euro müssen Annas Fahrtkosten zur Ausbildungsstelle berücksichtigt werden. Die einfache Entfernung beträgt fünf Kilometer und pro Kilometer werden 0,42 Euro angerechnet. Für Hin- und Rückfahrt ergeben sich täglich zehn Kilometer, also 4,20 Euro pro Tag. Bei einem durchschnittlichen Arbeitsmonat von 22 Tagen entstehen monatliche Fahrtkosten von 92,40 Euro. Diese werden zu den pauschalen 100 Euro hinzuaddiert, sodass insgesamt 192,40 Euro an ausbildungsbedingten Aufwendungen von der Ausbildungsvergütung abgezogen werden.

Nach Abzug dieser Kosten verbleiben von Annas Ausbildungsvergütung 657,60 Euro, die auf ihren Bedarf angerechnet werden. Das bedeutet, dass von ihrem verbleibenden Bedarf von 799 Euro 657,60 Euro durch ihre Ausbildungsvergütung gedeckt werden. Übrig bleibt ein Restbedarf von 141,40 Euro, den ihre Eltern tragen müssen.

BAföG-Leistungen

BAföG und Unterhaltsansprüche von Studierenden hängen eng zusammen, denn BAföG-Leistungen gelten rechtlich als Einkommen des Studierenden und mindern seinen Unterhaltsbedarf. Dabei spielt es keine Rolle, ob die Unterstützung als Zuschuss oder Darlehen erfolgt – beides wird angerechnet. Es gibt jedoch eine Ausnahme: Erhält das Kind BAföG als sogenannte Vorausleistung, weil ein Elternteil den errechneten Unterhaltsbetrag nicht zahlt, wird diese Leistung nicht als Einkommen angerechnet. Stattdessen kann der Staat das Geld später vom unterhaltspflichtigen Elternteil zurückfordern.

BAföG als Vorausleistung (geregelt ist dies in § 36 Bundesausbildungsförderungsgesetz) bedeutet, dass der Staat einspringt, wenn die Eltern den Unterhalt, der ihnen nach BAföG-Berechnungen zugemutet wird, nicht zahlen. Das Kind erhält in diesem Fall BAföG in voller Höhe direkt vom Amt, ohne dass das Einkommen der Eltern angerechnet wird. Allerdings bleibt diese Zahlung nicht ohne Folgen: Der Staat kann das ausgezahlte Geld später von den Eltern zurückfordern. Vorausleistungen sind also eine Art Notlösung, um sicherzustellen, dass das Kind während seiner Ausbildung finanziell abgesichert ist, auch wenn die Eltern nicht zahlen.

BAföG-Leistungen setzen sich oft aus einem Zuschuss und einem zinsfreien Darlehen zusammen, das einige Jahre nach Ende der Förderung in kleinen Raten zurückgezahlt werden muss. Wegen der günstigen Rückzahlungsbedingungen gilt es als zumutbar, dieses Darlehen zur Entlastung der Eltern in Anspruch zu nehmen. Dagegen wird ein verzinstes Bankdarlehen, das beispielsweise für eine zweite Ausbildung gewährt wird, nicht als Einkommen angerechnet, da es eher einem herkömmlichen Kredit gleicht.

Wenn Studierende einen Anspruch auf BAföG haben, sind sie aus unterhaltsrechtlicher Sicht verpflichtet, BAföG zu beantragen. Tun sie dies nicht, werden die BAföG-Beträge fiktiv angerechnet. Allerdings genügt es in der Regel, einmalig einen BAföG-Antrag zu stellen, um diese Verpflichtung zu erfüllen. Wird BAföG abgelehnt, sollte das Kind weitere Anträge, wie etwa einen Aktualisierungsantrag, stellen, wenn sich die finanzielle Situation der Eltern geändert hat.

Max ist 22 Jahre alt und studiert im vierten Semester Maschinenbau. Er wohnt in einer eigenen Wohnung in der Nähe der Universität. Sein monatlicher Unterhaltsbedarf liegt bei 990 Euro, basierend auf den Vorgaben der Düsseldorfer Tabelle für auswärtig wohnende Studierende.

Da Max volljährig ist, wird das Kindergeld von 255 Euro vom Unterhaltsbedarf abgezogen. Dadurch reduziert sich sein tatsächlicher Bedarf auf 735 Euro.

Max hätte Anspruch auf BAföG in Höhe von 400 Euro monatlich, da seine Eltern nur ein durchschnittliches Einkommen haben und er selbst nicht arbeitet. Doch Max entscheidet sich, keinen BAföG-Antrag zu stellen, weil er später keine Darlehen zurückzahlen möchte. Stattdessen verlangt er von seinen Eltern, den gesamten Betrag von 735 Euro zu zahlen.

Da Max einen Anspruch auf BAföG hat, wird dieser Betrag von 400 Euro fiktiv auf seinen Unterhaltsbedarf angerechnet – auch wenn er die Leistung tatsächlich nicht beantragt.

Max' verbleibender Bedarf nach Abzug des Kindergelds und der fiktiven Anrechnung von BAföG beträgt 335 Euro. Die Eltern müssen sich den Betrag von 335 Euro teilen, abhängig von ihrer finanziellen Leistungsfähigkeit.

Sonstige Einkünfte

Sonstige Einkünfte des Kindes wie beispielsweise Halbwaisenrenten, Mieterträge oder Kapitaleinkünfte müssen grundsätzlich bei der Berechnung des Unterhaltsanspruchs des Kindes berücksichtigt werden. Diese Einkünfte vermindern die Bedürftigkeit des Kindes und sind daher auf den Unterhaltsbedarf anzurechnen.

Die Tatsache, dass ein Kind mietfrei wohnt, hat keinen direkten Einfluss auf die Höhe des Kindesunterhalts. Das mietfreie Wohnen wird vor allem im Verhältnis der Eltern untereinander berücksichtigt, nicht jedoch bei der Berechnung des Unterhaltsanspruchs des Kindes.

Ein Beispiel für den unterhaltsrechtlichen Ausgleich zwischen den Eltern könnte sein, dass der betreuende Elternteil keinen Anspruch auf Ehegattenunterhalt hat. Das passiert, wenn durch die Zurechnung des Wohnvorteils (kostenlose Nutzung von Eigentum) keine Einkommensdifferenz mehr besteht, die ausgeglichen werden müsste. So wird der Vorteil des mietfreien Wohnens indirekt zwischen den Eltern ausgeglichen, ohne den Unterhaltsanspruch des Kindes zu verändern.

Grundsicherungsleistungen

Wenn volljährige Kinder aufgrund einer Erwerbsminderung auf Dauer ihren Lebensunterhalt nicht durch eigene Erwerbstätigkeit bestreiten können, haben sie Anspruch auf Grundsicherungsleistungen nach dem Vierten Kapitel des SGB XII.

Einzelheiten zu Grundsicherungsleistungen erfahren Sie auf der Internetseite des Bundesministeriums für Arbeit und Soziales unter: `https://www.bmas.de/DE/Soziales/Sozialhilfe/Leistungen-der-Sozialhilfe/leistungen-der-sozialhilfe.html`

Grundsicherungsleistungen nach dem SGB XII sind vorrangig vor Unterleistungen zu verfolgen. Sie werden als Einkommen betrachtet und mindern den Unterhaltsbedarf des Kindes. Daraus folgt, dass das Kind, das Anspruch auf diese Leistungen hat, grundsätzlich verpflichtet ist, einen Antrag auf Grundsicherung zu stellen. Wird dieser Antrag nicht gestellt, können dem Kind fiktive Einkünfte zugerechnet werden, als ob es Grundsicherungsleistungen erhalten hätte.

Wie sich eigenes Vermögen auswirkt

Volljährige Kinder, die sich in einer Ausbildung befinden und ihren Lebensunterhalt nicht aus eigenen Einkünften bestreiten können, sind grundsätzlich verpflichtet, ihr gesamtes Vermögen einzusetzen, bevor sie Unterhalt von ihren Eltern verlangen können.

Diese Regelung unterscheidet sich von der für minderjährige Kinder, die nur die Einkünfte aus ihrem Vermögen, nicht jedoch das Vermögen selbst, zur Deckung ihres Bedarfs verwenden müssen.

Volljährige Kinder müssen jegliches Vermögen, das ihnen zur freien Verfügung steht, für ihren Lebensbedarf einsetzen. Das schließt sowohl Zuwendungen (auch wenn diese zweckgebunden waren) als auch anderweitiges Vermögen ein, das ihnen zur Verfügung steht, etwa aus einer Erbschaft oder einer Ausbildungsversicherung.

Allerdings dürfen volljährige Kinder einen sogenannten »Notgroschen« behalten. Dieser Betrag orientiert sich oft an den Freibeträgen der Sozialhilfe, die seit 2023 deutlich erhöht wurden. In der Regel wird die Schonvermögensgrenze aktuell zwischen 10.000 Euro und 15.000 Euro liegen.

Das darüber hinausgehende Vermögen des volljährigen Kindes muss vollständig genutzt werden, bevor die Eltern Unterhalt zahlen müssen. Manche Gerichte vertreten allerdings die Ansicht, dass das Vermögen auf die gesamte Ausbildungszeit verteilt werden muss, sodass die Eltern nur die verbleibende Lücke ausgleichen müssen.

Das Vermögen des unterhaltsberechtigten Kindes liegt 5.000 Euro über dem Schonbetrag. Es beginnt nun ein Studium, das planmäßig drei Jahre, also 36 Monate dauert. Daher werden die 5.000 Euro nun auf diese 36 Monate »aufgeteilt« und somit monatlich rund 139 Euro auf den Unterhaltsbedarf angerechnet.

Wenn ein volljähriges Kind sein Vermögen anderweitig ausgibt, anstatt es für seinen Lebensunterhalt zu nutzen, behandelt das Unterhaltsrecht dies so, als wäre das Vermögen noch vorhanden und könnte zur Deckung des Bedarfs eingesetzt werden. Das bedeutet: Die Eltern müssen keinen Unterhalt zahlen, solange das Kind das Vermögen nicht entsprechend verwendet hat, selbst wenn das Geld tatsächlich schon weg ist. Dieses Prinzip soll verhindern, dass das Kind sein Vermögen unüberlegt ausgibt und dann die Eltern zur Verantwortung zieht.

Teil V
Wie es weitergeht, wenn nichts weitergeht

IN DIESEM TEIL …

In diesem Teil erfahren Sie, welche rechtlichen Möglichkeiten bestehen, wenn Unterhaltszahlungen ausbleiben oder Streitigkeiten über die Höhe des Unterhalts entstehen. Von der gerichtlichen Durchsetzung des Kindesunterhalts bis hin zu Maßnahmen der Zwangsvollstreckung – hier finden Sie praktische Hinweise und klare Erklärungen, wie Sie Ihre Ansprüche oder die Ihres Kindes durchsetzen können.

Wir zeigen, wie das vereinfachte und das streitige Unterhaltsverfahren ablaufen, was bei der Durchsetzung von Unterhaltsrückständen zu beachten ist und welche Hilfen der Staat bietet. Zusätzlich erläutern wir, wann und wie die Unterstützung durch das Jugendamt, Beratungshilfe oder Verfahrenskostenhilfe sinnvoll sind. Mit diesem Wissen sind Sie bestens vorbereitet, um auch in schwierigen Situationen entschlossen zu handeln.

IN DIESEM KAPITEL

Welche Möglichkeiten es gibt, den Kindesunterhalt gerichtlich durchzusetzen

Der Ablauf eines gerichtlichen Unterhaltsverfahrens

Unterhaltsverfahren und die Unterschiede zwischen ihnen

Kapitel 14
Den Kindesunterhalt gerichtlich durchsetzen

In Kapitel 2 haben Sie bereits gelernt, dass ein Kind nicht nur das Recht auf Unterhalt hat, sondern auch darauf, dass dieser offiziell schriftlich festgehalten wird – und zwar durch einen sogenannten Unterhaltstitel.

Ein Unterhaltstitel kann durch eine Unterhaltsurkunde entstehen, die der zahlungspflichtige Elternteil freiwillig beim Jugendamt oder einem Notar erstellen lässt.

Leider sind nicht alle Unterhaltspflichtigen bereit, den Titel freiwillig erstellen zu lassen – oder sie tun es nur unter bestimmten Bedingungen. Typische Beispiele dafür:

- ✔ Der Unterhaltspflichtige zahlt bereitwillig, weigert sich aber, einen Titel zu erstellen.
- ✔ Er zahlt, aber nicht die geforderte Höhe.
- ✔ Er möchte nur einen festen Betrag anerkennen (statischer Unterhaltstitel).
- ✔ Er erkennt den Unterhalt nur für einen bestimmten Zeitraum an.
- ✔ Er lehnt jede Verpflichtung zur Zahlung ab.
- ✔ Er ignoriert jede Aufforderung komplett.

Als Unterhaltsberechtigter sollten Sie sich das natürlich nicht gefallen lassen. Denn auf die Zahlung der geschuldeten Unterhaltshöhe besteht ein gesetzlicher

Anspruch. Daneben ist auch die Erstellung eines Unterhaltstitels wichtig. Mit ihm kann der Unterhaltsbetrag bei Bedarf durchgesetzt werden – und zwar verbindlich. Das unterhaltsberechtigte Kind sollte also unbedingt darauf bestehen.

Wenn der Unterhaltspflichtige nicht kooperiert und kein Unterhaltstitel vorgelegt wird, kann das Kind beim zuständigen Familiengericht den Unterhalt einklagen. Genauer gesagt spricht man dann nicht von einer Klage, sondern von einem *Antrag.* Seit dem Jahr 2009 werden familienrechtliche Angelegenheiten bei Gericht nicht mehr als Klagen, sondern als Antragsverfahren geführt.

Vor Gericht – Wer vertritt das Kind?

Nun ist es also zum gerichtlichen Verfahren gekommen: Manchmal reicht es eben nicht aus, freundlich zu bitten oder mit Argumenten zu überzeugen. Wenn sich die Elternteile beim Thema Kindesunterhalt nicht einig werden, bleibt oft nur der Weg vor Gericht. Bevor wir uns genau anschauen, wie das Ganze abläuft, ist zunächst zu klären, wer für das Kind im gerichtlichen Unterhaltsverfahren auftritt und was dabei zu beachten ist.

Da weder die vierjährige Finja noch der vierjährige Finn in der Lage wären, ihre Eltern vor Gericht zu verklagen, regelt das Gesetz, wer das Kind im Unterhaltsverfahren vertritt. Hier kommt es darauf an, ob das Kind minderjährig oder volljährig ist und wie die elterliche Sorge ausgeübt wird.

Vertretung für minderjährige Kinder

Wenn das Kind noch minderjährig ist, übernimmt in der Regel ein sorgeberechtigter Elternteil die Vertretung im Unterhaltsverfahren. Hier sind verschiedene Konstellationen zu unterscheiden.

- ✔ **Alleinige elterliche Sorge:** Nach der Trennung der Eltern wird das minderjährige Kind im Unterhaltsverfahren von dem Elternteil vertreten, der das Sorgerecht hat.

- ✔ **Gemeinsame elterliche Sorge und Residenzmodell:** Leben die Eltern getrennt und üben gemeinsam das Sorgerecht aus, wird das Kind von dem Elternteil vertreten, bei dem es überwiegend lebt. Dieser Elternteil ist dafür verantwortlich, den Unterhalt gerichtlich einzufordern.

- ✔ **Gemeinsame elterliche Sorge und Wechselmodell:** Bei einem Wechselmodell, bei dem das Kind abwechselnd bei beiden Elternteilen lebt, ist die

Situation etwas komplizierter. Wenn das Wechselmodell praktiziert wird und die Eltern nicht (mehr) miteinander verheiratet sind, können beide Elternteile das Kind in einem Unterhaltsverfahren gegen den anderen Elternteil vertreten. Anders sieht es aus, wenn die Eltern miteinander verheiratet sind: Hier sind beide Elternteile laut Gesetz von der Vertretung des Kindes im Unterhaltsverfahren ausgeschlossen. Der Elternteil, der den Unterhalt für das Kind geltend machen möchte, hat dann zwei Möglichkeiten:

- *Ergänzungspfleger beantragen:* Ein neutraler Dritter wird von dem Familiengericht bestimmt, um das Kind im Verfahren zu vertreten.
- *Entscheidungsbefugnis nach § 1628 BGB beantragen:* Der Elternteil lässt sich die alleinige Entscheidungsbefugnis für die Geltendmachung des Unterhalts von dem Familiengericht übertragen.

Vertretung für volljährige Kinder

Sobald das Kind volljährig ist, ändern sich die Spielregeln: Volljährige Kinder können sich selbst vertreten. Das bedeutet, sie vertreten ihre eigenen Interessen.

Ohne meinen Anwalt sag ich nichts! Anwaltszwang

Ihre Ansprüche oder die Ihres Kindes vor Gericht durchzusetzen, gehört vermutlich nicht zu Ihrem Alltag. Und wenn Sie sich jetzt fragen, wie Sie als junger Volljähriger, Vertreter eines Kindes oder unterhaltspflichtiger Elternteil einen Antrag für das Familiengericht aus dem Ärmel schütteln sollen, können wir Sie beruhigen: Das müssen Sie nicht. Und Sie können es auch gar nicht.

In Unterhaltssachen herrscht nämlich *Anwaltszwang*. Das bedeutet, dass Sie nach § 114 Absatz 1 des Gesetzes über das Verfahren in Familiensachen und in den Angelegenheiten der freiwilligen Gerichtsbarkeit (FamFG) vor Gericht zwingend einen Anwalt benötigen.

Tritt ein Beteiligter in einer Angelegenheit mit Anwaltszwang, wie zum Beispiel einem Unterhaltsverfahren, ohne Anwalt vor Gericht auf, hat das folgende Konsequenzen:

- ✔ **Abweisung des Antrags:** Wenn ein Antragsteller ohne Anwalt auftritt und den Mangel trotz Aufforderung nicht behebt, wird das Gericht den Antrag als unzulässig zurückweisen.

- **Versäumnisbeschluss:** Dem Antragsgegner droht ein Versäumnisbeschluss, wenn er ohne Anwalt nicht ordnungsgemäß am gerichtlichen Verfahren teilnimmt. Das Gericht entscheidet dann zugunsten des Antragstellers, ohne die Argumente des nicht anwaltlich vertretenen Antragsgegners zu prüfen.

Wer trotz Anwaltszwang ohne anwaltlichen Beistand vor Gericht auftritt, riskiert generell nicht nur die Zurückweisung seines Antrags oder eine nachteilige Entscheidung, sondern auch hohe Verfahrenskosten, einschließlich der Anwaltskosten der Gegenseite. Es ist daher dringend ratsam, sich rechtzeitig um anwaltliche Vertretung zu kümmern, um die Durchsetzung der eigenen Rechte sicherzustellen.

Falls Sie sich aus finanziellen Gründen keinen Anwalt leisten können, besteht die Möglichkeit, Verfahrenskostenhilfe zu beantragen. Wird diese bewilligt, übernimmt der Staat die Kosten für einen Anwalt. Näheres dazu erfahren Sie in Kapitel 16.

Keine Regel ohne Ausnahmen: Es gibt Sonderfälle, in denen der Anwaltszwang nicht gilt:

- **Vertretung durch das Jugendamt:** Wird das Kind in einem Unterhaltsverfahren vom Jugendamt vertreten, entfällt der Anwaltszwang für das Kind. Das Jugendamt übernimmt dann die Interessenvertretung und sorgt dafür, dass die Rechte des Kindes gewahrt werden.
- **Eilverfahren – die einstweilige Anordnung:** Dabei handelt es sich um Eilverfahren, die in dringenden Fällen eine vorübergehende Regelung schaffen, bis das Hauptverfahren abgeschlossen ist. Zum Beispiel wenn sofortiger Unterhalt benötigt wird, weil ein Kind sonst nicht ausreichend versorgt wäre. Auch wenn hier kein Anwalt vorgeschrieben ist, kann es dennoch sinnvoll sein, sich rechtlich beraten zu lassen. Ein Anwalt hilft dabei, die Erfolgsaussichten des Eilverfahrens zu erhöhen, den Antrag korrekt zu formulieren und Fehler zu vermeiden, die das Verfahren unnötig verzögern könnten.

Der Ablauf des gerichtlichen Unterhaltsverfahrens

Es gibt zwei Arten von Unterhaltsverfahren vor Gericht: das vereinfachte Verfahren und das normale (streitige) Verfahren. Beide haben unterschiedliche Abläufe.

Einfach und exklusiv – das vereinfachte Unterhaltsverfahren

Das *vereinfachte Unterhaltsverfahren* ist eine besondere Möglichkeit, um den Unterhalt für ein Kind zügig und kostengünstig durchzusetzen. Und tatsächlich: Es gibt dieses Verfahren ausschließlich beim Kindesunterhalt. Es ist besonders dann praktisch, wenn alles möglichst schnell und unkompliziert geregelt werden soll.

Dieses Verfahren ist nur möglich, wenn

- ✔ noch kein Unterhaltstitel besteht und
- ✔ der geforderte Unterhaltsbetrag nicht mehr als 120 Prozent des Mindestunterhalts beträgt.

Wird ein höherer Betrag gefordert, ist das normale streitige Verfahren nötig.

Das vereinfachte Verfahren wird schriftlich geführt – ohne mündliche Verhandlung. Alle nötigen Angaben erfolgen über standardisierte Formulare. Die genauen gesetzlichen Regelungen hierzu finden Sie in den §§ 249 ff. FamFG.

So funktioniert das vereinfachte Verfahren Schritt für Schritt:

1. **Antrag stellen:** Der unterhaltsberechtigte Elternteil oder das Kind (vertreten durch den Sorgeberechtigten) stellt einen schriftlichen Antrag auf Festsetzung von Unterhalt. Dafür wird ein vorgefertigtes Formular verwendet, das wie ein Fragebogen ausgefüllt wird. Dieses Formular finden Sie beispielsweise auf der Website des Bundesministeriums der Justiz (`https://www.bmj.de/DE/service/formulare/form_kindesunterhalt/form_kindesunterhalt_node.html`).

2. **Prüfung durch das Gericht:** Das Gericht prüft, ob der Antrag vollständig und formgerecht ist. Danach wird er dem Antragsgegner (meist der unterhaltspflichtige Elternteil) zugestellt.

3. **Einwendungen durch den Antragsgegner:** Der Unterhaltspflichtige kann innerhalb der Frist von einem Monat Einwendungen gegen den Antrag erheben – ebenfalls mithilfe eines Formulars. Wichtig: Das Gericht prüft nicht, ob die Einwendungen inhaltlich korrekt sind, sondern nur, ob sie formell zulässig sind.

4. **Entscheidung:** Erfolgen seitens des Unterhaltspflichtigen keine oder unzulässige Einwendungen, erlässt das Gericht einen Unterhaltsfestsetzungsbeschluss. Zulässige Einwendungen beenden das vereinfachte Verfahren ohne Entscheidung und die Angelegenheit wird in ein streitiges Verfahren übergeleitet.

5. **Beschwerde:** Erlässt das Gericht einen Unterhaltsfestsetzungsbeschluss, bleibt dem Unterhaltspflichtigen nur noch das Rechtsmittel der Beschwerde (§ 256 FamFG).

Das vereinfachte Unterhaltsverfahren ist in einfach gelagerten Fällen praktisch, weil es

- ✔ Zeit spart,
- ✔ unkompliziert ist und
- ✔ keine hohen Kosten verursacht.

Sobald Uneinigkeit besteht, bleibt jedoch nur der Weg ins streitige Verfahren.

Etwas strittiger – das streitige Verfahren

In den meisten Fällen reicht das vereinfachte Verfahren nicht aus, um den Unterhalt eines Kindes zu klären – sei es, weil der Unterhaltspflichtige Einwände erhebt oder die Höhe des Unterhalts umstritten ist. In solchen Fällen geht es ins sogenannte *streitige Unterhaltsverfahren*. Und der Name sagt schon einiges: Hier wird wirklich gestritten.

Das streitige Unterhaltsverfahren wird notwendig, wenn

- ✔ Einwände gegen den Unterhalt im vereinfachten Verfahren zulässig erhoben wurden,
- ✔ Uneinigkeit über die Höhe des zu zahlenden Unterhalts besteht,
- ✔ sonstige Streitpunkte geklärt werden müssen, etwa ob überhaupt eine Unterhaltspflicht besteht,
- ✔ der zu zahlende Kindesunterhalt über 120 Prozent des Mindestunterhalts hinausgeht.

Das streitige Unterhaltsverfahren entspricht dem, was man sich unter einem klassischen Gerichtsprozess vorstellt. So läuft das streitige Verfahren üblicherweise ab:

1. **Antragstellung:** Der Unterhaltsgläubiger reicht über einen Anwalt einen schriftlichen Antrag beim Familiengericht ein. Anders als im vereinfachten Verfahren sind Formulare hier nicht ausreichend. Zuständig ist – wenn nicht gleichzeitig ein Scheidungsverfahren der Eltern bei Gericht läuft – das Familiengericht, in dessen Bezirk das minderjährige (oder privilegierte volljährige) Kind seinen gewöhnlichen Aufenthalt hat (für volljährige Kinder gilt, dass das Familiengericht am Wohnsitz des unterhaltspflichtigen Elternteils zuständig ist). Familiengerichte sind eine besondere Abteilung der

Amtsgerichte, die sich ausschließlich mit familienrechtlichen Angelegenheiten befassen.

2. **Das schriftliche Vorverfahren:** Das Gericht stellt den Antrag an den Antragsgegner zu und leitet im Regelfall das sogenannte schriftliche Vorverfahren ein.

   Im schriftlichen Vorverfahren gibt es wichtige Fristen, die sowohl der Verteidigungsanzeige als auch der Antragserwiderung dienen. Die Verteidigungsanzeige ist die erste Reaktion des Antragsgegners auf den Antrag, den das Gericht zugestellt hat. Mit ihr teilt der Antragsgegner dem Gericht mit, dass er sich gegen den gestellten Antrag verteidigen möchte. Die Frist zur Abgabe der Verteidigungsanzeige wird vom Gericht festgelegt und beträgt in der Regel zwei Wochen ab Zustellung des Antrags. Innerhalb dieser Frist muss der Antragsgegner schriftlich mitteilen, dass er sich gegen den Antrag verteidigen will. Erfolgt keine Verteidigungsanzeige innerhalb der gesetzten Frist, erlässt das Gericht auf Antrag einen Versäumnisbeschluss.

   Die Antragserwiderung ist die ausführliche schriftliche Stellungnahme des Antragsgegners zu den im Antrag vorgebrachten Forderungen. Hier hat der Antragsgegner die Gelegenheit, Einwendungen oder Argumente vorzubringen. Die Frist für die Antragserwiderung wird ebenfalls von dem Familiengericht gesetzt und beträgt in der Regel vier Wochen. Diese Frist kann in Einzelfällen verlängert werden, etwa wenn umfangreiche Unterlagen eingereicht oder komplexe Sachverhalte geprüft werden müssen.

3. **Gegenseitige Schriftsätze:** Beide Beteiligten können auf die schriftlichen Ausführungen der jeweils anderen Partei reagieren. Es entsteht ein Schriftwechsel, in dem Argumente ausgetauscht werden und gegebenenfalls Beweise angeboten werden.

4. **Mündliche Verhandlung:** Das Gericht lädt die Beteiligten zu einem Verhandlungstermin. Hier tragen beide Seiten nochmals ihre Argumente vor. Falls nötig, erhebt das Gericht Beweise, zum Beispiel durch Zeugenvernehmungen.

   Das Gericht erörtert, ob ein Abschluss des Verfahrens in Form eines Vergleichs möglich ist. Sind beide Beteiligten bereit, sich zu verständigen, wird ein gerichtlicher Vergleich protokolliert. Kommt kein Vergleich in Betracht, bestimmt das Gericht einen Verkündungstermin.

5. **Entscheidung:** In dem Verkündungstermin, der einige Zeit nach der mündlichen Verhandlung stattfindet, gibt das Gericht eine Entscheidung durch Beschluss bekannt.

Es handelt sich dabei nicht um eine mündliche Verhandlung, sondern um einen reinen Bekanntmachungstermin, zu dem grundsätzlich weder die Anwälte noch die Beteiligten erscheinen. Das Gericht stellt den schriftlichen Beschluss zu.

6. **Beschwerde:** Wenn entweder der Antragsteller oder der Antragsgegner mit der Entscheidung des Familiengerichts nicht einverstanden ist, besteht die Möglichkeit, Beschwerde einzulegen. Dies ist das Rechtsmittel gegen Entscheidungen des Familiengerichts und dient dazu, die Angelegenheit durch ein höheres Gericht – das Oberlandesgericht – überprüfen zu lassen. Die Beschwerde muss innerhalb eines Monats nach Zustellung der schriftlichen Entscheidung des Familiengerichts eingereicht werden.

Und wer kommt für die Kosten eines gerichtlichen Verfahrens auf? Das streitige Verfahren ist deutlich aufwendiger und kostspieliger als das vereinfachte Verfahren. Die Kosten setzen sich zusammen aus

- ✔ Gerichtskosten und
- ✔ Anwaltskosten.

Die Regelungen zur Kostenverteilung in Unterhaltsverfahren finden sich in § 243 des Gesetzes über das Verfahren in Familiensachen und in den Angelegenheiten der freiwilligen Gerichtsbarkeit (FamFG). Hier ist festgelegt, dass die Kosten eines Unterhaltsverfahrens insbesondere nach dem Erfolg oder Misserfolg der Beteiligten aufgeteilt werden. Konkret bedeutet das: Wer verliert, zahlt! Wenn beide Seiten teilweise obsiegen, werden die Kosten entsprechend der Erfolgsquote aufgeteilt.

Wenn ein Antrag auf 500 Euro Unterhalt gestellt wurde und das Gericht nur 300 Euro zuspricht, trägt der Antragsteller 40 Prozent der Kosten, der Antragsgegner 60 Prozent.

Die Verteilung der Kosten in einem Unterhaltsverfahren richtet sich aber nicht nur nach dem Erfolg oder Misserfolg im Verfahren, sondern zum Beispiel auch nach dem Verhalten der Beteiligten vor Beginn des Verfahrens. Ein besonders wichtiger Aspekt ist dabei, ob ein Beteiligter seine Verpflichtung zur Auskunftserteilung oder zur Vorlage von Einkommensnachweisen nachgekommen ist.

Der unterhaltsberechtigte Antragsteller fordert den Antragsgegner vor dem Verfahren schriftlich auf, innerhalb von zwei Wochen seine Einkommens- und Vermögensverhältnisse offenzulegen. Der Antragsgegner ignoriert diese Aufforderung. Im späteren Verfahren stellt sich heraus, dass die geforderten Unterhaltszahlungen unberechtigt sind. Obwohl der Antragsgegner das Unterhaltsverfahren nicht verliert, entscheidet das Gericht, dass er die gesamten Verfahrenskosten tragen muss, weil er durch sein Verhalten das Verfahren provoziert hat.

Besondere Verfahren

Neben dem vereinfachten und dem normalen streitigen Unterhaltsverfahren gibt es im Unterhaltsrecht auch besondere Verfahren, die in spezifischen Situationen genutzt werden. Diese Verfahren, wie der Stufenantrag oder der Abänderungsantrag, haben besondere Regeln und Abläufe. Wir stellen Ihnen diese Verfahren im Folgenden vor und klären, wann sie zur Anwendung kommen.

Die Abänderung bestehender Unterhaltstitel

Ein Abänderungsantrag wird gestellt, wenn es bereits einen bestehenden Unterhaltstitel (etwa einen Beschluss oder eine Jugendamtsurkunde) gibt, sich aber die Verhältnisse nachträglich geändert haben. Ein Abänderungsantrag kommt insbesondere in Betracht, wenn

✔ sich Einkommensverhältnisse geändert haben.

Der Unterhaltspflichtige verdient (unverschuldet) weniger oder mehr als zum Zeitpunkt der ursprünglichen Festsetzung.

✔ die Lebenssituation des Kindes sich geändert hat.

Ein Kind hat nach dem Schulabschluss begonnen, eine Ausbildung zu machen, und erhält jetzt eine Ausbildungsvergütung. Der Unterhalt muss entsprechend angepasst werden.

✔ die Lebenssituation des Unterhaltspflichtigen sich geändert hat.

Durch die Geburt weiterer Kinder erhöht sich die Zahl der Unterhaltsverpflichtungen für den Unterhaltspflichtigen.

✔ sich Gesetze oder die höchstrichterliche Rechtsprechung geändert haben.

Bei einem Abänderungsantrag muss der Antragsteller (dies kann sowohl der Unterhaltsberechtigte als auch der -pflichtige sein) dem Gericht darlegen, welche Umstände sich seit der ursprünglichen Entscheidung geändert haben und wie sich diese Änderungen auf die Unterhaltshöhe auswirken.

Doch nicht jede kleine Veränderung rechtfertigt ein Abänderungsverfahren. Die sogenannte Wesentlichkeitsgrenze legt fest, dass die Veränderung erheblich sein muss, um eine Anpassung des Unterhaltstitels zu rechtfertigen. Diese Grenze dient der Rechtssicherheit und verhindert, dass Unterhaltstitel wegen jeder kleinen Änderung angepasst werden. Eine wesentliche Änderung liegt vor, wenn sich der Unterhaltsbetrag um mindestens 10 Prozent verändert.

Der bisherige titulierte Unterhalt beträgt 500 Euro. Eine Änderung des Unterhalts um 50 Euro (10 Prozent) oder mehr ist wesentlich und rechtfertigt eine Anpassung.

Der Ablauf des Abänderungsverfahrens entspricht grundsätzlich dem des streitigen Unterhaltsverfahrens, einschließlich der Antragstellung, des schriftlichen Vorverfahrens, der mündlichen Verhandlung und der abschließenden Entscheidung durch das Gericht.

Der Stufenantrag

Ein Stufenantrag kommt dann ins Spiel, wenn der Unterhaltsberechtigte nicht genau weiß, wie viel Unterhalt ihm zusteht, weil ihm die nötigen Informationen über die finanziellen Verhältnisse des Unterhaltspflichtigen fehlen. Es handelt sich dabei um ein dreistufiges Verfahren, das – wie der Name schon sagt – stufenweise abläuft:

- ✔ **Erste Stufe: Auskunft verlangen.** Der Unterhaltsberechtigte beantragt zunächst, dass der Unterhaltspflichtige verpflichtet wird, Auskunft über sein Einkommen, Vermögen und gegebenenfalls seine persönlichen Verhältnisse zu erteilen.
- ✔ **Zweite Stufe: Belege vorlegen.** Auf Basis der Auskunft fordert der Antragsteller Belege, die die Angaben des Unterhaltspflichtigen untermauern sollen.
- ✔ **Dritte Stufe: Festsetzung des Unterhalts.** Sobald alle Informationen und Belege vorliegen, berechnet der Antragsteller die Unterhaltshöhe und beantragt beim Gericht die Festsetzung eines konkreten Unterhaltsbetrags.

Ein Vorteil des Stufenantrags ist, dass der Antragsteller seinen Unterhaltsanspruch ohne genaue Kenntnis der finanziellen Verhältnisse des Unterhaltspflichtigen geltend machen kann. Der Unterhaltspflichtige wird zur Mitwirkung verpflichtet, und das Gericht entscheidet Stufe für Stufe.

IN DIESEM KAPITEL

Unterhaltsrückstände geltend machen

Inverzugsetzung, Verjährung und Verwirkung

Welche Voraussetzungen für eine Zwangsvollstreckung erfüllt sein müssen

Möglichkeiten der Zwangsvollstreckung und wie sie genutzt werden

Kapitel 15
Unterhalt(srückstände) einfordern

Kindesunterhalt ist dazu da, den aktuellen Lebensbedarf des Kindes zu decken – also das, was jetzt und in Zukunft benötigt wird. Deshalb ist es wichtig, dass Unterhalt regelmäßig und zuverlässig gezahlt wird. Es ist ebenso wichtig, dass Unterhalt zeitnah eingefordert wird, wenn er nicht freiwillig gezahlt wird.

Aber was passiert, wenn Unterhalt über längere Zeit nicht gezahlt wird? Hier kommen verschiedene Begriffe ins Spiel, die Sie kennen sollten, wie etwa Inverzugsetzung, Verwirkung und Verjährung. Diese Begriffe werden wir Ihnen in den folgenden Abschnitten erläutern.

Unterhalt für die Vergangenheit

Grundsätzlich kann man Unterhalt für die Vergangenheit nur dann verlangen, wenn der Unterhaltspflichtige vorher ausdrücklich »gewarnt« wurde. Ohne diese Warnung muss er nicht damit rechnen, hohe Nachzahlungen leisten zu müssen. Diese Regeln schützen den Unterhaltspflichtigen. Schließlich soll er nicht plötzlich mit hohen Nachforderungen überrascht werden, auf die er sich in seiner Lebensführung gar nicht einstellen konnte. Das Gesetz verlangt deshalb vom

Unterhaltsberechtigten, rechtzeitig bestimmte Schritte zu unternehmen. § 1613 Absatz 1 BGB zeigt drei Wege auf, wie Unterhalt für die Vergangenheit geltend gemacht werden kann:

- **Auskunftsverlangen:** Der Unterhaltsberechtigte fordert den Unterhaltspflichtigen schriftlich auf, Auskunft über seine Einkünfte und sein Vermögen zu geben. Wie genau dies funktioniert, erfahren Sie in Kapitel 5.
- **Mahnung:** Entweder der Unterhaltsberechtigte selbst oder ein Anwalt schickt eine klare und eindeutige Zahlungsaufforderung an den Unterhaltspflichtigen.
- **Rechtshängigkeit:** Der Anwalt reicht einen Antrag auf Unterhalt beim Familiengericht ein und lässt ihn dem Pflichtigen zustellen.

In allen drei Fällen gilt, dass der Unterhalt rückwirkend ab dem Monatsersten geschuldet wird, in den die bezeichneten Ereignisse fallen, wenn der Unterhaltsanspruch dem Grunde nach zu diesem Zeitpunkt bestanden hat. Der Unterhaltspflichtige wird durch die vorgenannten Maßnahmen in Verzug gesetzt, das nennt man *Inverzugsetzung*.

Lena ist 14 Jahre alt und lebt bei ihrer Mutter Manuela. Der Vater Oliver ist barunterhaltspflichtig, zahlt aber keinen Unterhalt. Manuela will Kindesunterhalt für Lena einfordern. Am 10. März 2025 fordert Manuela Oliver schriftlich auf, seine Einkommensverhältnisse offenzulegen, um den genauen Kindesunterhalt für Lena berechnen zu können. Oliver antwortet nicht fristgerecht. Manuela schaltet einen Anwalt ein, der im Juni den Kindesunterhalt gerichtlich geltend macht.

Das Gericht verpflichtet Oliver, ab dem 1. März 2025 den eingeforderten Kindesunterhalt zu zahlen, da die Inverzugsetzung durch das Auskunftsverlangen im März 2025 erfolgte.

Der Unterhaltsberechtigte muss im Zweifel beweisen, dass alle Voraussetzungen für den Verzug erfüllt sind. Das bedeutet: Es muss klar dokumentiert werden, wann und wie der Unterhaltspflichtige aufgefordert wurde, den Unterhalt zu zahlen.

Mit einem Einwurf- oder Rückschein-Einschreiben können Sie nachweisen, dass ein Schreiben tatsächlich zugestellt wurde. Dies ist besonders wichtig, falls der Unterhaltspflichtige später bestreitet, in Verzug gesetzt worden zu sein.

Fertigen Sie eine Kopie des Auskunftsverlangens oder der Mahnung an und bewahren Sie diese zusammen mit dem Einlieferungsbeleg und dem Rückschein auf.

In besonders kritischen Situationen kann ein Gerichtsvollzieher zur Zustellung beauftragt werden. Dies bietet höchste Sicherheit, da der Gerichtsvollzieher die Übergabe rechtssicher dokumentiert.

Verjährung versus Verwirkung

Stellen Sie sich vor, Sie sind 50 Jahre alt und beschließen, sich ein Motorrad zuzulegen – samt Führerschein, Schutzkleidung und vielleicht sogar einem coolen Tattoo, das perfekt dazu passt. Doch als Sie die Kosten überschlagen, merken Sie: Das wird teuer!

Da kommt Ihnen eine vermeintlich geniale Idee: Als Kind hatten Sie Unterhaltsansprüche gegen Ihre Mutter, weil Sie überwiegend bei Ihrem Vater gelebt haben. Damals wurde nicht alles bezahlt, und es sind noch 4.000 Euro an Unterhaltsrückständen offen. Zwar hatten Sie Ihrer Mutter vor Jahren, an Ihrem 40. Geburtstag, gesagt, dass Sie auf das Geld verzichten – schließlich läuft Ihre Firma gut, und sie hatte Ihnen damals ein großzügiges Geschenk gemacht. Doch jetzt, nach ein paar finanziellen Fehltritten, könnten Ihnen diese 4.000 Euro wirklich weiterhelfen.

Da ein persönliches Gespräch zu viel Überwindung kostet, schreiben Sie Ihrer Mutter eine Zahlungsaufforderung und fordern die Rückstände ein. Was sagt Ihr Bauchgefühl? Muss Ihre Mutter zahlen? Falls Ihr Bauchgefühl zu einem »Nein« tendieren sollte, haben Sie bewiesen, dass Sie definitiv darauf vertrauen können. Die Mutter muss der Zahlungsaufforderung nicht nachkommen. Aber warum nicht?

Ganz einfach: Wenn Unterhalt eine längere Zeit nicht geltend gemacht wird, können die Ansprüche verwirkt oder verjährt sein.

Wann Unterhaltsansprüche verjähren

Auch Unterhaltsansprüche unterliegen der *Verjährung*, was bedeutet, dass sie nach einer bestimmten Zeit nicht mehr erfolgreich eingefordert werden können. Dabei gibt es einige Besonderheiten, die Sie kennen sollten.

Wenn ein Unterhaltsanspruch in einem sogenannten Titel festgelegt wurde (etwa durch einen gerichtlichen Beschluss, einen vor Gericht geschlossenen Vergleich oder eine Jugendamtsurkunde), beträgt die Verjährungsfrist für Unterhaltsrückstände 30 Jahre.

Aber Achtung! Titulierte Unterhaltsansprüche, die erst in Zukunft fällig werden, verjähren nach der regelmäßigen Verjährungsfrist. Diese regelmäßige Verjährungsfrist beträgt drei Jahre (§ 195 BGB). Der Beginn der Verjährungsfrist richtet sich nach § 199 BGB. Sie beginnt am Ende des Jahres, in dem der Anspruch entstanden ist und der Gläubiger Kenntnis von den Umständen und der Person des Schuldners erlangt hat oder ohne grobe Fahrlässigkeit hätte erlangen müssen. Das bedeutet, dass die Verjährung immer am 31. Dezember des Jahres zu laufen beginnt, in dem beide Voraussetzungen erfüllt sind.

Robert, der Vater von Anna, wird am 10. Januar 2025 durch einen gerichtlichen Beschluss dazu verpflichtet, für Anna rückständigen Unterhalt von 4.000 Euro und ab Februar 2025 monatlich 400 Euro Kindesunterhalt zu zahlen.

Alle Unterhaltsansprüche, die vor dem Urteil am 10. Januar 2025 entstanden sind (also die titulierten Rückstände von 4.000 Euro) unterliegen einer Verjährungsfrist von 30 Jahren gemäß § 197 Absatz 1 Nr. 3 BGB. Das bedeutet, dass diese Rückstände erst mit Ablauf des 31. Dezember 2055 verjähren.

Die monatlich fälligen Unterhaltsansprüche ab Februar 2025 unterliegen einer verkürzten Verjährungsfrist von drei Jahren, wie sie in § 197 Absatz 2 BGB in Verbindung mit § 195 BGB geregelt ist. Für jeden Anspruch beginnt die Verjährung am Ende des Kalenderjahres, in dem der jeweilige Betrag fällig wurde.

Beispielsweise verjährt der Anspruch für Februar 2025 mit Ablauf des 31. Dezember 2028 und der Anspruch für Januar 2026 mit Ablauf des 31. Dezember 2029.

Für minderjährige Kinder gibt es eine wichtige Sonderregel: Die Verjährungsfrist ihrer Unterhaltsansprüche beginnt nicht zu laufen, bis sie 21 Jahre alt werden. Dies nennt man eine Hemmung der Verjährung (§ 207 Absatz 1 Satz 2 Nr. 2 BGB).

Anna ist 16 Jahre alt. Die Verjährung für sämtliche Unterhaltsansprüche beginnt erst zu laufen, wenn sie 21 Jahre alt wird.

Wenn Unterhaltsansprüche zu verjähren drohen, können Maßnahmen ergriffen werden, die entweder zu einer Hemmung oder Unterbrechung der Verjährung führen:

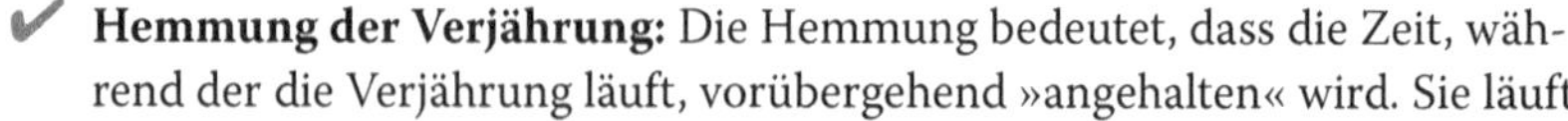

- **Hemmung der Verjährung:** Die Hemmung bedeutet, dass die Zeit, während der die Verjährung läuft, vorübergehend »angehalten« wird. Sie läuft zwar weiter, pausiert aber während der Hemmung. Nach dem Ende der Hemmung geht der Verjährungszeitraum einfach weiter. Beispiele für Hemmungsgründe sind Verhandlungen über die Unterhaltsansprüche oder die gerichtliche Geltendmachung der Ansprüche.

- **Unterbrechung der Verjährung:** Eine Unterbrechung ist wie ein »Reset«. Sie stoppt die Verjährung nicht nur vorübergehend, sondern setzt sie vollständig zurück. Sobald die Unterbrechung endet, beginnt die Verjährungsfrist wieder von vorn. Beispiele für Unterbrechungen der Verjährung sind die Abgabe eines Schuldanerkenntnisses und die Einleitung von Vollstreckungsmaßnahmen.

Wann eine Verwirkung von Unterhalt in Betracht kommt

Da Unterhalt dazu dient, den aktuellen Lebensbedarf zu decken, wird erwartet, dass Unterhaltsansprüche zeitnah geltend gemacht werden. Wenn das nicht passiert, kann es zu einer sogenannten *Verwirkung* kommen.

Das bedeutet: Unterhaltsansprüche können unter bestimmten Voraussetzungen verfallen, auch wenn sie noch nicht verjährt sind. Der Grund dafür liegt in der Lebensrealität des Unterhaltspflichtigen. Dieser richtet seine Ausgaben und Lebensweise an seinen verfügbaren Mitteln aus. Wird er Jahre später plötzlich mit Nachforderungen konfrontiert, kann das zu einer unerwarteten Schuldenlast führen, die für ihn unzumutbar ist.

Damit es zu einer Verwirkung von Unterhaltsansprüchen kommt, müssen zwei Dinge erfüllt sein:

- **Zeitmoment:** Der Anspruch wurde über einen längeren Zeitraum nicht geltend gemacht, obwohl es möglich gewesen wäre. Beim »Zeitmoment« ist in der Regel von einem Jahr auszugehen.
- **Umstandsmoment:** Das Zeitmoment allein reicht nicht aus, um eine Verwirkung von Unterhaltsansprüchen zu begründen. Zusätzlich muss das sogenannte Umstandsmoment erfüllt sein. Das Umstandsmoment liegt vor, wenn der Unterhaltsschuldner aufgrund des Verhaltens des Berechtigten berechtigterweise davon ausgehen durfte, dass dieser seinen Anspruch nicht mehr geltend machen wird. Es müssen also besondere Umstände hinzukommen, die das Vertrauen des Schuldners in die endgültige Aufgabe der Ansprüche rechtfertigen. Allein der Umstand, dass der Berechtigte über längere Zeit keinen Unterhalt fordert, erfüllt das Umstandsmoment nicht.

Paul ist der Vater von Marie, die aus Pauls geschiedener Ehe mit Verena stammt. Als Marie 16 Jahre alt ist, zieht sie mit ihrer Mutter in eine andere Stadt. Obwohl Paul offiziell unterhaltspflichtig ist und auch vor einigen Jahren mit Unterhaltszahlungen für Marie in Verzug gesetzt wurde, fordert Verena über mehrere Jahre hinweg keinen konkreten Kindesunterhalt ein. Bis auf das verzugsbegründende Schreiben hat Paul keine Hinweise darauf, dass Unterhaltszahlungen von ihm für Marie erwartet werden.

Paul geht davon aus, dass Verena den Kindesunterhalt für Marie absichtlich nicht weiterverfolgt hat – zumal er Marie über die Jahre hinweg finanziell unterstützt hat, indem er ihr regelmäßig Kleidungsstücke und Geld für Freizeitaktivitäten gegeben hat. In dieser Zeit verändert Paul seine finanzielle Situation grundlegend: Er gründet eine neue Familie, nimmt einen Kredit für ein Haus auf und passt seine Ausgaben an, ohne Kindesunterhalt einzuplanen.

Mit 21 Jahren fordert Marie plötzlich rückwirkend den ausstehenden Unterhalt für die vergangenen Jahre. Paul beruft sich auf Verwirkung.

Ein Gericht könnte in diesem Fall entscheiden, dass der Unterhaltsanspruch verwirkt ist, da vieles dafürspricht, dass sowohl das Zeitmoment als auch das Umstandsmoment erfüllt sind.

Durch frühzeitige und gezielte Maßnahmen, wie eine rechtzeitige gerichtliche Verfolgung von Unterhaltsansprüchen, lassen sich viele Schwierigkeiten bei der Durchsetzung von Unterhaltsansprüchen verhindern.

Zwangsvollstreckung von Unterhalt

Unterhalt ist kein »Kann«, sondern ein »Muss«. Deshalb muss es natürlich nicht hingenommen werden, wenn die Unterhaltszahlungen ausbleiben. In solchen Fällen gibt das Gesetz dem Kind – oder dem vertretenden Elternteil – ein wirksames Instrument an die Hand: die *Zwangsvollstreckung*.

Voraussetzungen für eine Zwangsvollstreckung

Damit eine Zwangsvollstreckung eingeleitet werden kann, müssen bestimmte Voraussetzungen erfüllt sein. Das bedeutet, dass nicht einfach so Maßnahmen wie eine Gehaltspfändung oder eine Kontopfändung beantragt werden können. Diese Umstände müssen vorliegen, damit eine Zwangsvollstreckung betrieben werden kann:

- ✔ **Unterhaltstitel:** Zunächst muss ein Unterhaltstitel vorliegen. In Kapitel 2 haben Sie bereits erfahren, welche Unterhaltstitel es beim Kindesunterhalt gibt und dass ein Kind einen Anspruch auf Vorlage eines Unterhaltstitels hat.
- ✔ **Vollstreckungsklausel:** Eine Vollstreckungsklausel ist eine Art offizieller Nachweis, dass ein Unterhaltstitel vollstreckbar ist. Die Klausel wird in der Regel von der Stelle erteilt, die den Titel ausgestellt hat, zum Beispiel vom Familiengericht oder vom Jugendamt. Ohne diese Klausel ist eine Zwangsvollstreckung nicht möglich.
- ✔ **Zustellung:** Bevor die Zwangsvollstreckung beginnen kann, muss der Unterhaltstitel dem Schuldner offiziell zugestellt werden. Das bedeutet, dass der Schuldner nachweislich darüber informiert werden muss, dass gegen ihn ein Titel existiert. Die Zustellung kann auf verschiedenen Wegen erfolgen, etwa durch einen Gerichtsvollzieher.

Erst wenn alle drei Voraussetzungen erfüllt sind, kann die Zwangsvollstreckung tatsächlich stattfinden.

Die verschiedenen Arten der Zwangsvollstreckung

Die Zwangsvollstreckung klingt erst mal nach etwas, das Sie aus Filmen kennen: Ein Gerichtsvollzieher steht mit ernster Miene vor der Tür und nimmt alles mit, was glänzt. Aber in Wirklichkeit ist die Palette an Zwangsvollstreckungsmaßnahmen viel breiter und flexibler. Diese Möglichkeiten bestehen:

Die Mobiliarvollstreckung

Wenn Unterhalt nicht gezahlt wurde, gibt es die Möglichkeit, mithilfe eines Gerichtsvollziehers Gegenstände des Schuldners zu pfänden und zu Geld zu machen. Diese Art der Zwangsvollstreckung wird *Mobiliarvollstreckung* genannt. Hier erfahren Sie, wie das abläuft:

1. **Antragstellung:** Der Gläubiger muss einen Antrag an den Gerichtsvollzieher stellen und dafür ein gesetzlich vorgeschriebenes Formular verwenden.

Den Vollstreckungsauftrag an den Gerichtsvollzieher finden Sie im Internetauftritt des Bundesministeriums der Justiz (`https://www.bmj.de/DE/service/formulare/form_zwangsvollstreckung/form_zwangsvollstreckung_node.html`).

2. **Zahlungsaufforderung:** Der Gerichtsvollzieher fordert den Schuldner auf, die offene Summe inklusive der Kosten der Vollstreckung zu zahlen. Tut der Schuldner dies, ist die Sache erledigt.

3. **Pfändung:** Zahlt der Schuldner nicht, darf der Gerichtsvollzieher die Wohnung betreten und nach Wertgegenständen suchen, die gepfändet werden können. Weigert sich der Schuldner, die Tür zu öffnen, kann der Gläubiger einen richterlichen Durchsuchungsbeschluss beantragen. Pfändbar sind etwa Luxusgegenstände, Bargeld oder Schmuck. Nicht pfändbar sind Dinge, die der Schuldner für die Arbeit braucht, sowie Gegenstände, die für ein einfaches Leben nötig sind (zum Beispiel Möbel oder Fernseher in einem bescheidenen Rahmen).

4. **Versteigerung:** Gepfändete Gegenstände werden öffentlich versteigert, und der Erlös geht an den Gläubiger.

5. **Vermögensauskunft und Schuldnerverzeichnis:** Wenn beim Schuldner nichts zu holen ist, kann der Gerichtsvollzieher eine Vermögensauskunft verlangen. Der Schuldner muss dann eine Liste seiner Besitztümer und Einkünfte vorlegen, die von ihm eidesstattlich versichert wird. So kann der Gläubiger mehr über die Einkommens- und Vermögensverhältnisse des Schuldners erfahren. Wenn der Schuldner die Vermögensauskunft verweigert oder klar ist, dass er die Schulden nicht begleichen kann, wird er in ein Schuldnerverzeichnis eingetragen. Diese Eintragung ist öffentlich und kann dazu führen, dass der Schuldner keinen Kredit mehr bekommt.

6. **Kosten des Gerichtsvollziehers:** Diese sind gesetzlich geregelt. Zunächst muss der Gläubiger die Kosten vorstrecken. Der Schuldner muss sie aber letztendlich übernehmen und zurückzahlen – zumindest theoretisch.

Wenn der Gläubiger sich die Kosten nicht leisten kann, kann er Prozesskostenhilfe beantragen.

Die Forderungsvollstreckung

Wenn Unterhalt nicht gezahlt wird, kann der Gläubiger auch auf eine *Forderungsvollstreckung* zurückgreifen. Dabei wird das Geld, das der Schuldner von Dritten zu bekommen hat, direkt an den Gläubiger überwiesen. Das können zum Beispiel sein:

- Lohn oder Gehalt, den beziehungsweise das der Arbeitgeber zahlen muss,
- eine Mietkaution oder zu viel gezahlte Nebenkosten vom Vermieter,

- ✔ Steuererstattungen vom Finanzamt,
- ✔ das Guthaben auf einem Bankkonto.

Der Ablauf ist etwas anders als bei der Mobiliarvollstreckung.

1. **Erlass eines Pfändungs- und Überweisungsbeschlusses:** Das Gericht prüft den Antrag und erlässt den Beschluss, wenn alle Voraussetzungen erfüllt sind.

2. **Zustellung:** Nach Erlass des Pfändungs- und Überweisungsbeschlusses wird dieser an den sogenannten Drittschuldner – also die Person oder Institution, die dem Schuldner Geld schuldet – und an den Schuldner selbst zugestellt. Ab diesem Zeitpunkt darf der Drittschuldner die Forderung nicht mehr an den Schuldner zahlen, sondern nur noch an den Gläubiger. Dies gilt zum Beispiel für Lohnzahlungen, Kontoguthaben oder Steuererstattungen. Gleichzeitig wird dem Schuldner verboten, über diese Forderungen zu verfügen.

3. **Drittschuldnererklärung:** Der Drittschuldner, also zum Beispiel der Arbeitgeber oder die Bank, wird durch den Pfändungs- und Überweisungsbeschluss verpflichtet, eine Erklärung darüber abzugeben, ob und in welcher Höhe die gepfändete Forderung tatsächlich besteht und ob er zur Zahlung bereit ist. Wenn der Drittschuldner bereit ist, an den Gläubiger zu zahlen, ist die Sache schnell erledigt. Verweigert er jedoch die Zahlung – beispielsweise mit der Begründung, dass er dem Schuldner nichts schuldet –, muss der Gläubiger gegebenenfalls gerichtlich gegen den Drittschuldner vorgehen, um sein Recht durchzusetzen.

4. **Kosten:** Die Kosten hängen insbesondere davon ab, wie hoch die Forderung ist. Zunächst muss der Gläubiger die Kosten, wie Gerichts- und Gerichtsvollziehergebühren, vorstrecken. Diese Kosten können vom Schuldner zurückverlangt werden.

Bei der Pfändung von Arbeitseinkommen gibt es besondere Regelungen, um den Schuldner vor dem völligen Verlust seiner Existenzgrundlage zu schützen. Nur der Teil des Einkommens, der über die Pfändungsfreigrenzen hinausgeht, kann gepfändet werden. Diese Freigrenzen hängen unter anderem von der Zahl der unterhaltsberechtigten Personen ab und werden regelmäßig angepasst. Bei Unterhaltsforderungen können die Freigrenzen niedriger ausfallen, um sicherzustellen, dass der Unterhaltsempfänger zu seinem Recht kommt. Ähnliches gilt für Kontopfändungen, bei denen der Schuldner ein Pfändungsschutzkonto (P-Konto) einrichten kann, um Zugriff auf einen geschützten Grundbetrag zu behalten.

Die Immobiliarvollstreckung

Die *Immobiliarvollstreckung* bedeutet, dass ein Gläubiger sein Geld durch die Zwangsvollstreckung in ein Grundstück oder eine Immobilie des Schuldners eintreiben kann. Dies kann auf verschiedene Arten geschehen:

- ✔ **Zwangsversteigerung:** Die Immobilie wird öffentlich versteigert. Der Erlös aus der Versteigerung wird genutzt, um die Schulden zu begleichen. Eventueller Überschuss geht an den Schuldner.
- ✔ **Zwangsverwaltung:** Ein gerichtlich bestellter Verwalter übernimmt das Grundstück oder die Immobilie. Er kümmert sich beispielsweise um Mieteinnahmen, die dann an den Gläubiger fließen.
- ✔ **Zwangssicherungshypothek:** Der Gläubiger lässt eine Sicherungshypothek in das Grundbuch eintragen. Dadurch wird er wie ein Hypothekengläubiger behandelt und hat ein starkes Pfandrecht an der Immobilie. Der Schuldner kann die Immobilie nicht ohne Weiteres verkaufen, solange die Forderung nicht beglichen ist.

Das Amtsgericht am Ort der Immobilie ist für die Durchführung der Immobiliarvollstreckung zuständig. Der Gläubiger muss den Antrag stellen und die Kosten vorstrecken.

In der Praxis ist die Immobiliarvollstreckung eher die Ausnahme als die Regel. Sie wird normalerweise erst dann eingeleitet, wenn andere Vollstreckungsmethoden nicht zum Erfolg geführt haben oder wenn der Schuldner über wertvolle Immobilien verfügt, die zur Schuldenbegleichung genutzt werden können.

Viel häufiger setzen Gläubiger auf die Gerichtsvollziehervollstreckung oder die Forderungsvollstreckung, da diese Verfahren schneller, kostengünstiger und einfacher durchzuführen sind. Die Immobiliarvollstreckung hingegen ist mit hohen Kosten, langwierigen Verfahren und rechtlichen Unsicherheiten verbunden. Eine Zwangsversteigerung bringt nicht immer den gewünschten Erlös, und oft sind Immobilien bereits mit vorrangigen Rechten anderer Gläubiger belastet. Deshalb wird sie meist nur als letztes Mittel in Betracht gezogen, wenn andere Maßnahmen erfolglos geblieben sind.

IN DIESEM KAPITEL

Welche Unterstützung der Staat bietet, wenn Unterhalt ausbleibt

Unterhaltsvorschuss und wer Anspruch darauf hat

Die Beistandschaft des Jugendamts

Beratungshilfe und Verfahrenskostenhilfe

Kapitel 16
Hilfen von Vater Staat

Alleinerziehend zu sein, erfordert nicht nur Geduld, Organisation und viel Energie – oft ist es auch eine große finanzielle Herausforderung. Besonders dann, wenn der andere Elternteil seinen Pflichten zur Zahlung von Unterhalt nicht oder nur unzureichend nachkommt, geraten viele Alleinerziehende an ihre Grenzen. Das Kindergeld allein reicht in den meisten Fällen nicht aus, um den Bedarf des Kindes vollständig zu decken.

Um Alleinerziehende zu entlasten, gibt es neben Kindergeld und Kinderzuschlag weitere staatliche Unterstützungsangebote, die gezielt auf die Bedürfnisse von Alleinerziehenden ausgerichtet sind.

Doch wer gilt als alleinerziehend? Entscheidend ist, dass eine alleinige oder überwiegende Verantwortung für die Erziehung des Kindes besteht. Man gilt nicht als alleinerziehend, wenn

- man verheiratet ist und nicht dauerhaft getrennt lebt,
- man unverheiratet ist, aber mit dem anderen Elternteil zusammenlebt, oder
- die Erziehungsverantwortung nicht eindeutig überwiegend bei einer Person liegt.

Auch Eltern, die gemeinsam mit dem anderen Elternteil leben, können unter bestimmten Voraussetzungen staatliche Hilfe wie Wohngeld oder Leistungen nach dem Sozialgesetzbuch II (Bürgergeld) beantragen. Diese Leistungen sollen sicherstellen, dass sowohl die Bedarfe der Kinder als auch die der Eltern gedeckt werden können.

Vorgeschossen! Unterhaltsvorschussleistungen

Am allgemein bekanntesten unter den Unterstützungsangeboten ist die Gewährung von Unterhaltsvorschussleistungen, von denen auch Sie vielleicht schon das ein oder andere gehört haben. Falls nicht, sind Sie spätestens nach diesem Kapitel im Bilde und wissen, ob sich ein entsprechender Antrag auf Leistungen lohnt.

Vollständig ausgeschrieben lautet der Name Gesetzes, in dem die Unterhaltsvorschussleistungen geregelt sind, übrigens »Gesetz zur Sicherung des Unterhalts von Kindern alleinstehender Mütter und Väter durch Unterhaltsvorschüsse oder -ausfallleistungen«. Der Einfachheit halber verwenden wir fortlaufend die gängige Kurzform »Unterhaltsvorschussgesetz«.

Wie der doch recht lange Gesetzestextname bereits verrät, wird mit diesem Gesetz insbesondere geregelt, wann, in welcher Höhe und unter welchen Voraussetzungen Unterhalt vom Staat vorgeschossen und als Ausfallleistung gewährt wird.

Anspruchsvoraussetzungen

Damit ein Antrag auf Unterhaltsvorschuss erfolgreich gestellt werden kann, müssen die folgenden Anspruchsvoraussetzungen erfüllt sein:

- ✔ Das Kind befindet sich in der Obhut eines alleinerziehenden Elternteils, welcher ledig, geschieden, dauerhaft getrennt lebend oder verwitwet ist, und
- ✔ es erhält keinen oder nur unregelmäßig Unterhalt und
- ✔ es hat das zwölfte Lebensjahr noch nicht vollendet.

Für Kinder zwischen 12 und 18 Jahren gelten folgende zusätzliche Voraussetzungen:

- ✔ Das Kind ist nicht auf Leistungen nach dem zweiten Sozialgesetzbuch (Bürgergeld) angewiesen, um seinen Bedarf decken zu können, oder
- ✔ der alleinerziehende Elternteil bezieht neben dem eigenen Bezug von Leistungen nach dem zweiten Sozialgesetzbuch mindestens Erwerbseinkommen in Höhe von 600 Euro brutto monatlich.

Für die Gewährung von Leistungen nach dem Unterhaltsvorschussgesetz ist das Vorliegen eines Unterhaltstitels gegen den barunterhaltspflichtigen Elternteil nicht erforderlich. Der Antrag kann (und sollte) direkt gestellt werden, wenn Unterhaltszahlungen ausbleiben.

Unterhaltsvorschuss wird nämlich nicht beliebig umfänglich für die Vergangenheit nachgezahlt. Sind die gesetzlichen Voraussetzungen erfüllt, kommt eine Nachzahlung nur für den Monat vor der Antragstellung infrage.

Wie viel vorgeschossen wird

Wie hoch die Unterhaltsvorschussleistungen sind, ergibt sich aus § 2 des Unterhaltsvorschussgesetzes. Danach richtet sich die Höhe der Unterhaltsvorschussleistungen, unter Bezugnahme auf § 1612a BGB, nach den jeweils geltenden Mindestunterhaltsbeträgen. Was es mit der Mindestunterhaltsverordnung genau auf sich hat, können Sie in Kapitel 1 nachlesen.

Auch wenn es vielleicht so aussieht, entspricht die Höhe der Unterhaltsvorschussbeträge aber nicht dem Mindestunterhalt oder den Zahlbeträgen der ersten Stufe der Düsseldorfer Tabelle. Es gibt einen entscheidenden Unterschied: Während bei den Zahlbeträgen gemäß Düsseldorfer Tabelle jeweils das hälftige Kindergeld abgezogen wurde, wird bei der Festlegung der Höhe der Unterhaltsvorschussbeträge immer das volle Kindergeld abgezogen. Die Unterhaltsvorschussbeträge sind also geringer als der Mindestanspruch eines Kindes gemäß Düsseldorfer Tabelle, genauer gesagt um das hälftige Kindergeld geringer.

Derzeit, seit dem 1. Januar 2025, hat ein Kind, das die oben genannten Voraussetzungen erfüllt, Anspruch auf Unterhaltsvorschuss in Höhe von monatlich

- bis zu 227 Euro für Kinder von 0 bis 5 Jahren,
- bis zu 299 Euro für Kinder von 6 bis 11 Jahren,
- bis zu 394 Euro für Kinder von 12 bis 17 Jahren.

Erhält das Kind Unterhaltszahlungen vom barunterhaltspflichtigen Elternteil, werden die Zahlungen auf den Leistungsanspruch angerechnet und das Kind hat nur noch Anspruch auf den Differenzbetrag. Gleiches gilt für Waisenbezüge, die ein Kind erhält. Übersteigen die Einkünfte des Kindes den für seine Altersstufe geltenden Unterhaltsvorschussbetrag, hätte ein Antrag keine Aussicht auf Erfolg.

Der geschiedene, alleinerziehende Anton erhält für die siebenjährige Tochter Tanja neben dem Kindergeld monatliche Unterhaltszahlungen in Höhe von 320 Euro von seiner geschiedenen Frau. Ein Antrag auf Unterhaltsvorschussleistungen würde sich in diesem Fall nicht lohnen, denn die Unterhaltszahlungen übersteigen den Maximalbetrag, der für Tanja nach dem Unterhaltsvorschussgesetz gewährt würde.

(Mitwirkungs-)Pflichten des alleinerziehenden Elternteils

Wie Sie bereits wissen, handelt es sich bei dieser Hilfe des Staates um Vorschussleistungen. Die Länder versuchen, sich die vorgeleisteten Beträge vom barunterhaltspflichtigen Elternteil wieder zurückzuholen. Würden die Vorschussleistungen vollständig und allgemein durch Steuergelder abgedeckt werden, würden sicherlich deutlich mehr Elternteile keinen Unterhalt für ihre Kinder zahlen. Der Pflichtige könnte seine Zahlungslast dann auf die Allgemeinheit abladen. Klingt unfair, oder?

Aus diesem Grund wird ein Elternteil, der seiner Unterhaltsverpflichtung nicht bis zur Höhe des Unterhaltsvorschussbetrags nachkommt, zur Rückzahlung aufgefordert. Kommt er dieser Aufforderung trotz grundsätzlicher Leistungsfähigkeit nicht nach, können die Unterhaltsvorschussbeträge im Wege der Zwangsvollstreckung beigetrieben werden. (Wie eine Zwangsvollstreckung abläuft, erfahren Sie in Kapitel 15.)

Inwiefern betrifft der Rückgriff auf den Unterhaltspflichtigen nun den betreuenden Elternteil? Während des Prozesses bis zur vollständigen Erstattung sämtlicher vorausgeleisteter Beträge ist der alleinerziehende Elternteil verpflichtet, die Behörden über relevante Informationen oder Kontaktdaten zu benachrichtigen. Insbesondere dann, wenn der Vater des Kindes noch nicht rechtlich festgestellt wurde, ist der alleinerziehende Elternteil angehalten, bei der Feststellung der Vaterschaft mitzuwirken.

Im Februar 2023 veröffentlichte das Bundesministerium für Familie, Senioren, Frauen und Jugend (BMFSFJ) eine Mitteilung zur Entwicklung der Höhen der Leistungserbringung nach dem Unterhaltsvorschussgesetz auf der einen und der Höhe der erfolgreich zurückgeforderten Vorschussbeträge auf der anderen Seite. Der Mitteilung zufolge wurden bundesweit zusammengefasst im Jahr 2022 20 Prozent der vorgestreckten Beträge erfolgreich zurückgefordert. Das waren 2 bis 3 Prozentpunkte mehr als in den Vorjahren.

Insgesamt wurden 2022 rund 2,5 Milliarden Euro auf der Grundlage des Unterhaltsvorschussgesetzes ausgegeben, etwa 493 Millionen Euro wurden wiederum zurückgeholt. (Quelle: `https://www.bmfsfj.de/bmfsfj/aktuelles/alle-meldungen/staat-holt-sich-deutlich-mehr-unterhaltsvorschuss-zahlungen-zurueck-214300`)

Beistand vom Jugendamt

Die Beistandschaft ist ein kostenloses Angebot des Jugendamtes, das alleinerziehenden Elternteilen helfen soll. Vielleicht haben Sie von diesem Begriff noch nie gehört – keine Sorge, das geht vielen so. Aber es lohnt sich, mehr darüber zu erfahren.

Das Konzept ist einfach: Wenn ein Elternteil eine Beistandschaft beantragt, übernimmt das Jugendamt als Beistand die Vertretung des Kindes in zwei wichtigen Bereichen:

- ✔ Feststellung der Vaterschaft
- ✔ Geltendmachung von Unterhaltsansprüchen

Die Beistandschaft ist eine Art behördliche »Anwaltsvertretung« für Kinder, speziell bei Vaterschafts- und Unterhaltsfragen. Der Beistand kann das Kind dabei sowohl vor Gericht als auch außergerichtlich vertreten. Allerdings endet die Beistandschaft automatisch, sobald das Kind volljährig wird. Ab diesem Zeitpunkt kann das Jugendamt nur noch beratend tätig sein, und auch das nur bis zum 21. Lebensjahr.

Die Beistandschaft muss schriftlich beim zuständigen Jugendamt beantragt werden. Der Antrag kann von dem Elternteil gestellt werden, bei dem das Kind überwiegend lebt. Auch die Beendigung ist unkompliziert: Eine kurze schriftliche Mitteilung reicht aus. Sobald das Kind das 18. Lebensjahr erreicht oder sich nicht mehr in der Obhut des antragstellenden Elternteils befindet, endet die Beistandschaft automatisch.

Es ist wichtig zu wissen, dass ein Kind nicht gleichzeitig von einem Anwalt und einem Beistand in denselben Angelegenheiten vertreten werden kann. Stellen Sie sich vor, beide würden unterschiedliche Anträge beim Gericht einreichen. Das wäre nicht nur verwirrend, sondern könnte auch unnötige Kosten verursachen. Daher gilt die Regel: Ein Fall – ein Vertreter.

Zeitgleiche Unterhaltsforderungen von mehreren Stellen

Es kommt oft zu Verwirrung, wenn unterhaltspflichtige Elternteile sowohl Zahlungsaufforderungen von der Unterhaltsvorschusskasse, dem Jobcenter als auch von einem Anwalt oder Beistand erhalten. Auf den ersten Blick könnte man meinen, dass doppelte Unterhaltszahlungen gefordert werden. Doch das ist nicht der Fall. Wir erklären, warum beide Stellen unabhängig voneinander agieren und wie sie zusammenspielen.

Warum gibt es zwei Stellen? Ganz einfach: Die Unterhaltsvorschusskasse und das Jobcenter erfüllen andere Aufgaben als der Anwalt oder Beistand. Das lässt sich am besten aus Sicht des Kindes erklären:

- ✔ **Unterhaltsvorschusskasse oder Jobcenter:** Diese Institutionen springen ein, wenn das Kind keinen oder nur wenig Unterhalt erhält. Sie zahlen für das Kind die gesetzlichen Unterhaltsvorschussleistungen oder Jobcenterleistungen und fordern diese später vom unterhaltspflichtigen Elternteil zurück – oft ohne das Wissen des betreuenden Elternteils. Allerdings kümmern sich die Unterhaltsvorschusskasse oder das Jobcenter nicht um Ansprüche, die über die eigenen Leistungen hinausgehen.
- ✔ **Anwalt oder Beistandschaft:** Sie setzen den tatsächlichen Unterhaltsanspruch des Kindes durch, der oft höher ist als der Unterhaltsvorschuss. Ziel ist es, dass das Kind langfristig seinen vollen Unterhalt erhält und nicht auf Unterhaltsvorschussleistungen angewiesen ist. Anwälte oder Beistände treten jedoch nicht in Vorleistung – sie machen nur den gesetzlich geschuldeten Unterhalt geltend.

Wenn Sie als unterhaltspflichtige Person bereits Zahlungen für Ihr Kind leisten, sollten Sie dies dem Anwalt oder Beistand mitteilen. Dazu zählen auch Zahlungen an die Unterhaltsvorschusskasse oder das Jobcenter. Diese Beträge werden auf Ihre Forderungen angerechnet, sodass keine doppelte Zahlung entsteht. Es ist wichtig, mit beiden Stellen transparent zu kommunizieren und Vereinbarungen über die Begleichung offener Beträge zu treffen.

Wenn eine dieser Stellen ignoriert wird, können Maßnahmen wie Zwangsvollstreckungen (siehe Kapitel 15) folgen. Daher sollten Sie aktiv den Kontakt suchen, um Missverständnisse zu vermeiden.

Auch das Jobcenter kann Unterhaltsansprüche geltend machen, wenn es für Ihr Kind Leistungen erbringt. Dies geschieht häufig, wenn der Anspruch auf Unterhaltsvorschuss mit dem zwölften Lebensjahr des Kindes endet. Auch hier gilt: Kommunizieren Sie rechtzeitig, um unnötige Schwierigkeiten zu vermeiden.

Wenn das Geld fehlt – Beratungshilfe und Verfahrenskostenhilfe

Manchmal reicht die kostenfreie Unterstützung durch die Beistandschaft des Jugendamtes nicht aus. Aber was tun, wenn auch das Geld für einen Rechtsanwalt fehlt? Hier kommen die finanziellen Unterstützungen Beratungshilfe und Verfahrenskostenhilfe ins Spiel.

Beratungshilfe?

Die Beratungshilfe ist eine staatliche Unterstützung, die Menschen mit geringem Einkommen den Zugang zu anwaltlicher Beratung und rechtlicher Hilfe ermöglicht, selbst wenn sie sich die Kosten für einen Anwalt nicht leisten können. Beratungshilfe deckt alle rechtlichen Schritte ab, die außerhalb eines gerichtlichen Verfahrens stattfinden, zum Beispiel Verhandlungen oder die Korrespondenz mit der Gegenseite.

Dazu stellt das zuständige Gericht auf Antrag einen sogenannten Beratungshilfeschein aus. Mit diesem Schein können Sie einen Rechtsanwalt beauftragen und zahlen lediglich eine Eigenbeteiligung von 15 Euro. Die restlichen Kosten werden übernommen.

Beratungshilfe ist für einkommensschwache Elternteile oder volljährige Kinder gedacht, die Anspruch auf Unterhalt haben. Das Gericht prüft dabei:

- ✔ **Ihre finanzielle Situation:** Haben Sie die Mittel, einen Anwalt selbst zu bezahlen?
- ✔ **Die Notwendigkeit rechtlicher Unterstützung:** Ist die Hilfe durch einen Anwalt wirklich erforderlich?
- ✔ **Alternative Möglichkeiten:** Können Sie die kostenfreie Unterstützung des Jugendamtes nutzen? Wenn ja, wird der Antrag auf Beratungshilfe abgelehnt.
- ✔ **Vorhandene Versicherungen:** Eine Rechtschutzversicherung, die die Kosten abdeckt, schließt den Anspruch auf Beratungshilfe aus.

Die gesetzliche Grundlage für Beratungshilfe ist das Beratungshilfegesetz (BerHG).

Verfahrenskostenhilfe und Prozesskostenhilfe

Manchmal reicht eine Beratung allein nicht aus, und es kommt zu einem gerichtlichen Verfahren – etwa zur Festsetzung des Unterhalts oder zur Zwangsvollstreckung. Solche Verfahren können nicht nur belastend, sondern auch teuer werden. Für diese Fälle gibt es die sogenannte Verfahrenskostenhilfe beziehungsweise Prozesskostenhilfe. Der Unterschied zwischen Verfahrenskostenhilfe und Prozesskostenhilfe liegt lediglich im Begriff: Verfahrenskostenhilfe wird im Familienrecht verwendet, während Prozesskostenhilfe für alle anderen Zivilverfahren und auch die Zwangsvollstreckung gilt; inhaltlich handelt es sich um dasselbe.

Die Verfahrenskostenhilfe funktioniert ähnlich wie die Beratungshilfe. Sie deckt jedoch die Kosten für ein gerichtliches Verfahren ab. Auch hier wird geprüft, ob

- ✔ Ihre Einkommens- und Vermögensverhältnisse einen Anspruch rechtfertigen und
- ✔ die Rechtsverfolgung oder -verteidigung Aussicht auf Erfolg hat.

Wenn die Voraussetzungen erfüllt sind, können Sie oder Ihr Rechtsbeistand einen Antrag auf Verfahrenskostenhilfe beim zuständigen Gericht stellen. Sollte diese bewilligt werden, trägt die Staatskasse die Kosten für das Verfahren.

Aber Achtung: Auch wenn Ihnen Verfahrenskostenhilfe bewilligt wird, bedeutet das nicht, dass das Verfahren für Sie in jedem Fall kostenlos ist. Es gibt wichtige Aspekte zu beachten:

- ✔ **Kosten des Gegners bei Verfahrensverlust:** Wenn Sie das gerichtliche Verfahren verlieren, können Sie dazu verpflichtet werden, die Kosten der gegnerischen Partei zu übernehmen. Die Verfahrenskostenhilfe deckt ausschließlich Ihre eigenen Anwalts- und Gerichtskosten. Für die Anwaltskosten der Gegenseite, die im Falle eines verlorenen Verfahrens auf Sie zukommen können, müssen Sie selbst aufkommen.
- ✔ **Bewilligung von Ratenzahlungen:** Verfahrenskostenhilfe wird abhängig von Ihren Einkommens- und Vermögensverhältnissen bewilligt. Liegt Ihr Einkommen über der festgelegten Freigrenze, kann das Gericht festlegen, dass Sie die Verfahrenskosten in monatlichen Raten zurückzahlen müssen. Die Höhe der Ratenzahlungen richtet sich nach Ihren finanziellen Möglichkeiten. Die Dauer der Ratenzahlung ist auf 48 Monate beschränkt.

- ✔ **Rückforderung nach dem Verfahren:** Selbst wenn Ihnen Verfahrenskostenhilfe zunächst vollständig oder in Raten bewilligt wurde, besteht die Möglichkeit einer späteren Überprüfung Ihrer wirtschaftlichen Verhältnisse. Innerhalb von vier Jahren nach Abschluss des Verfahrens kann das Gericht prüfen, ob sich Ihre finanzielle Situation verbessert hat. Ist dies der Fall, können Sie zur Nachzahlung der bis dahin übernommenen Kosten verpflichtet werden, entweder in einem Betrag oder erneut in Raten.

Wenn Ihnen Verfahrenskostenhilfe bewilligt wurde, sind Sie verpflichtet, das Gericht über wesentliche Änderungen Ihrer wirtschaftlichen oder persönlichen Verhältnisse zu informieren. Diese Verpflichtung gilt für 48 Monate ab Beendigung des Verfahrens und ist von Ihnen unaufgefordert wahrzunehmen.

Ob es sinnvoll ist, Beratungshilfe oder Verfahrenskostenhilfe zu beantragen, sollten Sie mit einem Rechtsanwalt oder dem Jugendamt besprechen. Diese Experten können Ihnen genau erklären, ob Ihre Situation die Voraussetzungen erfüllt und wie Sie am besten vorgehen.

Teil VI
Der Top-Ten-Teil

Besuchen Sie uns auf www.facebook.com/fuerdummies!

IN DIESEM TEIL ...

In diesem Teil haben wir die häufigsten Missverständnisse rund um den Kindesunterhalt für Sie zusammengefasst. Es geht darum, typische Irrtümer zu erkennen und mit den tatsächlichen rechtlichen Regelungen abzugleichen. Außerdem zeigen wir in einer Reihe von Beispielsfällen, wie sich Unterhaltsansprüche in der Praxis berechnen lassen.

IN DIESEM KAPITEL

Weitverbreitete Irrtümer kennenlernen und enttarnen

Wissen, wie Sie es besser wissen

Kapitel 17
Die zehn größten Rechtsirrtümer beim Kindesunterhalt

Vielleicht haben Sie das auch schon erlebt: Man hört etwas, es klingt im ersten Moment logisch, und schon nimmt man es als Wahrheit an. Wir haben für Sie die Top Ten der verbreitetsten Irrtümer zum Kindesunterhalt zusammengestellt.

Irrtum 1: Während der Umgangszeit kann ich den Unterhalt kürzen

Fakt:

Die Verpflichtung, Kindesunterhalt zu zahlen, bleibt auch während der Umgangszeiten bestehen.

Erklärung:

Die Beträge der Düsseldorfer Tabelle sind so berechnet, dass sie bereits einen regelmäßigen Umgang des barunterhaltspflichtigen Elternteils berücksichtigen. Das bedeutet: Der Unterhalt deckt die Lebenshaltungskosten des Kindes, während es bei der betreuenden Person lebt, auch wenn es am Wochenende, in den Ferien oder an einzelnen Tagen beim barunterhaltspflichtigen Elternteil ist. Es wird davon ausgegangen, dass der Kontakt in einem üblichen Rahmen stattfindet, zum Beispiel jedes zweite Wochenende und die hälftige Ferienzeit. Diese

Umgangszeiten begründen keine Kürzung des Unterhalts, weil die Grundbedürfnisse des Kindes (wie etwa Unterkunft, Kleidung, Schulbedarf) weiterhin von der betreuenden Person gedeckt werden müssen.

Anders verhält es sich, wenn beide Eltern das Kind gleichberechtigt im Rahmen eines Wechselmodells betreuen. Es gibt zudem Überlegungen, das Kindesunterhaltsrecht dahingehend zu reformieren, dass bei einem Betreuungsanteil des unterhaltspflichtigen Elternteils von 30 bis 49 Prozent eine Reduzierung des Unterhalts möglich wird. Mehr Details hierzu finden Sie in Kapitel 10.

Irrtum 2: Mein Kind kann keinen Unterhalt mehr verlangen, wenn es 18 wird

Fakt:

Der Unterhaltsanspruch eines Kindes besteht grundsätzlich bis zum Abschluss der ersten Berufsausbildung.

Erklärung:

Der Unterhaltsanspruch eines Kindes endet nicht automatisch mit der Volljährigkeit. Vielmehr haben volljährige Kinder weiterhin Anspruch auf Unterhalt, sofern sie sich noch in einer allgemeinen Schul- oder Berufsausbildung befinden. Auch ein Unterhaltstitel, der während der Minderjährigkeit des Kindes errichtet wurde, gilt weiter, wenn das Kind volljährig wird.

Allerdings ergeben sich ab Vollendung des 18. Lebensjahres einige wichtige Änderungen für die Berechnung des Kindesunterhalts. Einzelheiten dazu erfahren Sie in Teil IV.

Irrtum 3: Ich kann mitbestimmen, wofür der Unterhalt verwendet wird

Fakt:

Es besteht keine Verpflichtung für den betreuenden Elternteil, den Unterhalt nach Abstimmung mit dem Unterhaltspflichtigen oder transparent auszugeben.

Erklärung:

Der Kindesunterhalt ist dafür gedacht, die allgemeinen Lebenshaltungskosten des Kindes zu decken. Dazu gehören neben Nahrung, Kleidung und Unterkunft auch Kosten für Bildung, Freizeit und Gesundheit. Der Unterhalt wird dem betreuenden Elternteil als pauschale Zahlung zur Verfügung gestellt, und es obliegt dessen Verantwortung, die Mittel im Interesse des Kindes zu verwalten. Eine Rechenschaftspflicht gegenüber dem zahlenden Elternteil besteht nicht.

Irrtum 4: Ich kaufe dem Kind lieber Kleidung, als dem betreuenden Elternteil Geld zu geben

Fakt:

Als barunterhaltspflichtiger Elternteil sind Sie verpflichtet, den Unterhalt in Form von Geld zu zahlen – Sachleistungen wie Kleidung sind kein Ersatz.

Erklärung:

Die gesetzliche Regelung nach § 1612 Absatz 1 Satz 1 BGB sieht vor, dass der Unterhalt durch den barunterhaltspflichtigen Elternteil in Geld geleistet wird. Das bedeutet, dass dieser Elternteil den laufenden Unterhalt direkt an den betreuenden Elternteil zahlt, der das Kind im Alltag versorgt.

Auch wenn es gut gemeint ist, Kleidung oder andere Sachleistungen für das Kind zu kaufen, ersetzt dies nicht die gesetzliche Pflicht zur Zahlung des Barunterhalts. Der betreuende Elternteil ist für die alltäglichen Ausgaben des Kindes verantwortlich – von Essen über Wohnungskosten bis hin zu Freizeitaktivitäten. Die Zahlung des Geldunterhalts stellt sicher, dass diese laufenden Kosten gedeckt werden können.

Nur in engen Ausnahmefällen kann Unterhalt auch als Sachleistung (Naturalunterhalt) gewährt werden, wenn besondere Gründe vorliegen. Das ist zum Beispiel der Fall, wenn der Unterhaltsberechtigte aufgrund von Krankheit oder Sucht nicht in der Lage ist, mit Geld verantwortungsvoll umzugehen.

Irrtum 5: Ich kann für mein Kind auf den Unterhalt verzichten

Fakt:

Ein Verzicht des unterhaltsberechtigten Elternteils auf zukünftigen Kindesunterhalt ist rechtlich nicht möglich.

Erklärung:

Das Gesetz, genauer gesagt § 1614 Absatz 1 BGB, besagt, dass für die Zukunft nicht auf Kindesunterhalt verzichtet werden kann. Allerdings kann für die Vergangenheit – also für bereits entstandene Unterhaltsansprüche – ein Verzicht erklärt werden. Zudem gibt es die Möglichkeit, für zukünftige Ansprüche eine sogenannte Freistellungsvereinbarung zu treffen.

Bei einer Freistellungsvereinbarung übernimmt der betreuende Elternteil die Unterhaltsverpflichtung. Wichtig ist dabei: Eine solche Vereinbarung hat keinerlei Auswirkungen auf die Rechte des Kindes. Das Kind bleibt berechtigt, den vollen Unterhalt vom unterhaltspflichtigen Elternteil zu fordern. Die Freistellungsvereinbarung regelt lediglich, dass der betreuende Elternteil den anderen Elternteil von den Unterhaltsforderungen freistellt oder ihm die geleisteten Zahlungen erstattet. Diese Regelung gilt nur zwischen den Eltern und nicht gegenüber dem Kind.

Irrtum 6: Unterhalt kann an jedem beliebigen Tag des Monats gezahlt werden

Fakt:

Unterhalt ist immer monatlich im Voraus, spätestens am ersten Tag des Monats fällig.

Erklärung:

Die gesetzliche Regelung (§ 1612 Absatz 3 Satz 1 BGB) sieht vor, dass Unterhalt monatlich im Voraus gezahlt werden muss. Das bedeutet, der Betrag muss bereits zu Beginn des Monats zur Verfügung stehen, um die Lebenshaltungskosten des Kindes oder des Berechtigten sicherzustellen. Es spielt keine Rolle, wann der Unterhaltspflichtige sein eigenes Einkommen im Laufe des Monats erhält.

Wird der Unterhalt nicht rechtzeitig gezahlt, entstehen Rückstände, die rechtliche Konsequenzen haben können. Dazu gehören Verzugszinsen, Mahnungen und im schlimmsten Fall Maßnahmen der Zwangsvollstreckung. Wer den Unterhalt erst gegen Ende des Monats zahlt, riskiert also, in Verzug zu geraten – selbst wenn die Zahlung innerhalb des gleichen Monats erfolgt.

Irrtum 7: Überzahlungen können mit zukünftigen Zahlungen verrechnet werden

Fakt:

Überzahlungen können nicht mit zukünftigen Unterhaltszahlungen verrechnet werden, da für Kindesunterhalt ein striktes Aufrechnungsverbot gilt.

Erklärung:

Unterhaltszahlungen dienen ausschließlich der Deckung des laufenden Lebensbedarfs des Kindes. Selbst wenn der unterhaltspflichtige Elternteil versehentlich oder freiwillig mehr zahlt, darf diese Überzahlung nicht mit zukünftigen Unterhaltsleistungen verrechnet werden. Dies regelt das sogenannte Aufrechnungsverbot (§ 394 BGB in Verbindung mit § 1614 BGB).

Das Kind hat Anspruch auf die geschuldete Summe und kann darauf vertrauen, dass der Unterhalt monatlich und in voller Höhe gezahlt wird. Eine Überzahlung wird als zusätzliche Leistung betrachtet und führt nicht dazu, dass der Pflichtige in späteren Monaten weniger zahlen kann. Der Unterhaltsanspruch bleibt davon unberührt, weil er ausschließlich dem laufenden Bedarf des Kindes dient.

Irrtum 8: Wenn Unterhalt regelmäßig und pünktlich gezahlt wird, braucht es keinen Unterhaltstitel

Fakt:

Ein unterhaltsberechtigtes Kind hat stets Anspruch auf einen Unterhaltstitel – unabhängig davon, ob der Unterhalt regelmäßig und pünktlich gezahlt wird.

Erklärung:

Der Unterhaltstitel ist ein rechtliches Dokument, das die Höhe des geschuldeten Unterhalts verbindlich festlegt. Er bietet dem Kind die Sicherheit, dass seine Ansprüche im Bedarfsfall unmittelbar durchgesetzt werden können, falls der unterhaltspflichtige Elternteil plötzlich nicht mehr zahlt. Auch wenn der Unterhalt aktuell zuverlässig gezahlt wird, besteht immer das Risiko, dass sich die Zahlungsfähigkeit oder Zahlungsbereitschaft des Pflichtigen ändern könnte – beispielsweise durch Streitigkeiten.

Ohne einen Titel müsste das Kind (beziehungsweise der betreuende Elternteil) im Falle eines Zahlungsausfalls zunächst ein gerichtliches Verfahren einleiten, um die Unterhaltsansprüche zu sichern. Mit einem Titel kann hingegen sofort eine Zwangsvollstreckung eingeleitet werden, was Zeit und Aufwand spart.

Irrtum 9: Wenn ich arbeitslos bin, muss ich keinen Unterhalt zahlen

Fakt:

Auch bei Arbeitslosigkeit besteht grundsätzlich die Verpflichtung zur Zahlung von Kindesunterhalt.

Erklärung:

Das Einkommen des Unterhaltspflichtigen spielt eine zentrale Rolle bei der Berechnung des Kindesunterhalts. Ist das Einkommen so gering, dass der Selbstbehalt nicht überschritten wird, kann die Unterhaltspflicht entfallen oder reduziert werden. Arbeitslosigkeit befreit jedoch nicht automatisch von der Verpflichtung. Der unterhaltspflichtige Elternteil muss sich um eine neue Arbeitsstelle bemühen und gegebenenfalls alle verfügbaren Einkommensquellen nutzen, um zumindest den Mindestunterhalt leisten zu können.

Irrtum 10: Der betreuende Elternteil bekommt das volle Kindergeld und den Unterhalt

Fakt:

Das Kindergeld wird auf den Bedarf des Kindes angerechnet – auch wenn es vollständig an den betreuenden Elternteil ausgezahlt wird. Bei minderjährigen Kindern wird es zur Hälfte und bei volljährigen Kindern in Gänze auf den Bedarf angerechnet.

Erklärung:

Das Kindergeld ist eine staatliche Leistung, die dem Bedarf des Kindes dient. Da beide Elternteile zum Unterhalt beitragen, wird es bei minderjährigen Kindern zur Hälfte auf den Barunterhalt des zahlungspflichtigen Elternteils angerechnet.

Das bedeutet: Der in der Düsseldorfer Tabelle ausgewiesene Zahlbetrag berücksichtigt bereits, dass der unterhaltspflichtige Elternteil seinen Anteil am Kindergeld erhält – in Form einer Reduzierung des zu zahlenden Unterhalts. Der betreuende Elternteil bekommt zwar formal das volle Kindergeld ausgezahlt, trägt jedoch ebenfalls seinen Anteil an den Lebenshaltungskosten des Kindes, indem er es betreut und versorgt. Diese Aufteilung zwischen Barunterhalt und Betreuungsunterhalt stellt sicher, dass beide Elternteile ihren Pflichten gerecht werden.

IN DIESEM KAPITEL

Das erlernte Wissen anhand praktischer Beispielsfälle testen

Die unterschiedlichen Berechnungsschritte besser kennenlernen

Kapitel 18
Zehn Beispielfälle zum Kindesunterhalt

Haben Sie schon mal gehört, dass Übung den Meister macht? In diesem Kapitel können Sie anhand von zehn Beispielsfällen prüfen, wie gut Sie sich bereits mit dem Thema Kindesunterhalt auskennen.

Testen Sie Ihr Wissen, frischen Sie das Gelernte auf oder entdecken Sie vielleicht noch das eine oder andere Detail, das Ihnen bisher entgangen ist.

Fall 1: Zum Aufwärmen

Sachverhalt:

Der Kindesvater ist alleinig barunterhaltspflichtig für seine beiden Kinder im Alter von vier und sieben Jahren. Er erzielt aus einer nichtselbstständigen Tätigkeit ein monatliches Nettoeinkommen von 3.200 Euro. Zusätzliche Einkünfte oder Sonderzahlungen liegen nicht vor. Es gibt auch keine unterhaltsrelevanten Belastungen.

Lösung:

1. **Ermittlung des unterhaltsrelevanten Einkommens:** Da keine weiteren Einkünfte oder Abzüge vorhanden sind, entspricht das unterhaltsrelevante Einkommen des Vaters seinem monatlichen Nettoeinkommen von 3.200 Euro.
2. **Bedarfsermittlung nach Düsseldorfer Tabelle:** Mit einem unterhaltsrelevanten Einkommen von 3.200 Euro fällt der Kindesvater in Einkommensgruppe 4 der Düsseldorfer Tabelle (2.901 bis 3.300 Euro). Da zwei

Unterhaltsverpflichtungen vorliegen, ist keine Auf- oder Abgruppierung vorzunehmen. Der Bedarf der Kinder beträgt:

Für das vierjährige Kind (erste Altersstufe): 555 Euro

Für das siebenjährige Kind (zweite Altersstufe): 638 Euro

3. **Abzug des hälftigen Kindergeldes:** Vom Bedarf wird das hälftige Kindergeld in Höhe von 127,50 Euro (hälftiger Betrag von 255 Euro) abgezogen. Der Zahlbetrag pro Kind ergibt sich wie folgt:

   Für das vierjährige Kind : 555 Euro – 127,50 Euro = 427,50 Euro

   Für das siebenjährige Kind : 638 Euro – 127,50 Euro = 510,50 Euro

4. **Berechnung des Gesamtunterhalts:** Insgesamt beträgt der Unterhalt für beide Kinder:

   427,50 Euro + 510,50 Euro = 938 Euro

5. **Prüfung des Bedarfskontrollbetrags:** Der Bedarfskontrollbetrag der Einkommensgruppe 4 beträgt laut Düsseldorfer Tabelle 1.950 Euro. Nach Abzug des Unterhalts verbleibt dem Kindesvater: 3.200 Euro – 938 Euro = 2.262 Euro. Der Bedarfskontrollbetrag wird eingehalten.

6. **Prüfung des notwendigen Selbstbehalts:** Der notwendige Selbstbehalt des Kindesvaters beträgt 1.450 Euro. Nach Abzug der Unterhaltszahlungen verbleiben dem Kindesvater 2.262 Euro. Der Selbstbehalt ist somit nicht gefährdet.

Ergebnis:

Der Kindesvater schuldet seinen beiden Kindern monatlich 427,50 Euro und 510,50 Euro Unterhalt. Insgesamt beläuft sich der Unterhalt auf 938 Euro.

Fall 2: Einkommensermittlung und erste Schritte

Sachverhalt:

Die Kindsmutter ist alleinig barunterhaltspflichtig für ihre beiden neunjährigen Zwillinge. Sie erzielt aus ihrer nichtselbstständigen Tätigkeit ein monatliches Nettoeinkommen von 3.000 Euro. Hinzu kommen jährliche Sonderzahlungen:

Im November erhält sie netto ein Weihnachtsgeld in Höhe von 2.000 Euro und im Januar eine Erfolgsprämie von 4.000 Euro. Zudem hat sie in den letzten zwölf Monaten eine Steuererstattung in Höhe von 1.500 Euro erhalten. Ihr jährliches Bruttoeinkommen lag im vergangenen Jahr bei 69.000 Euro.

Zu den geltend gemachten Aufwendungen zählen:

- ✔ ein Gehaltsverzicht in Höhe von 4.000 Euro jährlich für eine Zusatzrente
- ✔ berufsbedingte Fahrtkosten in Höhe von 250 Euro monatlich
- ✔ eine Kreditrate für das Auto in Höhe von 200 Euro monatlich

Lösung:

1. **Ermittlung des unterhaltsrelevanten Einkommens:** Das monatliche Nettoeinkommen von 3.000 Euro ergibt ein jährliches Grundgehalt von 36.000 Euro. Hinzu kommen die Sonderzahlungen: Weihnachtsgeld (2.000 Euro) und Erfolgsprämie (4.000 Euro). Zusammen ergibt das ein jährliches Nettoeinkommen von 42.000 Euro. Zusätzlich wird die Steuererstattung von 1.500 Euro angerechnet, sodass sich ein Gesamteinkommen von 43.500 Euro ergibt.

   Dieses Einkommen ist um folgende Aufwendungen zu bereinigen:

   - **Altersvorsorge:** Hier in Form des Gehaltsverzichts für die Zusatzrente in Höhe von 4.000 Euro. Es können maximal 4 Prozent des Vorjahresbruttoeinkommens als sekundäre Altersvorsorge abgezogen werden. Das Vorjahresbruttoeinkommen beträgt 69.000 Euro. 4 Prozent hiervon sind 2.760 Euro, die als abzugsfähige Altersvorsorge anerkannt werden.
   - **Berufsbedingte Fahrtkosten:** Die Fahrtkosten in Höhe von 250 Euro monatlich summieren sich auf 3.000 Euro jährlich. Diese sind als nachgewiesene und unvermeidbare berufsbedingte Aufwendungen in vollem Umfang abzugsfähig.
   - **Kreditrate für das Auto:** Die monatliche Rate von 200 Euro kann nicht berücksichtigt werden, da sie bereits durch die Anerkennung der Fahrtkosten abgegolten ist.

   Nach Abzug der Altersvorsorge (2.760 Euro) und der Fahrtkosten (3.000 Euro) verbleibt ein bereinigtes Einkommen von 37.740 Euro pro Jahr beziehungsweise 3.145 Euro pro Monat.

2. **Bedarfsermittlung nach Düsseldorfer Tabelle:** Das bereinigte Einkommen von 3.145 Euro wird zur Einstufung in die Düsseldorfer Tabelle herangezogen. Mit diesem Einkommen fällt die Mutter in Einkommensgruppe 4 (2.901 bis 3.300 Euro). Der Unterhaltsbedarf für ein Kind im Alter von sechs bis elf Jahren beträgt laut Tabelle 638 Euro. Da zwei Unterhaltsverpflichtungen vorliegen, ist keine Auf- oder Abgruppierung vorzunehmen.

3. **Abzug des hälftigen Kindergeldes:** Vom Unterhaltsbedarf wird das hälftige Kindergeld in Höhe von 127,50 Euro (hälftiger Betrag von 255 Euro) abgezogen. Es verbleibt ein Zahlbetrag von 510,50 Euro pro Kind.

4. **Berechnung des Gesamtunterhalts:** Für beide Kinder beläuft sich der zu zahlende Unterhalt auf 510,50 Euro × 2 = 1.021 Euro monatlich.

5. **Prüfung des Bedarfskontrollbetrags:** Der Bedarfskontrollbetrag in Einkommensgruppe 4 beträgt laut Düsseldorfer Tabelle 1.950 Euro. Nach Abzug der Unterhaltsverpflichtung verbleibt der Mutter: 3.145 Euro – 1.021 Euro = 2.124 Euro. Der Bedarfskontrollbetrag bleibt gewahrt.

6. **Prüfung des notwendigen Selbstbehalts:** Der notwendige Selbstbehalt der Kindsmutter beträgt 1.450 Euro. Nach Abzug der Unterhaltszahlungen verbleibt der Mutter: 3.145 Euro – 1.021 Euro = 2.124 Euro. Der Selbstbehalt wird nicht gefährdet.

Ergebnis:

Die Kindsmutter schuldet ihren beiden Kindern jeweils 510,50 Euro Unterhalt monatlich, insgesamt 1.021 Euro.

Fall 3: Drei Unterhaltsverpflichtungen

Sachverhalt:

Der Kindesvater ist der einzige Barunterhaltspflichtige für seine drei minderjährigen Kinder im Alter von fünf, acht und zehn Jahren. Er erzielt ein monatliches Nettoeinkommen von 3.050 Euro und hat berufsbedingte Fahrtkosten in Höhe von 150 Euro monatlich.

Lösung:

1. **Ermittlung des unterhaltsrelevanten Einkommens:** Das Nettoeinkommen des Vaters beträgt 3.050 Euro. Die berufsbedingten Aufwendungen in Höhe

von 150 Euro monatlich werden abgezogen. Das bereinigte Einkommen beläuft sich somit auf:

3.050 Euro – 150 Euro = 2.900 Euro

2. **Bedarfsermittlung nach Düsseldorfer Tabelle:** Das bereinigte Einkommen von 2.900 Euro fällt in Einkommensgruppe 3 der Düsseldorfer Tabelle (2.501 bis 2.900 Euro).

   Da die Düsseldorfer Tabelle auf zwei Unterhaltsberechtigte ausgerichtet ist und hier drei Kinder unterhaltsberechtigt sind, erfolgt eine Abgruppierung um eine Gruppe in die Einkommensgruppe 2.

   Es ergibt sich folgender Bedarf:

   5 Jahre (erste Altersstufe): 507 Euro

   8 Jahre (zweite Altersstufe): 582 Euro

   10 Jahre (zweite Altersstufe): 582 Euro

3. **Abzug des hälftigen Kindergeldes:** Nach Abzug des hälftigen Kindergelds von 127,50 Euro je Kind ergibt sich der Zahlbetrag pro Kind:

   5 Jahre : 507 Euro – 127,50 Euro = 379,50 Euro

   8 Jahre : 582 Euro – 127,50 Euro = 454,50 Euro

   10 Jahre : 582 Euro – 127,50 Euro = 454,50 Euro

   Der Gesamtunterhalt für die drei Kinder beträgt:

   379,50 Euro + 454,50 Euro + 454,50 Euro = 1.288,50 Euro

4. **Prüfung des Bedarfskontrollbetrags:** Der Bedarfskontrollbetrag in Einkommensgruppe 2 beträgt 1.750 Euro. Nach Abzug der Unterhaltsverpflichtung verbleibt dem Vater:

   2.900 Euro – 1.288,50 Euro = 1.611,50 Euro

   Da der verbleibende Betrag unterhalb des Bedarfskontrollbetrags liegt, ist eine Herabstufung in Einkommensgruppe 1 (bis 2.100 Euro) vorzunehmen.

5. **Neue Berechnung in Einkommensgruppe 1:** In Einkommensgruppe 1 beträgt der Unterhalt 100 Prozent des Mindestunterhalts. Für Kinder im Alter von:

   5 Jahren (erste Altersstufe): 482 Euro

8 Jahren (zweite Altersstufe): 554 Euro

10 Jahren (zweite Altersstufe): 554 Euro

Nach Abzug des hälftigen Kindergelds von 127,50 Euro je Kind ergibt sich der Zahlbetrag pro Kind:

$$5\ \text{Jahre}: 482\ \text{Euro} - 127{,}50\ \text{Euro} = 354{,}50\ \text{Euro}$$

$$8\ \text{Jahre}: 554\ \text{Euro} - 127{,}50\ \text{Euro} = 426{,}50\ \text{Euro}$$

$$10\ \text{Jahre}: 554\ \text{Euro} - 127{,}50\ \text{Euro} = 426{,}50\ \text{Euro}$$

Der Gesamtunterhalt für die drei Kinder beträgt:

$$354{,}50\ \text{Euro} + 426{,}50\ \text{Euro} + 426{,}50\ \text{Euro} = 1.207{,}50\ \text{Euro}$$

6. **Prüfung des notwendigen Selbstbehalts:** Der notwendige Selbstbehalt beträgt 1.450 Euro. Nach Abzug der Unterhaltszahlungen verbleibt dem Vater: 2.900 Euro – 1.207,50 Euro = 1.692,50 Euro. Der notwendige Selbstbehalt von 1.450 Euro bleibt gewahrt, weshalb keine Anpassung erforderlich ist.

Ergebnis:

Der Kindesvater schuldet seinen drei Kindern insgesamt 1.207,50 Euro Unterhalt monatlich.

Fall 4: Der Mangelfall

Sachverhalt:

Die Kindsmutter ist alleinig barunterhaltspflichtig für ihre beiden minderjährigen Kinder im Alter von vier und zehn Jahren. Sie erzielt ein monatliches unterhaltsrechtliches Einkommen von 1.800 Euro. Ein höheres Einkommen kann sie aufgrund ihrer Ausbildung nicht erzielen. Da die Mutter gesundheitlich angeschlagen ist, ist ihr kein weiterer Nebenjob zumutbar.

Lösung:

1. **Ermittlung des unterhaltsrelevanten Einkommens:** Das unterhaltsrelevante Einkommen ist hier vorgegeben mit 1.800 Euro.

2. **Bedarfsermittlung nach Düsseldorfer Tabelle:** Das bereinigte Einkommen der Mutter beträgt 1.800 Euro, was der ersten Einkommensgruppe (bis 2.100

Euro) der Düsseldorfer Tabelle entspricht. In dieser Gruppe beträgt der Unterhaltsbedarf 100 Prozent des Mindestunterhalts.

Für Kinder im Alter von:

4 Jahren (erste Altersstufe): 482 Euro

10 Jahren (zweite Altersstufe): 554 Euro

Insgesamt ergibt sich ein Bedarf von:

482 Euro + 554 Euro = 1.036 Euro.

3. **Abzug des hälftigen Kindergeldes:** Nach Abzug des hälftigen Kindergelds von 127,50 Euro je Kind ergibt sich der Zahlbetrag pro Kind:

   4 Jahre : 482 Euro – 127,50 Euro = 354,50 Euro

   10 Jahre : 554 Euro – 127,50 Euro = 426,50 Euro

   Der Gesamtunterhalt für beide Kinder beträgt:

   354,50 Euro + 426,50 Euro = 781 Euro

4. **Prüfung des notwendigen Selbstbehalts:** Der notwendige Selbstbehalt der Mutter beträgt 1.450 Euro und wäre bei einem Gesamtunterhalt von 781 Euro nicht gewahrt. Vom Einkommen bleiben nach Abzug des Selbstbehalts:

   1.800 Euro – 1.450 Euro = 350 Euro

   Da das verbleibende Einkommen nicht ausreicht, um den Mindestunterhalt vollständig zu decken, liegt ein Mangelfall vor.

5. **Verteilung des verfügbaren Einkommens:** Die 350 Euro werden proportional nach dem Bedarf der Kinder verteilt:

   Bedarf der Kinder insgesamt : 482 Euro + 554 Euro = 1.036 Euro

   Anteil des verfügbaren Einkommens : 350 Euro / 1.036 Euro = 33,78%

   Pro Kind ergibt sich:

   4 Jahre : 482 Euro × 33,78% = gerundet 163 Euro

   10 Jahre : 554 Euro × 33,78% = gerundet 187 Euro

Ergebnis:

Die Mutter kann aufgrund ihres begrenzten Einkommens den Mindestunterhalt nicht leisten. Die Kinder erhalten anteilig:

4 Jahre: 163 Euro

10 Jahre: 187 Euro

Fall 5: Kindesunterhalt bei wechselseitiger Betreuung

Sachverhalt:

Die Eltern leben getrennt, und jeder Elternteil betreut eines der gemeinsamen Kinder. Die 15-jährige Tochter lebt bei der Mutter, die 2.800 Euro netto monatlich verdient, während der 12-jährige Sohn beim Vater lebt, dessen Nettoeinkommen 3.200 Euro monatlich beträgt. Beide Elternteile sind jeweils barunterhaltspflichtig für das Kind, das beim anderen Elternteil lebt.

Lösung:

1. **Ermittlung der jeweiligen unterhaltsrelevanten Einkommen:** Diese sind hier vorgegeben mit 2.800 Euro bei der Mutter und 3.200 Euro beim Vater.

2. **Bedarfsermittlung nach Düsseldorfer Tabelle:**

   Die Mutter verfügt über ein bereinigtes Nettoeinkommen von 2.800 Euro. Sie fällt in Einkommensgruppe 3 (2.501 bis 2.900 Euro) der Düsseldorfer Tabelle.

   Der Vater verfügt über ein bereinigtes Nettoeinkommen von 3.200 Euro. Er fällt in Einkommensgruppe 4 (2.901 bis 3.300 Euro) der Düsseldorfer Tabelle.

   Es ergibt sich folgender Bedarf:

   für den 12-jährigen Sohn (Mutter barunterhaltspflichtig): 714 Euro (Gruppe 3, Altersstufe 12 bis 17 Jahre).

   für die 15-jährige Tochter (Vater barunterhaltspflichtig): 747 Euro (Gruppe 4, Altersstufe 12 bis 17 Jahre).

3. **Abzug des hälftigen Kindergeldes:**

   Beim Sohn wird das hälftige Kindergeld von 127,50 Euro abgezogen:

   714 Euro – 127,50 Euro = 586,50 Euro Zahlbetrag

   Bei der Tochter wird ebenfalls das hälftige Kindergeld von 127,50 Euro abgezogen:

   747 Euro – 127,50 Euro = 619,50 Euro Zahlbetrag

4. **Prüfung des Bedarfskontrollbetrags:**

   Bedarfskontrollbetrag der Einkommensgruppe 3 (Mutter): 1.850 Euro. Einkommen der Mutter nach Zahlung von 586,50 Euro:
   2.800 Euro – 586,50 Euro = 2.213,50 Euro. Der Bedarfskontrollbetrag wird eingehalten.

   Bedarfskontrollbetrag der Einkommensgruppe 4 (Vater): 1.950 Euro. Einkommen des Vaters nach Zahlung von 619,50 Euro:
   3.200 Euro – 619,50 Euro = 2.580,50 Euro. Der Bedarfskontrollbetrag wird eingehalten.

5. **Prüfung des notwendigen Selbstbehalts:** Der notwendige Selbstbehalt beträgt für beide Elternteile jeweils 1.450 Euro. Dieser ist für beide Elternteile nicht gefährdet.

Ergebnis:

Die Mutter schuldet dem Vater für den 12-jährigen Sohn monatlich 586,50 Euro.

Der Vater schuldet der Mutter für die 15-jährige Tochter monatlich 619,50 Euro.

Fall 6: Die volljährige Tochter in Ausbildung

Sachverhalt:

Die 19-jährige Sandra lebt bei ihrer Mutter und befindet sich in Ausbildung. Sie erzielt eine monatliche Netto-Ausbildungsvergütung von 700 Euro. Der Vater hat ein bereinigtes Einkommen von 3.200 Euro, die Mutter verfügt über ein bereinigtes Einkommen von 1.800 Euro. Beide Elternteile sind anteilig unterhaltspflichtig.

Lösung:

1. **Ermittlung des unterhaltsrelevanten Einkommens:** Das unterhaltsrelevante Einkommen der Eltern ist hier vorgegeben mit 3.200 Euro beim Vater und 1.800 Euro bei der Mutter.

2. **Bedarfsermittlung nach Düsseldorfer Tabelle:** Der Unterhaltsbedarf eines volljährigen Kindes, das im Haushalt eines Elternteils lebt und sich in Ausbildung befindet, richtet sich nach der Düsseldorfer Tabelle. Bei einem Gesamteinkommen der Eltern von 5.000 Euro (3.200 Euro + 1.800 Euro) beträgt der Bedarf gemäß Tabelle 1.054 Euro.

3. **Anrechnung des Kindergeldes und der Ausbildungsvergütung:** Bei volljährigen Kindern wird das volle Kindergeld (255 Euro) vom Bedarf abgezogen.

   Von der Netto-Ausbildungsvergütung von 700 Euro wird ein ausbildungsbedingter Freibetrag von 100 Euro abgezogen. Es verbleiben 600 Euro, die zur Deckung des Bedarfs herangezogen werden.

   Vom Bedarf von 1.054 Euro werden die Einkünfte von Sandra (600 Euro) und das volle Kindergeld (255 Euro) abgezogen:

   1.054 Euro – 600 Euro – 255 Euro = 199 Euro Restbedarf

4. **Ermittlung des verfügbaren Einkommens:** Der verbleibende Bedarf wird anteilig von beiden Elternteilen gedeckt. Zunächst wird das verfügbare Einkommen ermittelt, das über den angemessenen Selbstbehalt hinausgeht. Der angemessene Selbstbehalt beträgt für beide Elternteile jeweils 1.750 Euro.

   Einkommen des Vaters:
   3.200 Euro – 1.750 Euro = 1.450 Euro verfügbares Einkommen

   Einkommen der Mutter:
   1.800 Euro – 1.750 Euro = 50 Euro verfügbares Einkommen

   Das gesamte verfügbare Einkommen der Eltern beträgt:
   1.450 Euro + 50 Euro = 1.500 Euro.

5. **Berechnung der Haftungsquote:** Die Haftungsquote der Eltern wird auf Basis ihres verfügbaren Einkommens berechnet:

   Anteil des Vaters : 1.450 Euro / 1.500 Euro = 96,67%

   Anteil der Mutter : 50 Euro / 1.500 Euro = 3,33%

6. **Aufteilung des Restbedarfs:** Der verbleibende Restbedarf von 199 Euro wird gemäß der Haftungsquote aufgeteilt:

   $$\text{Anteil des Vaters}: 199\ \text{Euro} \times 96{,}67\% = 192{,}37\ \text{Euro}$$

   $$\text{Anteil der Mutter}: 199\ \text{Euro} \times 3{,}33\% = 6{,}63\ \text{Euro}$$

Ergebnis:

Der Vater schuldet Sandra monatlich 192,37 Euro Unterhalt.

Die Mutter schuldet Sandra monatlich 6,63 Euro Unterhalt.

Fall 7: Das minderjährige Kind in Ausbildung

Sachverhalt:

Die Kindsmutter ist allein barunterhaltspflichtig für ihr 17-jähriges Kind, das eine monatliche Netto-Ausbildungsvergütung in Höhe von 650 Euro erhält. Die Mutter hat ein bereinigtes Einkommen von 2.800 Euro.

Lösung:

1. **Ermittlung des unterhaltsrelevanten Einkommens:** Das unterhaltsrelevante Einkommen ist hier vorgegeben mit 2.800 Euro.

2. **Bedarfsermittlung nach Düsseldorfer Tabelle:** Mit einem bereinigten Einkommen von 2.800 Euro befindet sich die Kindsmutter in Einkommensgruppe 3 der Düsseldorfer Tabelle (Einkommensspanne: 2.501 bis 2.900 Euro).

   Da die Kindsmutter nur einem Kind gegenüber unterhaltspflichtig ist, ist eine Heraufstufung in die nächste Einkommensgruppe (Gruppe 4, Einkommensspanne: 2.901 bis 3.300 Euro) vorzunehmen.

   Gemäß Gruppe 4 beträgt der Unterhaltsbedarf für ein Kind in der dritten Altersstufe (12 bis 17 Jahre) 747 Euro (115 Prozent des Mindestunterhalts).

3. **Abzug des hälftigen Kindergeldes:** Vom Bedarf des Kindes wird das hälftige Kindergeld in Höhe von 127,50 Euro abgezogen. Es verbleibt ein Zahlbetrag von:

   $$747\ \text{Euro} - 127{,}50\ \text{Euro} = 619{,}50\ \text{Euro}$$

4. **Anrechnung der Ausbildungsvergütung:** Von der Netto-Ausbildungsvergütung des Kindes (650 Euro) wird ein pauschaler ausbildungsbedingter Mehrbedarf von 100 Euro abgezogen. Es verbleiben 550 Euro, die hälftig auf den Bedarf des Kindes angerechnet werden:

   550 Euro / 2 = 275 Euro

   Der verbleibende Unterhaltsanspruch des Kindes reduziert sich um diese 275 Euro.

5. **Berechnung des Zahlbetrags:** Nach Abzug der Ausbildungsvergütung verbleibt ein Barunterhaltsanspruch von:

   619,50 Euro – 275 Euro = 344,50 Euro

6. **Prüfung des Bedarfskontrollbetrags und des Selbstbehalts:** Das Einkommen der Kindsmutter beträgt 2.800 Euro. Nach Abzug des Unterhaltsanspruchs von 344,50 Euro verbleiben ihr:

   2.800 Euro – 344,50 Euro = 2.455,50 Euro

   Da der Bedarfskontrollbetrag in Stufe 4 (1.950 Euro) eingehalten wird, bleibt die Einstufung in diese Stufe bestehen. Auch der notwendige Selbstbehalt von 1.450 Euro bleibt gewahrt.

Ergebnis:

Die Kindsmutter schuldet ihrem 17-jährigen Kind einen monatlichen Barunterhalt in Höhe von 344,50 Euro.

Fall 8: Sonderbedarf – kieferorthopädische Behandlung

Sachverhalt:

Die Eltern Stefanie und Lukas haben eine gemeinsame Tochter, Mia, die 15 Jahre alt ist. Stefanie und Lukas leben getrennt. Mia lebt bei ihrer Mutter Stefanie. Lukas ist der barunterhaltspflichtige Elternteil, und Stefanie betreut Mia.

Mia benötigt eine kieferorthopädische Behandlung, deren Kosten sich auf 2.000 Euro belaufen. Diese Kosten gelten als Sonderbedarf, der anteilig von beiden Eltern getragen werden soll. Lukas zahlt bereits den laufenden Regelunterhalt in Höhe von 703,50 Euro.

Das bereinigte Einkommen von Lukas beträgt 4.000 Euro, und das von Stefanie beträgt 2.500 Euro.

Lösung:

1. **Ermittlung des unterhaltsrelevanten Einkommens:** Das bereinigte Einkommen von Lukas beläuft sich auf 4.000 Euro, und das von Stefanie beträgt 2.500 Euro. Da keine weiteren Abzüge vorliegen, werden diese Beträge direkt herangezogen.

2. **Abzug des Zahlbetrags des barunterhaltspflichtigen Elternteils (Lukas):** Lukas ist gegenüber Mia barunterhaltspflichtig in Höhe von 703,50 Euro. Nach Abzug dieses Betrags verbleiben von seinem Einkommen:
   4.000 Euro – 703,50 Euro = 3.296,50 Euro.

3. **Abzug des Zahlbetrags beim betreuenden Elternteil (Stefanie):** Stefanie betreut Mia und leistet Betreuungsunterhalt. Ihr Zahlbetrag für Mia ergibt sich aus der Differenz zwischen dem Tabellenunterhalt auf der Grundlage des gemeinsamen Einkommens der Eltern (6.500 Euro, Einkommensstufe 12 der Düsseldorfer Tabelle) und dem von Lukas geleisteten Zahlbetrag. Für ein Kind in der Altersgruppe 12 bis 17 Jahre beträgt der Tabellenunterhalt in Einkommensstufe 12 (Zahlbetrag) 1.015,50 Euro. Somit ergibt sich Stefanies Zahlbetrag wie folgt: 1.015,50 Euro – 703,50 Euro = 312 Euro.

   Nach Abzug dieses Betrags verbleiben von ihrem Einkommen:
   2.500 Euro – 312 Euro = 2.188 Euro.

4. **Abzug des Selbstbehalts:** Beiden Elternteilen steht ein angemessener Selbstbehalt in Höhe von 1.750 Euro zu, der in Abzug zu bringen ist. Die verbleibenden Einkommen nach Abzug des Selbstbehalts und der jeweiligen Zahlbeträge werden wie folgt berechnet:

   Lukas : 4.000 Euro – 1.750 Euro – 703,50 Euro = 1.546,50 Euro

   Stefanie : 2.500 Euro – 1.750 Euro – 312 Euro = 438 Euro

5. **Ermittlung des verbleibenden Gesamteinkommens:** Das verbleibende Gesamteinkommen der Eltern nach Abzug aller Verpflichtungen beträgt:

   1.546,50 Euro (Lukas) + 438 Euro (Stefanie) = 1.984,50 Euro

6. **Ermittlung der Haftungsquote:** Die Haftungsquote wird durch den Anteil des verbleibenden Einkommens jedes Elternteils am Gesamteinkommen berechnet:

   Lukas : 1.546,50 Euro : 1.984,50 Euro = rund 78%

Stefanie : 435,50 Euro : 1.984,50 Euro = rund 22%

7. **Verteilung der Kosten:** Die Kosten der kieferorthopädischen Behandlung (2.000 Euro) werden gemäß der Haftungsquote aufgeteilt:

   Anteil Lukas : 2.000 Euro × 78% = 1.560 Euro

   Anteil Stefanie : 2.000 Euro × 22% = 440 Euro

Ergebnis:

Von den Gesamtkosten der kieferorthopädischen Behandlung trägt Lukas 1.560 Euro und Stefanie 440 Euro.

Fall 9: Wohnvorteil

Sachverhalt:

Andreas ist barunterhaltspflichtig für seinen siebenjährigen Sohn Jonas, der bei der Mutter Karin lebt. Andreas erzielt aus einer nichtselbstständigen Tätigkeit ein monatliches Nettoeinkommen von 2.700 Euro (4.000 Euro brutto). Zusätzlich wohnt er in einer Eigentumswohnung, die einen Wohnwert von 1.200 Euro hat. Für die Wohnung zahlt Andreas eine monatliche Darlehensrate von 1.400 Euro. Diese setzt sich aus 700 Euro Zinsen und 700 Euro Tilgung zusammen. Außerdem fallen monatliche Nebenkosten in Höhe von 200 Euro an, von denen 100 Euro nicht umlagefähig sind. Weiterhin entstehen Andreas nachweislich Instandhaltungskosten von monatlich 50 Euro.

Lösung:

1. **Ermittlung des unterhaltsrelevanten Einkommens:** Das Nettoeinkommen ist mit 2.700 Euro vorgegeben.

   Zusätzlich ist der anrechenbare Wohnvorteil zu berechnen. Der Wohnvorteil der Eigentumswohnung beträgt 1.200 Euro. Hiervon werden die Darlehenszinsen in Höhe von 700 Euro abgezogen. Zudem wird ein Teil der Tilgung bis zur Höhe des verbleibenden Wohnvorteils berücksichtigt. Nach Abzug der Zinsen von 700 Euro verbleiben vom Wohnvorteil noch 500 Euro, die durch die Tilgung abgedeckt werden können. Der darüber hinausgehende Tilgungsanteil beträgt 200 Euro (700 Euro Gesamttilgung abzüglich der 500 Euro, die den Wohnvorteil abdecken). Von diesem Betrag können 4 Prozent des Bruttoeinkommens, also 160 Euro, als zusätzliche Altersvorsorge berücksichtigt werden. Die verbleibenden 40 Euro Tilgung sind nicht absetzbar.

Ferner können die nicht umlagefähigen Nebenkosten (100 Euro) und die Instandhaltungskosten (50 Euro) abgezogen werden.

Auf Basis dieser Berechnungen ergibt sich das unterhaltsrelevante Einkommen von Andreas wie folgt: Das monatliche Nettoeinkommen von 2.700 Euro wird durch den Wohnvorteil in Höhe von 1.200 Euro erhöht. Anschließend werden die Zinsen in Höhe von 700 Euro, die Nebenkosten und Instandhaltungskosten in Höhe von 150 Euro sowie 660 Euro für die Tilgung (davon 160 Euro als zusätzliche Altersvorsorge) abgezogen. Dies führt zu einem unterhaltsrelevanten Einkommen von 2.390 Euro.

2. **Bedarfsermittlung nach Düsseldorfer Tabelle:** Mit diesem Einkommen wird Andreas in die Einkommensgruppe 2 der Düsseldorfer Tabelle (2.101 bis 2.500 Euro) eingestuft.

   Da die Düsseldorfer Tabelle auf zwei Unterhaltsberechtigte ausgerichtet ist und hier nur ein Kind unterhaltsberechtigt ist, erfolgt eine Hochgruppierung um eine Gruppe in die Einkommensgruppe 3.

   Für ein siebenjähriges Kind beträgt der Unterhaltsbedarf in dieser Gruppe 610 Euro.

3. **Abzug des hälftigen Kindergeldes:** Vom Bedarf des Kindes wird das hälftige Kindergeld in Höhe von 127,50 Euro abgezogen. Es verbleibt ein Zahlbetrag von:

   610 Euro – 127,50 Euro = 482,50 Euro

4. **Prüfung des Bedarfskontrollbetrags und des Selbstbehalts:** Der Bedarfskontrollbetrag in Einkommensgruppe 3 beträgt laut Düsseldorfer Tabelle 1.850 Euro. Nach Abzug der Unterhaltsverpflichtung verbleibt Andreas: 2.390 Euro – 482,50 Euro = 1.907,50 Euro. Der Bedarfskontrollbetrag bleibt gewahrt.

   Auch der notwendige Selbstbehalt von 1.450 Euro wird nicht unterschritten.

Ergebnis:

Andreas schuldet Jonas einen monatlichen Barunterhalt in Höhe von 482,50 Euro.

Fall 10: Die Ersatzhaftung des betreuenden Elternteils

Sachverhalt:

Die Eltern Dirk und Uschi leben getrennt voneinander. Das minderjährige Kind lebt bei der Mutter Uschi. Dirk hat einen Hauptschulabschluss und arbeitet seit Jahren als Elektriker. Durch seine Tätigkeit, einschließlich Feiertags- und Wochenendzuschlägen, erzielt er ein durchschnittliches monatliches Nettoeinkommen von 2.000 Euro.

Uschi ist erfolgreiche selbstständige Immobilienmaklerin und hat ein monatliches Nettoeinkommen von 11.000 Euro. Für die Betreuung des Kindes entstehen monatlich Kosten in Höhe von 800 Euro.

Lösung:

1. **Prüfung der Einkommensverhältnisse:** Das Einkommen von Uschi liegt mit 11.000 Euro netto mehr als fünfmal so hoch wie das Einkommen des Vaters Dirk (2.000 Euro netto). Nach Berücksichtigung der Betreuungskosten von 800 Euro verbleiben der Mutter weiterhin 10.200 Euro monatlich, was weit mehr als das Dreifache des Einkommens des Vaters ist.

2. **Anwendung der Ersatzhaftung des betreuenden Elternteils:** Wenn der betreuende Elternteil etwa über das Dreifache der unterhaltsrelevanten Nettoeinkünfte des an sich barunterhaltspflichtigen Elternteils verfügt, nähert sich die Einkommensdifferenz nach der Rechtsprechung des Bundesgerichtshofs einer Grenze, an der es unter gewöhnlichen Umständen der Billigkeit entsprechen kann, den betreuenden Elternteil auch den Barunterhalt für das Kind aufbringen zu lassen. So liegt der Fall hier, da Uschi sogar über das Fünffache der Nettoeinkünfte von Dirk verfügt.

Ergebnis:

Aufgrund des extremen Einkommensunterschieds trägt Uschi neben dem Betreuungsunterhalt auch den Barunterhalt des Kindes. Dirk ist nicht verpflichtet, den Barunterhalt zu leisten.

Stichwortverzeichnis

Diese Bücher könnten Sie auch interessieren

M. Dostal

Elternratgeber Starke Kinder für Dummies

1. Auflage 2023 **ISBN:** 978-3-527-72088-0

288 Seiten

Format: 140 mm x 216 mm

Ladenpreis: 18,- €*

Michelle Dostal erklärt Ihnen in diesem Buch, wie Sie Ihr Kind zu einem selbstbewussten, umsichtigen und glücklichen Menschen erziehen, ohne sich dabei aufzugeben. Mit zahlreichen Tipps für typische Konflikte, wie das Aufeinanderprallen von Bedürfnissen oder Zeitdruck im Alltag.

D. Voigt

Persönliche Krisen meistern für Dummies

1. Auflage 2025 **ISBN:** 978-3-527-72363-8

ca. 320 Seiten

Format: 176 mm x 240 mm

Ladenpreis: ca. 20,- €*

In einer persönlichen Krise kommen oft gleich drei Herausforderungen auf einmal: Stress, Traurigkeit und Unsicherheit. Das Buch bietet allen, die sich durch stressige und verwirrende Zeiten kämpfen und dabei Selbstzweifel verspüren, praktische Tipps, die in den Alltag passen.

E. Kalbheim

Selbstfürsorge für Dummies

Sonderausgabe 2024 **ISBN:** 978-3-527-72335-5

352 Seiten

Format: 140 mm x 216 mm

Ladenpreis: 10,- €*

Fühlen Sie sich angespannt und ausgelaugt? Das muss nicht sein. Eva Kalbheim hilft Ihnen mit diesem Buch dabei, Ihre Bedürfnisse zu erkennen, Zeit für sich selbst zu finden, Ihren Selbstwert zu stärken und gut für sich zu sorgen.

*Der €-Preis gilt nur für Deutschland. Preisänderungen und Irrtümer vorbehalten.

Diese Bücher könnten Sie auch interessieren

J. Boisson

Trennungsratgeber für Dummies

1. Auflage 2020	**ISBN:** 978-3-527-71676-0
246 Seiten	
Format:	140 mm x 216 mm
Ladenpreis:	14,- €*

Sie sind unzufrieden mit Ihrer Beziehung oder leiden an Trennungsschmerz? Stehen Sie nicht hilflos da, sondern stärken Sie Ihr Selbstbewusstsein und bewältigen Sie die Situation!

D. Voigt

Gesunder Umgang mit toxischen Menschen für Dummies

1. Auflage 2024	**ISBN:** 978-3-527-72229-7
288 Seiten	
Format:	176 mm x 240 mm
Ladenpreis:	20,- €*

Lernen Sie die Techniken und Tricks von Narzissten, Soziopathen und Psychopathen kennen und erfahren Sie, wie Sie sich vor Manipulation, Machtspielen und Missbrauch von toxischen Menschen schützen können. Lassen Sie ihre Giftigkeit nicht die Regie über Ihr Leben übernehmen.

A. Weckert

Gewaltfreie Kommunikation für Dummies

2. Auflage 2023	**ISBN:** 978-3-527-72077-4
336 Seiten	
Format:	176 mm x 240 mm
Ladenpreis:	20,- €*

Möchten auch Sie einfühlsamer kommunizieren? Die Gewaltfreie Kommunikation nach Marshall B. Rosenberg basiert auf Empathie und berücksichtigt die Gefühle und Bedürfnisse aller Kommunikationspartner. Dieses Buch bietet Ihnen viele Übungen und anschauliche Beispiele.

*Der €-Preis gilt nur für Deutschland. Preisänderungen und Irrtümer vorbehalten.

Diese Bücher könnten Sie auch interessieren

M. Griga

Familienfinanzen für Dummies

1. Auflage 2023 **ISBN:** 978-3-527-71902-0

250 Seiten

Format: 176 mm x 240 mm

Ladenpreis: 18,- €*

Michael Griga erklärt Ihnen, was Sie zu Eltern- und Kindergeld, Freibeträgen, Versicherungsschutz, Geldanlage und Co. wissen sollten. Dabei geht er auf verschiedene Familienmodelle ein – egal ob klassisch, gleichgeschlechtlich, alleinerziehend, Patchwork oder Pflegefamilie.

C. Müller

Meine Finanzen meistern für Dummies

1. Auflage 2024 **ISBN:** 978-3-527-71925-9

330 Seiten

Format: 176 mm x 240 mm

Ladenpreis: 20,- €*

Sie brauchen kein langjähriges Studium, um die Grundlagen der Finanzen zu verstehen. Alles, was Sie brauchen, finden Sie in diesem Buch: konkrete Tipps für Ihre Alltagsfinanzen, Altersvorsorge und Vermögensaufbau – für mehr Leichtigkeit in Ihren Finanzen!

K.-H. Belser

Erben und vererben für Dummies

2. Auflage 2018 **ISBN:** 978-3-527-71542-8

336 Seiten

Format: 176 mm x 240 mm

Ladenpreis: 18,- €*

Wer erbt oder vererbt, hat vieles zu beachten. Dieses Buch steht Vererbenden und Erben gleichermaßen mit Rat und Tat zur Seite. Mit zahlreichen Mustervorlagen und Checklisten.

*Der €-Preis gilt nur für Deutschland. Preisänderungen und Irrtümer vorbehalten.

www.ingramcontent.com/pod-product-compliance
Lightning Source LLC
LaVergne TN
LVHW010428230826
846092LV00009BA/1091

* 9 7 8 3 5 2 7 7 2 2 5 5 6 *